重建斯文

儒學與當今世界

彭國翔 著

Ainosco Press

目次

增訂版新序	1
重建「斯文」——大國崛起的當務之急(代序)	11
初版前言	19

一、儒學的時代反省

儒學復興的省思——緣由、問題與前瞻	31
儒家認同的抉擇	39
君子的意義與儒家的困境	45
儒學與當代中國的相關性	55
如何理解儒家的「反西化」和「尊孔讀經」	73

二、儒學經典與世界

說不盡的《論語》	91
東亞視野看《論語》——《論語思想史》評論	97
當代中國的儒家經典與通識教育	109
攬彼造化力，持為我神通——「海外儒學研究前沿叢書」總序	117

三、儒學與宗教

人文主義與宗教之間的儒學	123
儒學與宗教衝突	135
儒學與宗教對話	151

四、儒學與政治社會

出處之際見儒家 　　　　　　　　　　　　　　　　　177

智者的現世關懷——牟宗三的政治與社會思想 　　　　185

儒學——自由主義與社群主義之間 　　　　　　　　　203

化解「民族主義」、「愛國主義」與「世界主義」的糾結
——一個儒學的視角 　　　　　　　　　　　　　　209

公議社會的建構：黃宗羲民主思想的真正精華
——從〈原君〉到〈學校〉的轉換 　　　　　　　　223

五、當代儒學人物

當代儒家知識人的典範
——余英時先生榮獲人文諾貝爾獎的啟示 　　　　　245

有為有守、承先啟後——懷念劉述先先生 　　　　　　255

反一反傳統主義——陳來先生的文化立場與價值關懷 　263

立足儒學、融通東西——李明輝教授與比較哲學 　　　271

六、儒學與當今世界的訪談

重建斯文——如何面對儒學復興 　　　　　　　　　　281

「真偽」與「冷熱」——儒學熱與社會普及的觀察與思考 289

「文化中國」與「重建斯文」
——彭國翔談余英時的「中國情懷」與文化建設 　　301

儒家也有一種「個人主義」
——如何理解儒家的自我觀及其意義 　　　　　　　319

世界文明與多元宗教中的中國思想與儒家傳統 　　　　323

初版後記 　　　　　　　　　　　　　　　　　　　　333

增訂版新序

　　本書 2013 年曾經由北京大學出版社初版。雖然本書的所有論點，無不建立在我以往學術思想研究的基礎之上，但和我其他純粹學術思想性的論著不同的是，本書主要反映我的文化關懷與價值立場，也具有較為鮮明的時代性。因此，本書出版之後，除了學術和知識界之外，也在文化界和社會上引起了若干迴響。例如，不但《開放時代》（2014 年 4 月）等學術思想的出版物有專門的評介文字，在英文版的《中國日報》（China Daily：2015 年 12 月 6 日）上也有專門介紹此書及其意義的文章。並且，這些文字的作者都是我素不相識的。而 2015 年嶽麓書院和鳳凰衛視開始舉辦的「全球華人國學大典」，就直接借用了我的「重建斯文」這一用語，作為其高峰論壇的標題。如此一來，我最初在 2010 年撰文時開始使用的「重建斯文」一詞，自然也就通過這一面向社會的推廣與普及活動，更加為關注儒學和國學的社會大眾所知了。「國學大典」的舉辦方並未交代「重建斯文」這一用語的來源，所以，僅僅通過這一活動知曉「重建斯文」這一用語而並未看過《重建斯文——儒學與當今世界》一書，自然未必瞭解我當初「鑄造」這一詞彙時對於其涵義的解釋和說明。不過，這一用語被沿襲並成為「熱詞」，說明我之前對於當下中國文化發展的觀察和判斷是準確的。能讓更多的社會大眾充分意識到「重建斯文」的重要，明白只有在「富強」之外更有「斯文」才能使中國真正重新成為一個「文明大國」，原本也是我這本書最主要的目的之一。

當然，即便借用了「重建斯文」一詞，但何為「斯文」？為何重建？如何重建？如今不同人之間，各自的理解恐怕並不相同。而這其中，正大有可辨者在。此書的北大初版 2016 年 3、4 月間在市面上售罄，而根據當初的出版合同，此書售罄之後，我可以自由選擇出版社再版。我 2014 年由北京大學轉任浙江大學之前，已經與浙大出版社北京啟真館出版公司的王志毅總編開始了合作。任教浙大之後，我們的合作更加密切。志毅曾為啟真館的「文史叢刊」向我約稿，於是，我最終決定接受志毅的雅意邀約，將此書轉由浙大啟真館出版。

此書北大出版社初版迄今這幾年來，我在從事純粹學術思想工作的同時，關乎時代的文化與價值方面的相關思考，從未中斷。世事的變遷和閱讀經驗的擴展，也使我對「重建斯文」這一時代課題的觀察與思考不斷有所增益。因此，本書的再版，就不是原來北大出版社版的簡單再版，而是增加了七篇共五萬餘字的新內容，可以說名副其實是一個增訂版。

本書浙大啟真館的增訂版原定 2017 年 8 月出版，但是，由於最近幾年中國大陸意識形態領域的管控日益嚴格，出版社審查環節增加，尺度加大，致使此書的出版一再拖延。更為重要的是，不但新補充的內容有不少遭到了刪節，就連 2013 年北大版舊有的一些內容，比如最初發表於《炎黃春秋》的〈如何理解儒家的「反西化」和「尊孔讀經」〉一文，也被刪去了。至於其中被審查人員認為不能印出的文字，則林林總總，無法一一列舉。甚至我在浙大版後記中交代刪節一事原先寫下的「由於眾所周知的原因」一語，也被告知不能出現，必須刪除。有心的讀者將本書與浙大出版社出版的修訂版以及最初北大出版社的初版三書彼此對照，其間的差異，自然無所遁形。既然如此，所謂「增訂版」就無法落實。我於是與浙大

啟真館商量，將原先的「增訂版」改為「修訂版」。

在本書北大初版封二的內容簡介中，有這樣一段文字：

> 本書從較為宏觀的文化角度，在一個全球的視域中聚焦和反省儒學的精神價值與時代課題，反映了作者的文化關懷與價值立場。作者旨在提出，中國如今要想真正屹立於世界文明之林，再創歷史上曾經的輝煌，當務之急在於「重建斯文」。重建斯文即重建中華文明的價值系統。這個價值系統以「仁義禮智信」為核心，同時吸收古今中外一切人類文明「人文與理性」、「公平與正義」的優秀成分。

對於刪除文字一事，出版社編輯的無奈，我頗能理解。甚至直接負責審查的人員也未必認同目前這種文字管控的出版政策。但是，如果相關文字的刪除使我的文化關懷和價值立場無法得到全面和準確的反映，即便有心的讀者在刪節本的字裡行間仍能夠捕捉到我的用意和所指，我的遺憾仍然是可想而知的。「書不盡言，言不盡意」，既然文字原本似乎就無法全然表達作者的心意，那麼，並非作者自願的刪除，尤其是在某種意識形態壓制之下的被迫刪除，恐怕總不免讓人心生一種「到底意難平」之情。

天下事無巧不成書，我為此事困擾仍在餘波蕩漾之際，突然收到華藝學術出版部總編張慧銖女士和華藝數位股份有限公司負責人常效宇先生的來信，表示希望出版我的著作。由他們的信中，我得知此事是美國國會圖書館亞洲部主任邵東方先生的介紹。邵先生是中國人文學（Chinese Humanities）領域的前輩，我久仰其大名。由於我 2016 年在國會圖書館從事研究的緣故，與邵先生更是有了較為密切的接觸，學術之外，亦深感其為人正直與仗義。所以，邵先生的介紹，我是完全信任的。由於我目前暫無其他成稿在手，就向張慧銖女士表示，如果願意以繁體字出版《重建斯文》的完整增訂版，

我可以提供。同時，當我將這個想法告訴浙大出版社北京啟真館出版公司時，責任編輯張興文先生和負責人王志毅先生都一致表示也很希望此書完整的增訂繁體字版能夠早日問世。就此而言，我益發相信，言論和出版自由不僅是作者的期望，同時也是廣大出版人的心願。目前大陸的形勢，反倒給中國大陸之外的出版人在世界範圍內的中文世界中推動中文的出版帶來了機會。按照我的理解，真正的出版人不會僅僅考慮出版的利潤，同時甚至更加要考慮所肩負的文化使命與道義擔當。

在此，就讓我對本書相對於 2013 年北大出版社初版增加的七篇文字略作說明，以為讀者之一助。

首先，讓我介紹一下新增的第四部分「儒學與政治社會」，這是原來的北大版完全沒有的。這一部分包括五篇文字。

第一篇〈出處之際見儒家〉，原是 2014 年 1 月應「新浪・新史記」編輯之約撰寫。儒家素重「出處」大節，面對權力與金錢，這一點尤其重要。如今中國大陸國學、儒學看似大熱，海外人士無論洋人還是華人，都有不少紛紛趨之若鶩。這篇文章即以牟宗三（1909-1995）、余英時（1930-）兩位先生為例，指出了「出處」大節在當今之世所特別具有的意義。

第二篇〈智者的現世關懷——牟宗三的政治與社會思想〉，取自我 2016 年 3 月在臺灣聯經出版公司出版的專書的書名。這篇文字的內容，則是 2014 年 6 月到 10 月之間寫成的全書導論。自 1980 年代，我即開始閱讀現代儒家人物的著作，迄今未斷，對其政治與社會的強烈關懷感受極深。以牟宗三為例，這一面可以說是貫徹其終生的一條重要線索。而從本世紀初以來，我即構思將牟宗三的政治與社會思想予以全面的梳理。由於我對牟宗三的論著瞭如指掌，2004 年

在哈佛燕京訪問時，我發現了《牟宗三先生全集》2003年初版未收的佚著《共產國際與中共批判》（1952）。我當時即以該書為中心，結合牟宗三一生各個歷史階段的文獻，對其終生批判共產主義的線索和思想以專題論文的形式進行了考察。此後，牟宗三政治與社會思想的各個方面，比如1930年代，他對於唯物史觀和唯物辯證法的批判、在中國社會史論戰中提出的自己對於中國歷史分期及各期性質的看法、對中國農村問題的研究，以及一生對於「自由」與「自由主義」的看法、晚年對於兩岸關係的看法和主張，等等，我都一一進行了專題性的研究。《智者的現世關懷——牟宗三的政治與社會思想》一書，不過是將其政治與社會思想的各個方面逐一剖析之後的自然結果。這一研究，客觀上當然是對那種認為現代儒學只有「心性儒學」而無「政治儒學」的無知淺見的破斥。但我的問題意識，卻根本不是要針對這一在我看來並不成立的「偽問題」。很簡單，在我留意牟宗三以及其他現代儒家學者的政治、社會關懷並打算從事這一方面研究的時候，那種所謂「心性儒學」與「政治儒學」的區分並在此基礎上對於現代儒學的無的放矢的批判，還壓根兒不存在。即便近年來這一論調的流傳影響似乎煞有介事，但在我看來不過是道聽途說的捕風捉影，要麼是閱書不廣，要麼是蓄意忽略，根本不構成學術思想上值得回應的真正問題。讀者如果希望瞭解牟宗三政治與社會思想的完整內容，可以按圖索驥，去讀我的專書。

第三篇〈儒學——自由主義與社群主義之間〉最早發表於2002年4月的《中國圖書商報》，原是我因閱讀《儒學與自由主義》（北京：三聯書店，2001）這部文集而引發的一些思考。在我看來，儒學既不是和自由主義（liberalism）完全對立，也不是和社群主義（communitarianism）完全相同。在西方很多二元對立的思想範疇之間，儒學的特徵往往具有「兩頭相通」而非「單向相同」這種「居間」

的特徵。在這個意義上,這篇文字可以和本書第六部分的第四篇訪談〈儒家也有一種「個人主義」——如何理解儒家的自我觀及其意義〉相互參看。因為對於「個人主義」和「集體主義」這一對在西方同樣不免二元對立的範疇來說,儒家對「自我」的理解同樣是「非此非彼」(neither nor)而「亦此亦彼」(both and)的。

第四篇〈化解「民族主義」、「愛國主義」與「世界主義」的糾結——一個儒學的視角〉,是全書迄今為止最近完成的一篇文字。該文是我最近因閱讀《愛國之由:關於愛國主義局限的論辯》(*For Love of Country: Debating the Limits of Patriotism*)一書而引發的一些思考。當然,這本書的閱讀經驗只是我撰寫此文的一個觸媒,對於「民族主義」、「愛國主義」和「世界主義」這一組觀念彼此之間的糾結,其實是我長期以來一直思考的政治哲學的一個重要方面。並且,這一方面所反映的問題,也絕不是觀念的抽象思辨,而是在現實世界中有著深廣的經驗基礎,可以說與我們政治與社會的日常經驗息息相關。在我動筆寫這篇文章之前,郎平剛剛帶領中國女排在多年之後再一次奪得了奧運會的冠軍。而圍繞郎平的職業生涯引起的公眾輿論,尤其是她擔任美國女排國家隊教練而與中國女排爭鋒時的一片謾罵與這次執教中國女排奪冠後的一片讚譽之間的強烈反差,正是觸及民族主義、愛國主義和世界主義這一看似抽象的政治哲學議題的一個具體而鮮活的案例。這一案例,加上國內屢屢發生的以愛國主義之名而發生的極端激烈事件,都不能不說構成我撰寫此文的一個現實促動。而根據我浸潤多年的儒學傳統,化解三者之間的糾結,在不失其文化根本的前提下培養一種「世界公民」的意識與胸襟,不僅是一種政治哲學的取向,更應該是當今之世具有「重建斯文」這一自覺的中國人特別需要自我培養的一種「學」與「習」(learning and practice)。

第五篇〈公議社會的建構：黃宗羲民主思想的真正精華——從〈原君〉到〈學校〉的轉換〉曾經收入我的《儒家傳統與中國哲學：新世紀的回顧與前瞻》（河北：河北人民，2009），這次之所以要收入本書，一方面固然由於這篇文章處理的正是一個儒家政治與社會思想的課題；另一方面，一個「公議社會」（society with public reasoning）的建構，在我看來，也恰恰是「重建斯文」不可或缺的一個重要方面。「斯文」絕不只是一種針對社會大眾的道德修養，更應該是一個國家與社會完善各種政治與社會制度以盡可能減少極權與腐化所不可或缺的題中之義。我歷來認為，建立一個以「公議」為重要內涵的民主政治，固然不會令諸多政治與社會問題即刻迎刃而解，這一點，在中國這樣一個歷史上具有長期極權與專制傳統的國度，更是如此。但是，假如不致力於建立一個以「公議」為重要內涵的民主政治，中國諸多政治、社會甚至經濟問題的解決，則根本是不可能的。事實上，我要在此特別指出的是，正是因為我堅信現代儒學所要重建的「斯文」必須是融匯古今中西核心價值的「道德修養」與「制度建設」這彼此有別卻又相互支援的兩個方面，我才在本書的這一增訂版中，增加了「儒學與政治社會」這一部分。

除了上述被歸入「儒學與政治社會」這一主題的五篇文字之外，另外分別增入「當代儒學人物」和「儒學與當今世界的訪談」的共有三篇文字。增入「當代儒學人物」的是〈有為有守、承先啟後——懷念劉述先先生〉這篇文章，增入「儒學與當今世界的訪談」的包括〈重建斯文——如何面對儒學復興〉和〈「真偽」與「冷熱」——儒學熱與社會普及的觀察與思考〉這兩篇訪談。懷念劉述先先生的文字是因 2016 年 6 月劉述先（1934-2016）先生辭世而作，〈重建斯文——如何面對儒學復興〉是美國國會圖書館亞洲部的邱頎女士與《三聯生活週刊》的記者劉周岩先生合作的採訪，發表於《三聯生

活週刊》2017 年第 13 期。發表時的題目是「彭國翔：如何面對儒學復興」，收入本書時則恢復原題。〈「真偽」與「冷熱」——儒學熱與社會普及的觀察與思考〉則是 2015 年國內兩家文化媒體訪談稿的合成，發表於 2017 年 9 月 28 日的《南方週末》。

　　劉述先先生不僅是我相交逾二十多年的前輩，更是被稱為「現代新儒學」這一群體中當之無愧的一位代表性人物。20 世紀初發軔於中國大陸而在 1949 年之後「海外發新枝」（借用楊聯陞〔1914-1990〕先生答余英時先生詩中「誰期海外發新枝」一句）的「現代新儒學」這一傳統，原本是一個璀璨卻寂寥的群體，非但其中人物屈指可數，更與時髦風潮的熱鬧無關，無論在政治還是文化上都屬於邊緣。然而，隨著儒學在中國大陸從被批判的對象逐漸變成受追捧的時尚，中國大陸一下子出現了許多以「儒家」自居的人士，不能不讓人有「忽如一夜春風來，千樹萬樹梨花開」之感。然而，21 世紀以來，在政治權力和商業利益催生的儒學由「冷」變「熱」這一新的形勢之下，目前形形色色一眾人等紛紛奔赴「儒家」的旗下，甚至連毫無儒學專業訓練的人士都可以搖身一變而成「儒家」，恐怕不過是「趨炎附勢」這一心態的結果。這種趨附之下的追求，自然也只能是政治權力和商業利益，而與真正儒家傳統的理想與價值無關了。正如我在本書初版後記中所說，在價值上認同某種學說和傳統，是一個非常嚴肅的人生課題，必須是認真讀書思考並不斷反省生活經驗的結果，絕非輕而易舉。不然，流於空洞的口號尚在其次，變成戲子的外衣，就會變成對於這種學說和傳統最大的傷害。〈有為有守、承先啟後——懷念劉述先先生〉、〈重建斯文——如何面對儒學復興〉以及〈「真偽」與「冷熱」——儒學熱與社會普及的觀察與思考〉這三篇文字，正與我對這一現象與問題的觀察和反省密切相關。

政治權力對於文化的推動，不見得只有弊而無利，但前提得是人民真正當家作主和「選賢舉能」的政治；商業利益對於文化的推動，也同樣不見得有弊無利，但前提得是儒家商業倫理的精神仍在，富商巨賈能夠真心贊助文化事業，而不只是附庸風雅；從事儒學者也能夠將社會普及和推廣的工作建立在不斷提升自身學術水準的基礎之上，而不只是「唯利是圖」地到處「登壇說法」。可惜的是，這兩個條件在當下的中國恐怕都還不具備，至少是沒有足夠具備。因此，在我看來，如今政治權力的蓄意提倡和商業利益的推波助瀾，對於真正的「儒學復興」尤其是「重建斯文」來說，都未免蘊含著極大的「危機」。某種意義上，這一「危機」甚至可以說是史無前例的。「五四」運動爆發之前的「尊孔」熱潮，可謂殷鑑不遠。而當時權力之集中與金錢之積聚，都遠不如當下。惟其如此，同樣是「尊孔」，其反作用力的強弱，今昔相較，可想而知。我很希望我的擔心不過是杞人憂天，不然的話，「重建斯文」恐怕只能成為遙遙無期的良好願望甚至粉飾太平的空洞口號，那將是於儒學真正深造自得的人士最不願意看到的。長久來看，我並不是一個悲觀主義者，我堅信「是非之心，人皆有之」，有悖人性的任何東西終究都不會長久，並且，歷史終會眷顧中華民族而使其不斷「返本開新」的「斯文」得以重建。

　　最後我要說的是，本書增訂出版，我特別要感謝美國國會圖書館。2016年下半年，我在美國國會圖書館擔任「北半球國家與文化克魯格講席」（Kluge Chair in Countries and Cultures of the North）。作為一項極高的榮譽，該講席除了一項公開講座的要求之外，完全賦予獲任者充分與自由的時間從事獨立自主的學術研究。正是因為這一點，在我從事其他的研究之餘，本書的增訂工作才得以順利完成。同時，我也要感謝余英時先生給此書增訂版的寄語。從古至今，

正是歷代那些真正的儒家人物,使得儒學始終得以保持著超越於權勢與金錢之上的價值理想,終究不會流於幫兇、幫閒和偽善。

彭國翔

2017 年 2 月 15 日於華盛頓哥倫比亞特區
2017 年 3 月 30 日修訂於武林之紫金港
2018 年 9 月 23 日再次修訂於華盛頓哥倫比亞特區

重建「斯文」
——大國崛起的當務之急（代序）

一、何謂「偉大」之「大」

改革開放迄今，中國的經濟取得舉世矚目的成就。與之相應，中國的軍事發展在國際上也不容忽視，甚至成為舉足輕重的力量之一。晚清以來中國人一直追求的「富強」，在一定意義和程度上，可以說已經實現了。就經濟上的「富」和軍事上的「強」而言，中國大體已經位居「超級大國」之列。於是，近年來「大國崛起」一詞為國人津津樂道。在「眾口喧騰」之下，中國作為「大國」的崛起，似乎已然成為一個不爭的事實。因此，這一點如今似乎已成定論而不再成為一個「議題」。可是，中國真的「崛起」為一個「大國」了嗎？我們究竟應當怎樣理解「大國」之為「大」呢？

中國有足夠大的地理面積，有世界首屈一指的人口。如今，再加上經濟和軍事這「富」與「強」兩方面的因素，大之為大，似乎毫無疑問。但是，如果大國之「大」更多地應該被理解為「偉大」之「大」（great），而不僅僅是「強大」之「大」（big and powerful），那麼，在土地之「廣」、人口之「眾」、經濟之「富」以及軍事之「強」以外，是否還有其他重要的因素應該包含在內呢？

歷史上的中國，一直都被世界上的他國視為「大國」。甚至到了晚清，中國由於軍事上的不斷失敗，由「強」變「弱」，割地賠款，相應地由「富」轉「貧」，中國一時間在世界上也仍未喪失其

大國的地位。何以如此？因為在歷史上，中國之「大」，或者說在世界上其他民族心目中的「偉大」，從來依靠的都不僅僅是土地之「廣」、人口之「眾」、經濟之「富」以及軍事之「強」。除了這些因素之外，還有極為重要的一點，那就是文化與文明之「文」。

這裡所謂文化與文明之「文」，指的不僅僅是物質方面的成就，更是精神方面的造詣，即以「仁義禮智信」為其核心價值與內涵的人文修養。一個缺乏人文教養的民族，很難在物質方面取得燦爛與輝煌的文明。歷史上，中國之為「大」國（偉大之國）、「中」國（天下中央之國），靠的主要都不是武力與財富的征服。反過來，即使中國一度為異族武力征服，最終的結果，也還是異族建立的政權被中國傳統文化「斯文」之「大」所「化」。所謂異族，也都在這種「大而化之」的過程中，逐漸融合成為中華民族的組成部分。一句話，歷史上中國之所以被視為「大國」，更多地是由於中國在文明程度上備受世人矚目的高度成就。

「偉大」之「大」，當然不能只講「文」，置「富」和「強」於不顧。「落後就要挨打」這個簡單的道理，國人自晚清以來早已因切膚之痛而有了深刻的「體知」。也正因此，自那時起，「尋求富強」就一直成為中國有識之士追求的目標。但是，如果只把「富」和「強」作為大國之「大」的唯一內涵，忘掉了大國之「大」還應有「文」這個重要的方面，就不能不說是「一葉障目」而「不見泰山」了。如今，中國已經實現了一定程度的「富強」。在此情況下，中國要想真正在世界上建立一個「偉大」之「大國」的地位，而不僅僅是作為財富和武力意義上的「超級大國」，就尤其不能不認真思考如何重建中國文化與文明的「斯文」這一問題。

二、重建「斯文」之必要

　　所謂「重建」,自然意味著「斯文」已經不再。晚清以來,在日益強化的激進反傳統主義潮流衝擊之下,以「仁義禮智信」為核心價值和內涵的「斯文」,不斷「掃地」,到了1950至1970年代,在神州大地幾乎被剷除殆盡。然而,「西天取經」的結果,並未實現國人尤其知識人所嚮往的「大同」世界。只有在檢討「極左」思潮、「改革開放」之後,中國才重新步入正軌,逐步達到了「小康」之境。而在漸趨「富強」的同時,國人缺乏「斯文」所暴露出來的問題,日益嚴重。種種「無禮」的行為,部分國人或許已經司空見慣,但在海內外稍有文明教養的人士看來,未免觸目驚心。這裡,我想以自己的親身經歷舉兩個例子。我曾經分別在2004和2008年和家人一道遊覽過美國加州的Disneyland以及佛州的Disney World,兩處遊客都很多。在晚間放煙花的節目之後,曲終人散,大家都很自覺地將廢棄物丟入垃圾桶(往往還是分類的),並未見到滿地垃圾的現象。而2010年我和家人遊覽香港的迪士尼,適逢眾多大陸來的遊客。同樣是晚間煙火之後,曲終人散,滿地的廢紙、塑膠袋、飲料瓶和易拉罐等等,幾乎觸處皆是。還有一次,是我在深圳東部華僑城旅遊的經歷。由於人多,很多景點都要排隊。有一處景點的入口裡面有一個洗手間,一位女士藉口如廁,出來後便不再回來排入隊中。其實,她原本距離入口已經不遠,以此「計謀」提前進入,也不過越過了四、五位原先在她之前排隊等候的人而已。問題在於,這位女士對於自己的行徑居然不以為恥,反而在入口之內舉目四顧,洋洋得意。試想,一個人如果連基本的是非觀念與羞恥感都喪失了,與只會憑生物本能行事的動物還有什麼區別呢?回想歷史上以「禮儀之邦」著稱的中國,如今竟至於此,身為中國人,如何能不汗顏呢?

為什麼在「富強」之外還要強調「斯文」？道理很簡單，只有「富強」，可以讓人「畏懼」，但不能使人「敬重」，更遑論「喜愛」了。中國只有在有「金錢」和「武力」之外更有「禮義」，重新成為一個「禮儀之邦」，才能真正作為一個「崛起」了的「偉大」國家屹立於世界。所到之處，只有「富而好禮」、[1]「威而不猛」，[2]中國人才能讓人心悅誠服，由衷地欣賞。正是在這個意義上，依我之見，重建「斯文」，是中國「大國崛起」的當務之急。

這一點，並非我的先知先覺。改革開放以來，相信海內外很多有識之士對此都有不同程度的意識。事實上，1990 年代以來中國大陸對於中國傳統文化的重新肯定，以至於如今有「復興儒學」、「國學熱」的現象，絕非偶然。其間雖然泥沙俱下，卻也不能不說，長期的「斯文掃地」已然令廣大的國人或多或少感受到了「文化教養」與「人文價值」的必要和急需。「儒學復興」和「國學熱」的發展，終於導致了孔子被搬上銀幕。於是，孔子（前 551– 前 479）從作為批判對象的「孔老二」，再度恢復了作為聖人的「孔夫子」。熟悉中國歷史的話，我們就會發現，有趣得很，在當時那個「禮壞樂崩」的世界，孔子念茲在茲的，恰如今日，也正是要重建「斯文」。每當面臨生命危險的時刻，他之所以能夠臨危不懼，也正是他堅信自己負有「弘道」的使命，而上天終究是不會「將喪斯文」的。

---

[1] 《論語・學而》篇中，孔子最優秀的弟子之一子貢（前 520–?）曾經問孔子：「貧而無諂，富而無驕，何如？」孔子回答說：「可也，未若貧而樂，富而好禮。」其中「富而好禮」的意思是「雖然富庶，但卻講禮教，不驕縱無禮」。

[2] 「威而不猛」的意思是「威嚴而不兇猛」。《論語・述而》篇形容孔子的人格是「溫而厲，威而不猛，恭而安」。

三、何為「斯文」？如何重建？

中國如今的「富強」，其實不乏隱患。如何實現「藏富於民」的「富」而避免「為富不仁」的「富」？如何實現「國富民強」的「強」而避免「霸道」之下的「強梁」之「強」？都還有很多工作要做。但是，這一點暫且不論。就算中國已經真正走上了「富強」之路，如上所述，目前一如孔子當時，仍然面臨一個「禮壞樂崩」之下缺乏「斯文」的問題。那麼，作為大國崛起當務之急所要重建的「斯文」，應當是怎樣一種「斯文」呢？我們又當如何重建？這兩個彼此密切相關的問題極為複雜，我這裡只能略談三點。

首先，任何一個民族的發展，都不能脫離固有的文化傳統。中華民族有著人類歷史上最為悠久且從未中斷的文化傳統，對於這樣一個民族來說，就更是如此了。試圖通過徹底反對並拋棄自己的文化傳統而「再造文明」，[3]從「觀念的災害」[4]演變成「歷史的浩劫」，早已證明此路不通。因此，回歸並認同自己的傳統，實在是理有固然，勢所必至的。而作為中國傳統文化的主流，儒學在這種形勢下被重新肯定，成為目前所當重建的「斯文」的重要內容，也是十分自然的。在這個意義上，重建斯文，當然是要重建以「仁義禮智信」為核心的價值系統。

不過，孔子當初面對「周文疲敝」要重建斯文，並不是要簡單地恢復「周禮」。同樣，如今我們要重建斯文，再創中華文明的輝煌，也不應該被簡單地理解為要重建一個「儒教中國」。「因革損

---

[3] 借用胡適（1891-1962）。胡適曾有「研究問題、輸入學理、整理國故、再造文明」的說法。

[4] 借自牟宗三（1909-1995）。「觀念的災害」是其一篇演講詞的題目，該文收入其《時代與感受》（臺北：鵝湖，1984），1-16；該書後收入《牟宗三先生全集》（臺北：聯經，2003），23：27-40。

益」本來就是孔子面對儒學之「變」而提出的一個基本原則。在其漫長的發展過程中,儒學之所以始終是一個活生生的傳統,就在於她能夠一方面保持開放,不斷吸收其他的思想傳統;另一方面,又始終立足於自身的核心價值。縱觀歷史,我們可以看到,儒學發展至今其實正是一個不斷吸收外部資源的過程。無論是通過廣泛深入吸收佛教和道家、道教因素而出現的宋明理學,還是通過廣泛深入吸收西方哲學、宗教學等人文學科而形成的現代新儒學,都既「與時俱進」而又「不離其宗」。因此,我們不應當把儒學看作一個只屬於「過去」的靜態結構,而應當充分意識到儒家傳統是一個也屬於「現在」和「未來」的動態過程。原本未嘗有的東西,儒學未必不能在現在和將來吸納為自身的有機組成部分。當然,這樣說並不意味著當下的儒學傳統已經囊括了一切。也正因此,除了儒學之外,一切人類文明的優秀成分,對於目前我們所當重建的「斯文」,都是值得吸收的資源。

最後,對於以「仁義禮智信」為核心價值的儒家傳統,眼下我們必須要有一個深入和全面的再認識。這一點,我以為格外重要,因為它是如今重建斯文不可或缺的一個前提條件。我曾經反覆指出,我們目前仍然生活在一個反傳統的傳統(a tradition of anti-tradition)之中。晚清以來不斷強化的「反傳統主義」(anti-traditionalism),早已使我們對自己的傳統隔閡甚深。2000年以來,以儒學為主的中國傳統文化不僅重新受到官方的肯定,似乎更在社會各階層贏得了廣泛的聽眾。然而,在「亂花漸欲迷人眼」的潮流之下,大眾對於儒學和傳統文化的瞭解,不過「淺草才能沒馬蹄」而已。當然,對儒家傳統的知識瞭解,並不等於具備了儒家的教養。但缺乏全面與深入的認知和理解,要想認同並體現儒家的價值,也是根本無從談起的。「知識」不等於「智慧」,所以佛教有「轉識成智」的說法。

可是,「智慧」必須從「知識」中提煉昇華而來。沒有足夠的知識,不免「巧婦難為無米之炊」,智慧也是無由而得的。如今「中學」隔閡已久,過去的「常識」已成現在的「學問」。不斷湧入的各種「西學」,又不免使人「霧裡看花」。在這種情況下,對於儒學傳統「斯文」的內涵,我們首先得有恰當的瞭解,然後才能結合其他「文明」與「文化」的傳統,如此方能「昌明國故」、「融會新知」,[5]實現中國「斯文」傳統的綜合創新。否則,在中西既有相通又有不同的價值系統之間,勢必兩頭落空,重建斯文,也就無從談起了。在目前有關「國學」的一片熱浪中,社會大眾既要慎思明辨,提高自身的判斷力,在「風起雲湧」的「大師」中辨別真偽;相關的知識分子和從業人員,也當自我反省、自覺自律,以免誤人誤己。

總之,一個真正「偉大」的國家,必然是在「富強」之外,還要有「斯文」。只有實現了「人文與理性」、「公平與正義」,才會有「斯文」。只有一個「斯文」的國家,才會成為一個「偉大」的國家。因此,中國只有成為一個「斯文」的「大國」,人民才能真正過上「幸福而有尊嚴」的生活,中國也才會在世界各國由衷的讚歎與仰視中真正「崛起」。這樣的國度,才不會讓「聖人」孔子產生「道不行,乘桴浮於海」[6]的念頭,不會讓普通百姓在無奈與絕望之餘萌發「誓將去汝,適彼樂國」[7]的痛心之願。

---

[5] 「昌明國故,融會新知」是20世紀初「學衡派」的宗旨,我以為迄今為止不失為重建中國斯文傳統的正途。

[6] 「道不行,乘桴浮於海」是孔子自己說的話,出自《論語・公冶長》篇。原文全篇是「『道不行,乘桴浮於海,從我者其由與!』子路聞之喜。子曰:『由也,好勇過我,無所取材』」。

[7] 「誓將去汝,適彼樂國」出自《詩經・魏風》中的〈碩鼠〉一篇。原文全篇是:「碩鼠碩鼠,無食我黍!三歲貫汝,莫我肯顧。逝將去汝,適彼樂土。樂土樂土,爰得我所。碩鼠碩鼠,無食我麥!三歲貫汝,莫我肯德。逝將去汝,適彼樂國。樂國樂國,爰得我直。碩鼠碩鼠,無食我苗!三歲貫汝,莫我肯勞。逝將去汝,適彼樂郊。樂郊樂郊,誰之永號?」

初版前言

　　儒學是一個活生生的傳統（living tradition），雖然經歷了長期的浩劫，但在 1980 年代之後，終於迎來了「浴火重生」的契機，再次成為一個與時代精神密切相關的重要因素。不過，在當下的中國，這種「契機」卻是與「危機」共生並存的。在某種意義上，儒學如今所面臨的危機，甚至比從「五四」到「河殤」一直受到批判所產生的危機更具挑戰性。就此而言，如何反省儒學在當今中國所扮演的角色呢？再者，儒學早已不再只是中國的「地方知識」（local knowledge），在中國日益成為「世界之中的中國」這一背景之下，對儒學的反省也益發必須放在一個全球的視野之下。如果說 1980、1990 年代思想界的主流更多地是由中國放眼世界，所重仍不免在於「西天取經」（其實是「五四」新文化運動的繼續），那麼，如今重點應當轉換到以世界為背景來聚焦和反省中國，尤其是中國文化傳統的精神價值。本書以「儒學與當今世界」為題所彙集的若干文字，正是我從較為宏觀的文化角度，在一個全球的視域中對於儒學與時代課題的一些思考。在這個意義上，本書文字自然也是我文化關懷與價值立場的一個反映。

　　本書共分五個部分。第一部分「儒學的時代反省」包括五篇文章。第一篇〈儒學復興的省思〉，最初刊於 2006 年 12 月 18 日《21 世紀經濟報導》第 35 版，是應編輯之邀撰寫的專號文字之一。對於 21 世紀以來所謂「儒學復興」現象的緣由、問題與前景，我在該文中提出了一些個人的觀察。第二篇〈儒家認同的抉擇〉，原刊於

2009 年 1 月 21 日《中華讀書報》第 15 版，也是應編輯之約所撰。在儒學早已越出「中國」的當今世界，什麼是儒家的認同？如何成為真正的儒家？對於這一類的大問題，在該文極為有限的篇幅內，我稍稍提示了個人的一點淺見。第三篇〈君子的意義與儒家的困境〉，原刊於 2009 年第 6 期的《讀書》，由狄培理（Wm. Theodore de Bary, 1919–2017）教授《儒家的困境》（Trouble with Confucianism）一書引發，是我對於儒家君子的特徵以及儒家傳統根本困境及其根源的一些思索。第四篇〈儒學與當代中國的相關性〉，最早是我 2005 年初應北大博士生聯誼會之邀在北大所作的演講，現在的文字是當時錄音的記錄和修訂。以回顧儒學在現代中國的命運為基礎，對當今儒學所面臨的問題以及儒學在當代中國所扮演的角色，該文也提出了自己的一些看法。第五篇〈如何理解儒家的「反西化」和「尊孔讀經」〉，曾經刊於《炎黃春秋》2011 年第 5 期，是我偶然讀到楊繼繩先生〈我看「中國模式」〉一文後所引發的一些感想。該文在儒家的「反西化」和「尊孔讀經」問題上和楊繼繩先生有所商榷，意在澄清近代以來儒家在對待「西化」以及「尊孔讀經」問題上的基本立場和態度。當然，文中指出的現代儒學傳統的一些基本價值和立場，其實也是整個儒家傳統一貫精神的體現，只不過在中西文化衝突與融匯這一近代以來的時代背景下，自然不免產生新的變奏而已。該文本無意發表，但《炎黃春秋》雜誌社特意表示希望刊登這篇和楊繼繩先生的商榷文章。其學術自由和兼容並包的精神令人感佩，我就恭敬不如從命了。限於篇幅，該文刊出時有所刪節，註釋也都去掉了。這次收入本書，則一仍其舊。

第二部分「儒學經典與世界」包括四篇文字。第一篇〈說不盡的《論語》〉，最初刊於 2007 年第 7 期的《讀書》，是對時下「《論語》熱」的一點反省。該文意在指出，對包括《論語》在內的經典詮釋

來說，無論是學術研究還是社會推廣，都必須建立在充分吸收和消化傳統積澱的基礎之上，否則難免「師心自用」而「以管窺天」，甚至誤讀經典而「誤人子弟」。此文刊出時有誤植之處，收入本書時得以修正。第二篇〈東亞視野看《論語》〉，最初以「評松川健二《論語思想史》」為題，刊於《中國文哲研究通訊》（臺北），是對日本學者松川健二所編《論語思想史》一書的介紹、評論以及一些相關的思考。第三篇〈當代中國的儒家經典與通識教育〉，是我一篇英文稿的部分中譯。該英文稿最初是應狄培理教授之邀，參加 2008 年 1 月哥倫比亞大學有關通識教育與核心課程的國際會議 Classics for an Emerging World 時提交的論文。其中的主要內容，後來也曾分別在萊頓大學和漢堡大學的會議、哥本哈根大學和北歐亞洲研究所以及斯德哥爾摩大學的幾場演講中傳達給西方的聽眾。該文以當代中國大陸為限，首先回顧儒家經典 1949 年迄今的興衰，接著考察儒家經典在教育系統尤其大學通識教育中的處境，最後提出了一些個人的觀察和分析。第四篇〈攬彼造化力，持為我神通〉，曾經刊於 2011 年第 1 期的《讀書》雜誌，是我作為執行主編，為中國社會科學出版社最近出版的「海外儒學研究前沿叢書」撰寫的總序。對於如何在當今整個世界的格局和視野中研究和思考儒學的各種時代課題，既是我這篇序言的中心所在，也是當初這套叢書的主要緣起之一。該文的若干文字在「海外儒學研究前沿叢書」中被出版社的編輯刪去了，這次收入本書則恢復了原貌。這是需要向讀者說明的。

第三部分「儒學與宗教」包括三篇文字。第一篇〈人文主義與宗教之間的儒學〉，原是我《儒家傳統：宗教與人文主義之間》一書的導論部分，最初曾以「人文主義與宗教之間的儒家傳統」為題，刊於 2007 年第 2 期的《讀書》。該文以西方 "religion" 和 "humanism" 的概

念為不可或缺的參照,卻不以之為中文「宗教」與「人文主義」這兩個概念的定義標準,對於在什麼意義上可以將儒學稱為「宗教」和「人文主義」的問題進行了澄清,尤其是對儒學是否可以稱為「宗教」的問題做出了總結。第二篇〈儒學與宗教衝突〉,最初以「化解全球化過程中宗教衝突的儒學資源」為題,刊於 2003 年第 2 期的《江蘇行政學院學報》,並收入河北大學出版社 2005 年 11 月出版的《孔子與當代國際學術會議論文集》(該文原本是參加此次會議提交的論文)。該文首先指出,全球範圍內「西方化」的趨勢與不同文化傳統自我認同的強化以及彼此之間的衝突構成「全球化」過程的一體兩面,而宗教傳統之間的衝突更是文化差異與文明衝突的核心所在。在此基礎上,該文著重以陽明學者三教關係的思想和多元宗教參與的實踐為據,並結合當今宗教學領域的相關論說,說明儒學對於化解當今世界宗教衝突所可能提供的有益資源。第三篇〈儒學與宗教對話〉,最初題為「宗教對話——儒學第三期開展的核心課題」,刊於 2006 年第 3 期的《孔子研究》,隨後即為中國人民大學書報資料複印中心複印報刊資料《中國哲學》2006 年第 8 期全文轉載,並為 2006 年第 6 期的《中國社會科學文摘》摘錄。該文首先對所謂「儒學第三期開展」的涵義進行再詮釋,認為就當下以及將來的發展而言,儒學第三期開展是指儒學從東亞到全球的地域性擴展,在這一過程中,與西方宗教傳統的對話將構成其核心課題之一。其次討論了儒學是否可以被認為是一種宗教傳統以及在什麼意義上可以將儒學作為一種宗教傳統。這與〈人文主義與宗教之間的儒學〉一文恰好可以彼此呼應。再次指出,在漫長的歷史發展中,對話性一直構成儒學傳統一個極其重要的特徵。儒學本身可以視為一種對話性的傳統。最後認為,儒學傳統對於宗教對話至少應有三方面的貢獻,即「和而不同」的對話原則、「理一分殊」的多元主義宗教觀以及多元宗教參與和多元宗教認同的理論與實踐資源。之

所以選擇這三篇文字作為一組,列為本書第三部分,源自我的這樣一個認識:儒學宗教性(religious)或精神性(spiritual)的一面,在當今和將來全球多元文化的互動中,將會有很大的發展,並在其中扮演一個重要和積極的角色。

第四部分「當代儒學人物」包括三篇文字。第一篇〈當代儒家知識人的典範——余英時先生榮獲人文諾貝爾獎的啟示〉,最初以「人文諾貝爾獎的啟示」為題,刊於2007年第1期的《讀書》。緣由是余英時(1930–)先生榮獲美國國會圖書館頒發的「克魯格人文與社會科學終身成就獎」(Kluge Prize),而所思在於當今時代如何成為真正的儒家知識人。在我看來,余英時先生不但為人高潔正直,學問博大精深,且心繫天下,尤其對華人社會的前途充滿關切,正是當今儒家知識人的典範。第二篇〈反—反傳統主義——陳來先生的文化立場與價值關懷〉,原是陳來先生要我為其《傳統與現代——人文主義的視界》一書撰寫的書評,最初以「儒家的文化立場與價值關懷——陳來《傳統與現代——人文主義的視界》讀後」為題,刊於2007年第1期的《中國文化研究》。此次收入本書,文字有所改寫。該文首先通過介紹和分析陳來先生《傳統與現代——人文主義的視界》一書的主要內容和觀點,指出了其「反—反傳統主義」的主旨和內涵,進而結合當前「儒學復興」的現象,對於如何處理文化立場、價值關懷與學術研究這三者之間關係的重要課題,提出了一些個人的看法。第三篇〈立足儒學、融通東西——李明輝教授與比較哲學〉,原題「李明輝教授與比較哲學」,刊於2007年5月的《國文天地》(臺北),也是該刊編輯的邀稿。該文不僅介紹了李明輝教授從事比較哲學所取得的成績,更對如何從事比較哲學尤其比較視域下的儒學研究提出了自己的看法。依我之見,真正嚴肅而有成的比較哲學,必須對所比較的雙方甚至多方「深造自得」,

無捷徑可走。否則，對彼說此，對此談彼，或者淺層次地比較甚至「比附」、「同異」，「比較哲學」就成了「游談無根」的「無源之水」、「無本之木」。

　　第五部分〈有關儒學與當今世界的訪談〉，包括國內外不同媒體對我的三篇訪談。由於訪談的內容恰好都可以涵蓋在「儒學與當今世界」這一論題之下，作為本書的一個組成部分，也就是再合適不過的了。第一篇〈「文化中國」與「重建斯文」——彭國翔談余英時的中國情懷與文化建設〉，原題為「彭國翔：余英時的中國情懷與文化中國」，是應《新華月報》編輯之約進行的訪談，刊於2012年9月的《新華月報》（上）。編輯告訴我《新華月報》開闢了「文化中國」的專欄，邀請學界相關學者專就「文化中國」這一議題發表自己的看法。我於是就從余英時先生的「中國情懷」開始談起，最後歸結於「重建斯文」這一當今中國文化建設的當務之急。2012年7至8月間編輯約我進行訪談時，我正在德國哥廷根馬普研究院的宗教與民族多樣性研究所（Max Planck Institute for the Study of Religious and Ethnic Diversity）擔任客座研究員。這篇訪談是編輯電郵來問題，我逐一筆答的。雖然其實並未與編輯謀面，但這樣書面訪談的好處是表達可以比較精確。不過，刊於《新華月報》的題目並非我自己原定，其中有些內容，刊出時也被編輯刪掉了。如今收入本書，不僅題目一仍其舊，刪去的內容，也復原如初。兩相對照的話，讀者自會一目暸然。第二篇〈儒家也有一種「個人主義」——如何理解儒家的自我觀及其意義〉，曾以「儒家也有一種個人主義——訪北京大學高等人文研究院文化中國研究中心主任彭國翔」為題，刊於2012年12月《人民論壇》（上），是應《人民論壇》雜誌社編輯之約進行的一個訪談。這篇訪談的核心在於如何理解儒家的自我觀，因此，我自己原先賦予這篇訪談的題目就是「如何理

解儒家的自我觀及其意義」。大概是編輯意識到我所論在於回應那種單純從社群倫理和群體主義理解儒家自我的流行之見，所以特別以「儒家也有一種個人主義」為主標題刊出。這或許確有一新耳目的效果，所以在編入本書之際，我結合二者，將這篇訪談的題目定為「儒家也有一種『個人主義』——如何理解儒家的自我觀及其意義」。在我看來，儒家當然不是 "individualism" 甚至 "egoism" 意義上的個人主義，但也不是將個體的獨立人格淹沒於芸芸眾生之中以及為了所謂的「集體」和「組織」而犧牲個體的「集體主義」。自由之精神和獨立之人格乃是儒家傳統一貫的價值取向。這篇短短的訪談和我以往從哲學、歷史、宗教等專業角度討論儒學的長篇大論雖然大不相同，但當今世界的視野以及中西文化和價值彼此相參互鏡的自覺，則是一以貫之的。在我看來，既肯定個體與社群的密不可分，同時又凸顯獨立人格，這就是儒家對自我的理解；而在壓抑個性的集體主義和自私自利的個人主義這兩個極端之間，始終堅持雙向批判，而從容中道，這就是儒家的自我觀在當代中國最為重要和積極的價值與意義所在。第三篇「世界文明與多元宗教中的中國思想與儒家傳統」，是土耳其 A9 電視臺《搭橋》（*Building Bridges*）節目的訪談。A9 電視臺位於土耳其首都伊斯坦布爾，其《搭橋》節目致力於「探討當今世界全球範圍內對於人類而言至關重要的問題」，其目的在於「通過思想話語和對話來促進全球所有文明和不同文化之間的和平、統一、仁道、友愛」。該節目已經邀請了全球範圍內不同領域中卓有建樹的公共知識人（public intellectual）和專家學者（academics）進行訪談。正如「搭橋」這個名字所示，這一節目是為了在分歧之間建立橋樑，崇尚的是不同文化傳統之間的人類共識。當然，這種共識並非「鐵板一塊」的「一元」之「同」，而是「五光十色」的「多元」之「通」。在我看來，儒學以至中國文化傳統最有價值的內容之一，就是其「和而不同」的思想與實踐。

而所謂「和」，正是在肯定個性與差異的前提下達致的和諧與融通。訪談中節目主持人向我提出了不少重要的問題，我都從中國思想和儒家傳統的角度表達了自己的看法。尤其是節目主持人從伊斯蘭的傳統出發，提出不同文化傳統與族群之間相互學習以及化除偏執與傲慢的問題，問我如何從中國傳統的角度予以回應時，我恰好向英語世界的聽眾再次介紹了作為一種「學習的傳統」、「對話的傳統」，儒家的「和而不同」在觀念與實踐兩個方面的歷史經驗和價值。節目訪談原來是英語進行的，收入本書時由我自己譯成了中文。我在這篇訪談中表達的看法，與本書第二部分「儒學與宗教」的一些論述恰好可以彼此呼應、相互支持，這也正是我自己一貫立場的反映。

至於作為本書「代序」的〈重建「斯文」——大國崛起的當務之急〉，曾於2013年3月發表在《人民論壇》雜誌社主辦的《學術前沿》（下，總第22期）。該文雖然也是應《學術前沿》雜誌編輯之約，針對該雜誌「中華文明與當今世界」這一專題，但其成文卻是2010年初的事情。該文指出，在尋求「富強」的同時，必須注重「斯文」傳統的重建。這其實是我在專業的學術研究之外，21世紀初以來一直思考的關乎當今時代的諸多問題之一。2010年最終成文，不過是有感而發的結果。這篇文字雖然對我自己來說是三年前的舊作，但所論恰好合乎「中華文明與當今世界」這一主題。並且，不但我的看法至今並未改變，我所謂的「重建斯文」這一時代課題，我認為仍有待於廣大民眾樹立自覺，需要一個長期的歷史過程方能完成。而在這一歷史過程之中，前進的道路不僅會充滿荊棘，甚至有可能會歧路亡羊。歷史總是充滿偶然，20世紀初期以來，各種「主義」漫天飛舞，大部分知識分子往往趨時髦、趨流俗，深刻和理性的「正見」，常常被狂熱的情緒與迷思所掩蓋。整個20世紀可以說

是中國人最不幸的時代，我由衷地希望和祈禱，在 21 世紀的今天，中國人不要再次因「觀念的災害」而陷入「歷史的浩劫」！

　　這些文字原先散見於海內外各種不同的出版物，此次結集出版，不僅各篇文字一一做了修訂，有些文章還有改寫。如此，可以方便有興趣的讀者瞭解我對相關問題的整體思路和看法。這裡也借便向當初刊發文章的出版物致謝。當然，由於各篇都是近年來獨立發表於不同出版物的文字，個別地方難免會有重複而令人有「一詠三歎」之感。事實上，那些不免在不同篇章中一再出現的意思甚至類似文字，或許正是我「三致意焉」的注重所在。這一點，敬請讀者留心。

　　本書所收文字內容大都關乎當前的文化問題，尤其是全球視域中中國文化特別是儒家傳統的重建問題。如能對讀者有所幫助，無論是引起正面的進一步思考，還是導致反向的質疑與辯難，都表明我的思索來自於當今世界一些普遍的問題意識。而這些問題意識的來源，自有其廣泛和實際的社會存在，並不是我「獨與天地精神相往來」的結果。

彭國翔

2013 年 5 月於北京藍旗營「租界」

第一部分
儒學的時代反省

§ 儒學復興的省思——緣由、問題與前瞻
§ 儒家認同的抉擇
§ 君子的意義與儒家的困境
§ 儒學與當代中國的相關性
§ 如何理解儒家的「反西化」和「尊孔讀經」

儒學復興的省思
——緣由、問題與前瞻

一、復興緣由

儒家傳統在中國至少有兩千五百餘年的歷史，並且，漢代以降，儒學也成為古代中國社會主流的觀念和價值系統。正是在這個意義上，西方許多學者將古代中國稱為「儒教中國」（Confucian China）。但是，綜觀整個 20 世紀，儒家傳統的命運卻發生了急遽且富有戲劇性的變化。如果我們將 1919 年迄今界定為「當代中國」的話，那麼，儒家傳統在當代中國的演變大體可以分為兩個階段。

第一階段是 1919 年到 1980 年代末，整個中國社會主流的思想文化是激進和全盤性的反傳統主義，儒家傳統首當其衝，從「五四」時期的「打倒孔家店」到 1960、1970 年代「文革」時期的「破四舊」和「批林批孔」，再到 1980 年代末的「河殤」，批判和否定儒家傳統的線索一以貫之且登峰造極。儒學遭遇到了全面解體的命運，至少在中國大陸最終淪為「遊魂」。中國人也相應幾乎成為全世界獨一無二的要徹底拋棄自己思想文化傳統的民族。第二階段是 1990 年代迄今，首先是學術界開始反思激進與全盤性反傳統思潮的偏頗，官方態度亦逐漸扭轉。在廣大國人開始日益認識到傳統不可棄的情況下，社會上漸有復興儒學之說。尤其 2000 年以來，復興儒學的呼聲日高，從官方到民間，出現了各種相關的活動，頗有「忽如一夜春風來，千樹萬樹梨花開」之勢。就儒家傳統自身來看，如果說前一個漫長的階段簡直是「山窮水盡疑無路」，後一階段雖為時尚短，

卻也不能不說是「柳暗花明又一村」了。

如果我們意識到對儒家傳統的批判晚清已經開始，到 1980 年代，反傳統的思潮實已有百餘年。百餘年來，可以說已經形成了一個新的「反傳統的傳統」（tradition of anti-tradition）。可是，1990 年代以來，重建中華民族精神傳統、復興儒學的呼聲由弱到強，逐漸贏得了廣泛的認同。到 21 世紀迄今為止，認為至少在社會聲勢的層面上儒學復興之說日益深入人心，也許並不為過。何以如此？我認為至少有三方面的緣由。

首先，儒學的基本價值在傳統社會歷來發揮著「齊人心、正風俗」的作用。非但廣大知識階層多以儒學的核心價值為「安身立命」的所在，普通凡夫俗子由於長期受儒學的教化，亦將儒學的一些核心價值如「忠」、「孝」、「仁」、「義」等奉為為人處世的「常道」，並在日常生活中以「百姓日用而不知」的方式來體現這些價值。可是，如前所述，20 世紀中西文化劇烈碰撞所導致的只是原有價值系統的崩潰，並沒有給我們從「西天」取來「真經」，使之足以作為一種替代性的價值系統來重塑中國人的心靈世界。於是，在批儒學、反傳統的過程中造成了嚴重的價值真空、精神失落以及信仰危機。然而，無論是個體的人還是一個民族，必須有其自身的價值系統和意義世界，否則即如沒有靈魂的行屍走肉。這一點，在各種西方理論湧入中國、輪番占據知識人心靈而「城頭變幻大王旗」之後，終於逐漸為人所自覺。如何擺脫「拋卻自家無盡藏，沿門托缽效貧兒」（王陽明〈詠良知〉詩）的心態，深入發掘傳統中的精神資源，通過創造性的轉化和綜合創新來重建中華民族文化的價值系統，終於成為中國廣大有識之士共同的問題意識。

其次，中國人之所以能夠逐漸從反傳統的傳統中走出，開始重新認同以儒學為核心的中國文化，全球化背景下的文化與價值認同

問題亦是一個重要的緣由。1990 年代以來，全球化在器物甚至制度層面帶來「一體化」的同時，也日益突顯文化認同與根源意識。愈是與不同的文化接觸，「我是誰」的問題就愈來愈突出。只有植根於自己民族文化的傳統，才能真正在全球多元的格局中有一席之地。這一點，迫使每一個民族乃至每一個體不僅不能乞靈於任何純然外部的文化來建立「自我」，反而必須深入自己的文化傳統來「認識你自己」。海外的華人之所以對文化和價值認同問題有格外的體會，絕非偶然。當然，任何文化都不是凝固不變的，其更新和發展需要不斷吸收外部的資源。佛教傳入中國就是一個很好的範例。不過，任何文化吸收新的成分從而轉化和發展自身，其成功的前提必須是立足於已有的傳統，否則即成「無源之水」和「無本之木」。現在中國正在崛起，從政治、經濟上看，中國為世界做出了很大的貢獻。但從文化上看，中國能給全世界帶來什麼樣的思想資源？西方有源自希臘的理性文明和源自希伯來傳統的宗教文明；伊斯蘭世界有伊斯蘭世界的文明，有支撐它的價值觀念；那麼，中國有什麼？在這樣一個全球化的背景下，我們不得不開始重新體認我們是誰。不單是作為一個政治、經濟的單元，更作為一個文化實體去追問，我們是誰？我們的文化是什麼？這是我們必須面對和回答的問題。因此，全球化一方面使我們日益瞭解世界文化的多樣性，使我們愈來愈瞭解其他的文化傳統，同時也使我們不得不正視自己的民族文化，尤其儒家傳統。顯然，如果棄數千年的中國文化、儒家傳統於不顧，我們還能給世界提供別的什麼呢？

此外，還有一個緣由不能忽略，那就是：一批真深入瞭解、認同儒學價值同時又能欣賞、接受西方文化優秀成分的儒家知識人對於守護和重建儒家傳統不遺餘力的畢生奉獻。儘管整個 20 世紀是反傳統思潮當令，但自始即有一批為數不多的學者能夠認識到儒學的

基本價值不但不與西方的科學、民主、自由、人權相悖，反而彼此相通相濟。從康有為（1858-1927）、梁啟超（1873-1929）、熊十力（1885-1968）、張君勱（1887-1969）、陳寅恪（1890-1969）、梁漱溟（1893-1988）、錢穆（1895-1990）到徐復觀（1903-1982）、唐君毅（1909-1978）、牟宗三（1909-1995）再到余英時（1930–）、蔡仁厚（1930–）、劉述先（1934-2016）、杜維明（1940–）等，都為在整個反傳統的浪潮中保存儒家傳統盡心盡力。1949年以後到1980年代以前，這樣一種價值取向主要在大陸以外的華人世界得以不絕如縷。1980年代之後，隨著大陸的改革開放，以儒學為代表的中國傳統文化逐漸由被批判轉為受到重新評價，以上這些人物所代表的廣義的新儒學終於重新回到了大陸，並日益引發了深遠的影響。唐君毅先生曾用「花果飄零」來形容中國文化在當代中國的命運，而這些一生為中國文化、儒家傳統「招魂」的學者，對於如今儒學能在中國大陸呈現復興之勢，實在是功不可沒。

二、契機與危機之間

1990年代也曾一度有所謂「國學熱」的說法，但當時尚不具備廣泛的社會基礎。如今又是十幾年過去了，再來看中國文化、儒家傳統，我認為的確已經真正顯示了「一陽來復」之機。對於傳統價值的需求已不再只是部分知識人的呼籲，而真正表現為社會大眾的心聲。不過，這並不意味著儒學復興「形勢一片大好」。事實上，目前存在的問題甚至相當嚴重。對這些問題如不加以警覺和克服，儒學復興的「契機」未嘗不會轉變為更大的「危機」。

首先，是狹隘的民族主義的問題。民族主義本身未必是一個完全負面的東西，對任何一個民族來講，民族主義都不免在一定程度上存在。尤其是在面臨外侮的情況下，民族主義往往是強化民族凝

聚力的一個重要因素。但是,狹隘的民族主義卻會產生很多弊端。狹隘的民族主義往往與原教旨主義互為表裡,而目前世界和平的大敵恐怖主義,其淵藪正是原教旨主義和狹隘的民族主義。因此,中國崛起向世界上傳達的文化信息如果是狹隘的民族主義,儒家傳統的復興如果被認為是狹隘民族主義的抬頭,那麼,從中華文明之外的角度來看,所謂「中國威脅論」的產生恐怕就是人之常情了。如此反過來會給中國帶來怎樣的後果,也就可想而知了。事實上,古往今來,真正能夠於儒家傳統深造自得者,一定不是一個狹隘的民族主義者。儒家知識人都是「以天下自任」而能超越一己與小群體之私的。綜觀近現代的整個中國歷史,最具開放心靈而能吸收其他文化之優秀成分者,幾乎無一不是當時最優秀的儒家知識人。不但中國如此,整個深受儒家文化影響的東亞地區包括日本、韓國等都是同樣。狹隘的民族主義者可以假儒家之名號,甚至有時亦自以為是以儒學的價值為自我認同,但既不能於儒家傳統深造自得,終不能得儒家之實,只能給儒家帶來災難。因此,要想在當今新的時代重建儒家傳統,首先要加以警惕的就是不要落入狹隘民族主義的陷阱。弘揚民族精神、傳統文化與利用民族主義情緒而「別有用心」之辨,識者不可輕忽。

其次,是目前無所不在的商業化對復興儒學的侵蝕。社會上總有些人是「風派」,其實並無自己的原則。凡是能帶來好處的,皆趨之若鶩;反之,則避之惟恐不及。如今,儒學已不再是批判的對象,而成為一種正面的文化象徵和資源。於是,不少機構和人物紛紛奔赴儒學的旗下。問題是,如果這僅僅是因為儒家能夠帶來名利,而不是從事和提倡者出於自己對儒家的體認,出於對傳統文化深厚的瞭解,勢必會給儒學的真正復興帶來很大的麻煩。目前,廣大社會民眾確有瞭解和實踐儒學價值的良好願望。但是,相對於這種需

求,在百餘年反傳統的傳統下,真正有資格代表儒家傳統發言的人並不多見。即便是基本儒家知識的介紹,也需要受過專業訓練而學有所成的專家學者來從事,更不必論對儒家經典的解讀了。如果面對公眾講儒學者自己並無有關儒家傳統的深厚學養,既誤人子弟,於自己也未必是福。因為長遠來看,良莠朱紫終有水落石出之日。對於這一問題,一方面需要社會大眾慎思明辨,提高自身的判斷力;另一方面更需要廣大知識人自我反省、自覺自律。

三、拒絕死亡之吻

歷史進入 21 世紀以來,的確是重建儒學傳統的一個很好時機。社會上有這麼多人尤其是年輕人,意識到我們需要在全球的範圍來真正重建中國文化的精神和價值資源。但是,如果這個時機不能好好把握,上述問題不能夠好好解決,那麼,儒學是否能夠真正復興是很可懷疑的。各種表面上推波助瀾的力量弄不好會成為儒學的「死亡之吻」(kiss of death)。它表示對你親近,可帶來的結果是死亡;它所做的一切看起來是要提倡你、推動你,結果卻讓你早點毀滅。所謂「契機」變成「危機」,正在於此。

至於如何避免上述問題?我以為,當務之急莫過於樹立對於儒學傳統的正確認識。前已指出,我們目前仍然生活在一個「反傳統的傳統」之中。目前談儒學的復興,必須對這一歷史背景有充分的自覺。可以試想,「五四」以後出生的中國人,尤其是在中國大陸,無不生活在這樣一個反傳統的傳統裡面。1990 年代時哪怕是七、八十歲的老人,出生之日已身處反傳統、批儒學的氛圍之中,因而對儒家傳統、中國文化究竟能有多少認識,是很值得思考的。長者尚且如此,1949 年以後所謂「生在紅旗下,長在新中國」者,就更不必論了。佛教有「正見」與「正行」的說法。「見」是思想、觀

念、意識,「行」是實踐。先要有「正見」,然後才能有「正行」。借用這個講法,我們可以說,只有對儒學有比較深入全面的瞭解之後,才可以去講儒學、實踐儒學的相關價值。清人戴震(1724-1777)有言:「舍夫道問學,則惡可命之尊德性乎?」同時的錢大昕(1728-1804)也說:「知德性之當尊,於是有問學之功。豈有遺棄學問而別為尊德性之功者哉!」余英時先生 1975 年曾經援引這兩句話,並指出:「在今天的處境之下,我誠懇地盼望提倡儒學的人三複戴東原、錢竹汀之言!」[1] 以我的理解,這正是余先生早就看到「正見」在反傳統的傳統中對於重建傳統之至關重要而發出的語重心長之言。如果只是出於現實利益的考慮去講儒學,則「起腳便差了」。如果讓一些皮相或似是而非的對儒學的理解左右人們的認識,則重建儒學傳統,從儒家傳統中汲取身心受用的資源,將是無從實現的。因此,要發揮儒家傳統的價值,從中汲取有益的資源而有所「受用」,首先在於確立「正見」。講儒學的學者對儒家傳統一定要有比較深入、全面的瞭解之後,才可以採用各種形式把真正儒家的信息傳達到社會上去。有了「正見」,無論採用怎樣的形式來講儒學都無妨。但如果並無「正見」甚或根本是別有所圖,則「死亡之吻」恐怕是難以避免的。在對中國文化、儒家傳統已經隔閡甚深的情況下,要獲得「正見」,除了激情之外,更需要清明和深沉的理性。沒有孟子「掘井及泉」和荀子「真積力久則入」的工夫,很難真正接上儒家傳統的慧命。

---

[1] 余英時,《論戴震與章學誠》(北京:三聯書店,2000),9。

儒家認同的抉擇

近年來，隨著海外特別是西方儒學研究著作的不斷引入，讀者發現不少西方學者在其儒學研究的著作中常常流露出對於儒家傳統核心價值的欣賞甚至認同。於是，儒學能否成為西方人士安身立命的所在，自然成為很多中國讀者感興趣的一個問題。《中華讀書報》提出以「外國人能否成為儒家」為議題作為目前國學討論的一個焦點，正是審時度勢下頗具慧眼的一項舉措。

一、儒家以四海為家

事實上，如果「外國人」指的是國籍意義上「中華人民共和國」之外的人士，那麼，大批在1949年之後「花果飄零」到異域而取得他國國籍的海外華人，很多都是中國儒家傳統價值的提倡和力行者。1960、1970年代，當儒學價值在中國大陸遭受史無前例的浩劫之時，反倒是那些具有外國國籍的海外華人在國際上為儒學「正名」。在這個意義上，外國人可以成為儒家，顯然不是問題。不過，時下的疑問並非針對這一類具有外國國籍的華裔人士，其對象毋寧是種族意義上「中國人」之外的其他人類。

問題是，即便是就種族意義上「中國人」之外的人士來說，成為儒家其實也早已不成問題。中國雖然是儒學的原鄉，但儒學很早便傳入韓國、日本、越南等地，與當地的本土文化結合之後，形成了具有當地文化特色的儒學傳統。由此，在這些國家的歷史上，也

是大儒輩出。如韓國的李退溪（1501–1570）、李栗谷（1536–1584）、鄭霞谷（1649–1737），日本的林羅山（1583–1657）、中江藤樹（1608–1648）、山崎暗齋（1618–1682）、貝原益軒（1630–1714）、佐藤一齋（1772–1859）以及晚近去世的岡田武彥（1908–2004）等，都是一時翹楚。

以韓、日等東亞國家的儒家人物論證「外國人可以成為儒家」，或許仍不足以釋人之疑。因為「西方人能否成為儒家」，才是眼下「外國人能否成為儒家」這一議題的真正所指。不過，對此答案也很明確。波士頓大學神學院前院長、著名的神學家和哲學家南樂山（Robert C. Neville）於2000年出版的《波士頓儒學》（*Boston Confucianism*）一書，就是一位具有深厚基督教背景的純粹西方人士自覺選擇儒家認同（Confucian identity）的見證。與南樂山在波士頓大學神學院共事且目前仍擔任神學院副院長的白詩朗（John Berthrong），作為「波士頓儒家」的成員之一，同樣為西方人成為儒家提供了活生生的例證。事實上，除了直接宣稱自己儒家認同的這兩位「波士頓儒家」之外，還有相當一批並未以儒家名號為標榜，卻同樣頗能體現儒家人格與精神氣質的西方學者。譬如，哥倫比亞大學目前已屆九十高齡的狄培理教授，不僅和已故陳榮捷（Wing-Tsit Chan, 1901–1994）先生一道，對於儒家經典在美國高等教育的推廣做出了無與倫比的貢獻，同時也是一位身體力行儒家核心價值的君子儒。夏威夷大學的安樂哲（Roger T. Ames），以古典儒學和道家研究以及中國古代經典英譯名世，其為人也如孔子所稱許的晏平仲，「善與人交，久而敬之」。由此可見，不論對於歷史上的東亞他國，還是現在的西方世界，外國人既能「研究儒學」，又能「成為儒家」。早在新千年伊始，我即曾指出：「儒學作為價值信仰的一種類型，已進入全球意識。它不僅可以為中國、東亞地區的

人士提供安身立命之道,亦有可能成為西方人士信仰方式的一種選擇」。[2]

二、儒家必宗儒典

對我而言,外國人能夠成為儒家不僅不是「問題」,甚至更是思考相關問題的「前提」。但這並不意味著眼下討論「外國人能否成為儒家」沒有意義。事實上,該議題具有遠為深廣的蘊涵,至少有以下兩點值得進一步深思熟慮。

首先,儒學價值早已超越地域、族群、特定政治社會結構和經濟模式,成為任何人都可以選擇認同的安身立命之道,但深沉的價值信守從來都源自對儒家經典及其詮釋傳統的深造自得。「外國人能否成為儒家」之疑不指向韓、日等深受漢字文化圈影響的東亞儒家,而實際針對當今的西方人士,一個不言而喻卻至關重要的原因就是:日、韓那些「儒家」從來都是直接研讀儒家原典而最終成為「儒家」的;他們直接以中文為其文字,其自幼研習儒家經典的經驗,根本與朱熹(1130–1200)、王陽明(1472–1529)等中國歷史上的大儒無異。因此,「外國人能否成為儒家」,涉及儒學價值的普世化與儒家經典原始文字載體之間的關係這一深層問題。儒學當然可以用中文之外的其他語文來言說。不過,社會大眾的一般傳播與精深的專業研究畢竟有別,中文(具體說是古漢語)的儒學經典終歸是儒學價值的「源頭活水」。除非語言文字的「不可譯性」(untranslatability)不存在,否則,中文的儒家經典及其典範性詮釋(如朱熹的《四書集注》)不僅不能置若罔聞,更是必須不斷深

---

[2] 彭國翔,《儒家傳統——宗教與人文主義之間》(北京:北京大學出版社,2007),310。

究的終極理據。誠然，現在不少優秀的西方哲學家未必精通拉丁文、希臘文。在有很好的英譯本的情況下，一些西方學者亦能把握儒家經典的要義。但要想「百尺竿頭，更進一步」，達到孟子所謂「居之安」、「資之深」、「左右逢其原」，恐非精通原文不可。最傑出的西方哲人多通拉丁文、希臘文，不能者畢竟引以為憾。西方精研儒學且認同儒家者，其實也大都具備中文古典的良好訓練。

三、儒家的「死亡之吻」

其次，對於「外國人能否成為儒家」這一問題，大多數人的重點所在恐怕是「什麼人可以成為儒家」，而不是「儒家是什麼樣的人」。不過，如前文所論，前者本不成問題，需要深究的倒是後者。依我之見，「儒家」至少需要同時具備兩個條件。一是對儒家經典和儒學傳統有相當深入的瞭解；二是對儒學核心價值具有相當程度的認同。前者是「知」，後者是「信」。二者如車之兩輪，鳥之兩翼，相輔相成，缺一不可。只有知性的瞭解而無價值的認同，自然算不上「儒家」，不過「儒學從業員」而已。但若非植根於深厚的學養而輕言儒家認同，難免「走火入魔」。至於假儒家名號而別有用心者，雖然不足與論，但當前更值得警惕。「批孔」的年代敢於公開宣稱自己認同儒家，其真誠大概無可懷疑。但在一個標榜儒學能夠沽名漁利的時代，「儒家」者流風起雲湧，「忽如一夜春風來，千樹萬樹梨花開」，其間真偽就必須辨別了。如今的中國大陸，不幸正處在這樣一個「亂花漸欲迷人眼」的局面。眼下動輒在公共領域，尤其媒體祭起儒家旗幟者，不乏「醉翁之意不在酒」者。而給「儒學熱」潑冷水甚至提出批評者，有時反倒是儒家真精神的體現。清儒顏元（1635–1704）所謂「天下寧有異學，不可有假學。異學能亂正學而不能滅正學。有似是而非之學，乃滅之矣」。種種「似是

而非」的「假學」、「偽儒」，無論在官方還是民間，對儒學的真正復興，只能是「死亡之吻」。儒學價值未能為「五四」反傳統思潮盡毀，卻有為種種「死亡之吻」所滅之虞。如何避免蹈此境地，絕非杞人憂天。正是在這個意義上，冷靜、深邃地思考「如何才算是儒家」，當是探討「外國人能否成為儒家」的題中首要之義。

最後，我願鄭重指出，正如歷史上的「夷夏之辨」主要是就文化而非地域而言一樣，「儒家」不必是中國人、東亞人士的專利。否則，不會有「禮失而求諸野」之說。但中國畢竟是儒學的祖國，中國人自己如果不能在浩劫之後真正重建儒學的價值系統，讓儒學在「復興」的表象之下成為「商業化」和「政治化」的犧牲品，非但「儒家」人物仍不得不「乘桴浮於海」，以至「流落人間者，泰山一毫芒」，作為一種「文明」或「價值系統」的整個「儒家文化」，更是終將難逃「隨風而逝」的命運。這一點，實在是中國大陸經歷了改革開放三十年之後如今所面臨的最大挑戰。

君子的意義與儒家的困境

20世紀迄今，在經歷了長期被批判的境遇之後，孔子似乎又恢復了「聖人」的地位。一時間，《論語》好像也再次成為萬人爭誦的聖典。不過，孔子在《論語》中念茲在茲的理想人格，與其說是「聖人」，不如說是「君子」。「聖人」固然是最高的理想人格，但是在整部《論語》中，孔子提到「聖人」不過6次。對於「聖」和「仁」這兩個最高的價值，孔子都明確表示「吾豈敢」（《論語‧述而》）。與「聖人」相較，關於「君子」的地方卻不下106次。那麼，孔子以及後世儒家知識人心目中的「君子」，究竟是怎樣一種人格呢？

一、君子的四重意義

「君子」與「小人」相對，二者都不是孔子創造的名詞，而是在孔子之前「古已有之」的。不過，與我們現在對「君子」和「小人」分別指「有德」和「缺德」的人這種理解不同，孔子之前，「君子」和「小人」是以「位」分而不以「德」分的。換言之，區分「君子」和「小人」的準則不在於是否具有高尚的道德修養，而在於是否出身貴族。「君子」是指具有貴族血統的人，而「小人」則是指一般的平民百姓。將「君子」和「小人」之別的標準從「位」轉換為「德」，使得「君子」成為一個道德的主體，正是孔子的新貢獻。如此一來，「君子」不再由血統來決定，不再只是少數權勢階層的

專享名號，而變得向所有人開放。任何人只要通過自己的修養而具備高尚的品德，就可以成為一個「君子」。反過來，即便出身高貴，如果不具備良好的道德修養，也仍然稱不上是「君子」。正是經過了孔子的創造性轉化，「君子」才成為一個人人可學而至的人格典範。也正是由於可學而至，不是一個無法企及的位格，「君子」也才成為中國歷史上幾乎所有儒家知識人都立志追求或至少是內心敬重的對象。這一點，是「君子」這一觀念在孔子以降整個儒家傳統中所具有的第一個重要意義。

　　道德修養是孔子賦予「君子」的一個首要的內容規定，但卻並非「君子」這一人格的所有內涵。事實上，對孔子而言，「君子」不僅是一個具有高尚道德修養的人，同時還必須是一個「政治主體」和「社會主體」。用余英時先生的話來說，即所謂「內聖外王連續體」。「內聖」是「君子」的基礎，「外王」則是「君子」的充分實現。用孔子自己的話來說，「君子」必須「修己以安人」、「修己以安百姓」（《論語・憲問》）。如果說「修己」所指的是道德修養這一「內聖」的方面，「安人」和「安百姓」則無疑說的是「外王」的政治和社會功能。一個人具有再好的個人道德修養，如果沒有足夠的政治和社會關懷以及責任感，也是不能夠成為儒家君子的。面對長沮、桀溺這兩位潔身自好的隱士的「避世」言行，孔子所謂「鳥獸不可與同群，吾非斯人之徒與而誰與」的名言（《論語・微子》），一語道出了儒家「君子」對於自身所當具有的「政治主體」和「社會主體」的高度自覺。至於「君子」必須培養和具有個人的「美德」，則是因為「美德」構成「政治主體」和「社會主體」最為重要的基礎。如果不具備良好的個人品德，即使有各種法令條文的制約，理當為公眾服務的人往往實際上會濫用自己的權力和資源，腐敗就是在所難免的了。所以說，道德修養一定要與「政治主體」和「社會主體」

的身分關聯起來，才構成儒家「君子」較為完整的內涵。孔子、孟子周遊列國，一生席不暇暖，自然是其政治、社會責任意識的體現，這一點相對較為易見。而歷來被視為退縮於「內聖」或「形而上」領域的宋明理學家們，其實同樣具有高度「政治主體」和「社會主體」的自覺和實踐。晚近余英時先生《朱熹的歷史世界》這一巨著所揭示的以往理學研究的未發之覆之一，就是指出以朱熹為代表的宋代道學群體不僅只有「內聖」這一面，同時具有強烈的政治取向。不僅宋明理學如此，以唐君毅、牟宗三等為代表的現代新儒學亦然。只是一般研究者尚多未能盡窺相關的文獻，以致無法兼顧現代新儒學的這一政治取向。至於非專門的研究者道聽途說而有現代新儒學只談「心性」不論「政治」的錯誤印象，也就在所難免了。事實上，「獨善其身」只是「君子」陷於窮途末路、個人完全無法施展抱負時最後的堅守（last stand），「兼善天下」才是「君子」所要努力追求的最終目標。而即便在「窮」的困境中仍要「獨善其身」，也正是要為隨時重新獲得投身公眾服務事業的時機而充分作好個人美德修養方面的準備。總之，除了「道德主體」之外，「政治主體」和「社會主體」的自覺和實踐，是儒家「君子」的第二個重要意義。

再進一步來說，儒家「君子」在作為「政治主體」和「社會主體」發揮作用時，同時還必須是一個「批判的主體」。由於儒家從孔子起始終強調道德修養構成君子履行政治、社會功能時不可或缺的基礎，或者說，由於儒家的「君子」首先必須是一個道德的主體，那麼，一旦任何現實的政治和社會結構不能以百姓的福祉為最大、最後和最高的目標，無論在朝在野，儒家的「君子」都必定要發揮批判的功能。顏回雖然具有極高的個人道德修養而為孔子以及後來幾乎所有的儒家知識人所稱許，但是，假如在一個「朱門酒肉臭，路有凍死骨」的時代，一個宣揚儒學的人不是將話語的鋒芒指向權

貴，致力於批判當權者的無道並謀求政治的清明和社會的改善，而是以百姓為説教的對象，要求百姓像顏回那樣「一簞食，一瓢飲，在陋巷，人不堪其憂，回也不改其樂」(《論語・雍也》)，那麼，這種人物非但不是儒家的「君子」，反而無異於當權者的同謀。毫無疑問，作為一個「政治主體」的儒家人物，如果一心所繫的不是天下蒼生的福祉，而只是為了一己私利一味迎合權力集團，那麼，這種人就只能如同公孫弘 (前 200–前 121) 那樣，被歸於「曲學阿世」的「小人」之流，無法獲得「君子」的稱號。就此而言，只要以道德為基礎，是一個「道德主體」，儒家的「君子」就絕不僅僅是一個一般意義上的「政治主體」，因為與權力集團同流合污也可以是「政治主體」，而必須是一個「批判」的政治主體。孟子將「民為貴，社稷次之，君為輕」(《孟子・盡心下》) 設定為「君子」的準則，已是治儒學思想史者耳熟能詳的。最近湖北郭店新出土竹簡所載的儒家文獻中，當回答魯穆公問什麼樣的人是忠臣時，孔子之孫子思明確表示「恆稱其君之惡者，可謂忠臣矣」。這一點，更是明確顯示出「批判」精神是儒家「君子」作為「政治主體」的一項定義性特徵 (defining characteristic)。事實上，綜觀中國歷史，儒家「君子」幾乎始終是政治、社會批判功能的首要承擔者。從漢末的「清議」和「黨錮」，到宋代的「太學生」運動，再到晚明東林黨人的「一堂師友，冷風熱血，洗滌乾坤」，無不是儒家「君子」發揮政治主體意識和批判精神的表現。哥倫比亞大學如今已屆九旬的狄培理教授，於 1980 年代曾撰《中國的自由傳統》(*The Liberal Tradition in China*)，即特意指出儒家「君子」的這一批判傳統。可惜的是，「五四」以來，國人逐漸疏於對中國歷史的瞭解，往往一概將儒家視為只知維護君權和統治者的保守派，忘記了批判君主專制和暴政給人民帶來的苦難，其實從來都是儒家傳統的一個根本方面。至於 1990 年代以來在所謂「國學熱」、「儒學熱」中，對於儒家傳統中「君

子」的這種批判精神蓄意加以忽略或淡化者，恐怕只能是「別有用心」了。

當然，儒家君子還必須是一個「智識主體」。所謂「智識」，既包括一般意義上的「知識」（knowledge），還包括知識層面之上的「智慧」（wisdom）。而無論是「知識」還是「智慧」，都必須通過不斷的學習和覺解才能形成。《論語》開篇就是「學而時習之，不亦悅乎？」而孔子自許「十室之邑，必有忠信如丘者焉，不如丘之好學也」（《論語・公冶長》），尤其可見「學」對於儒家君子的重要性。足夠的知識、識見和智慧，無疑是儒家君子立足道德、在政治和社會領域發揮批判精神的必要條件。歷代大儒幾乎都是飽學之士，正說明了這一點。

二、儒家的困境及其根源

當然，作為「政治主體」，儒家「君子」批判功能的發揮絕不只是以一個外在旁觀者的身分「不平則鳴」，而更多地表現為以一種內在參與者的身分來謀求現實政治的改善。余英時先生在《朱熹的歷史世界》中指出的士大夫（scholar-official）欲與君主「共治天下」的那種群體自覺，正是儒家君子所具有的「政治主體」這一意義的集中體現。王安石（1021-1086）與宋神宗（1067-1085 在位）的「千古君臣之遇」，可以說是歷代儒家君子夢寐以求的。不僅朱熹對宋孝宗（1163-1189 在位）的冀望如此，即便在儒家士大夫的政治取向整體上由「得君行道」轉向「覺民行道」和「移風易俗」的明代，儒家君子其實也始終並未放棄「得君行道」的終極期盼。王陽明的大弟子王畿（1498-1583）為官既不高也不長，主要以社會講學、闡發陽明學義理名世。但他曾經在明神宗（1573-1620 在位）即位時，特意編纂了或許是中國歷史上第一部的宦官史——《中鑑

錄》。其目的很明確，由於宦官與皇帝最為接近，必須首先端正宦官的意識與行為，才能最終達到影響皇帝的效果。顯然，在一個君主專制的政治結構中，對儒家知識人來說，只有獲得皇帝這一權源的支持，才能切實發揮其政治主體的作用。

可惜的是，歷史上儒家君子參與政治、推行改革，幾乎無一成功。王安石變法一波三折，最後鬱鬱寡歡而逝。張居正（1525-1582）得明神宗禮遇之隆，一時盛極。但其推行改革，同樣阻力重重，為國操勞一生，辭世僅兩年，就遭到神宗無情的懲處，落得滿門抄家的下場。至於晚清「戊戌變法」失敗，「六君子」血濺菜市口，更是幾乎人盡皆知。以上所舉人物，往往還不被視為儒家道統中的主流。至於從孔孟以至程朱、陸王這些公認的大儒、君子，則基本上一直被政治權力邊緣化。既然連「得君行道」的機會都沒有，又如何以內在參與者的身分謀求政治的變革呢？於是，儒家君子往往只能以「施於有政，是亦為政」（《論語・為政》）的心態和方式，在政治權力之外發揮其批判的精神。然而，一旦其言論形成社會影響，對現實的權力結構造成威脅，這些儒家君子就會和那些推行政治改革的儒家人物一樣，遭到政治權力的無情打擊。程頤（1033-1107）、朱熹、王陽明的學說均曾被朝廷斥為「偽學」，即是明證。

因此，不論「居廟堂之上」，還是「處山林之下」，儘管儒家君子的主體意識和批判精神在漫長的中國歷史上一再躍動，不絕如縷，恰如顧炎武（1613-1682）所謂的「依仁蹈義，捨命不渝，風雨如晦，雞鳴不已」。但是，正如以上所述，儒家君子卻始終不能充分發揮其「政治主體」的作用。狄培理曾經指出，對於中國歷史上的儒家「君子」來說，一個引人注目的現象就是，「這些儒家經常不得不單槍匹馬面對大權在握的統治者，獨自應對帝國官僚體系的複雜、僵化或派系內訌。他們愈是有良知，就愈容易成為烈士，或

者更多的時候成為政治空想家」。

如果說這就是「儒家的困境」(the trouble with Confucianism)，那麼，這種困境的根源何在呢？依我之見，正是極權與專制的政治結構，使得儒家君子的政治主體身分無法獲得最終的保障。無論是王安石還是張居正變法，起先都得到了皇帝這一最高權力的支持，但最後竟都為皇帝所棄而以失敗告終。原因固然不一而足，甚至包括其他儒家人物基於不同政見的反對意見，但根本有二：其一，極權與專制最忌分權與人，所以，當張居正的一系列舉措使成年的神宗皇帝產生「大權旁落」而無法「乾綱獨斷」的想法時，其「政治主體」的身分就注定要終結了；其二，極權與專制所維護的不是全民福祉，而是某一集團的利益。並且，這個集團的利益獲得恰恰是建立在「與民爭利」的基礎之上。儒家君子參與政治、推行改革、與民興利，直接觸動的就是所謂「皇親國戚」的利益。皇帝畢竟是該集團的一員，一旦受到來自這一集團內部強大的阻力，意識到最後「命」不免要「革」到自己頭上，他也只能放棄「勵精圖治」的抱負。總之，在一個極權與專制的政體之下，儒家君子即便一時「得君」，最後也無法「行道」。只要儒家君子欲行之道是「天下為公」，為「天下蒼生」謀福利，就在根本上必然與「家天下」的政治體制「水火不容」。一句話，極權與專制的政治如果不徹底改弦更張，真正的儒家君子便永無容身之處。

其實，這一點並不是現代人的「後見之明」（hindsight），古代的儒家人物自己對此已有相當的意識。黃宗羲（1610–1695）固然常常被援以為例，用來說明儒家人物已經處在突破君主專制的邊緣，其同時代的呂留良（1629–1683），對於專制與極權的質疑和批判實則更為尖銳。他明確指出：「天子之位，乃四海公家之統，非一姓之私」（《四書講義》卷26）。在他看來，極權者及其體制的本

質即是「謀私」而非「為公」。所謂「自秦漢以後,許多制度其間亦未嘗無愛民澤物之良法,然其經綸之本心,卻總是一個自私自利,惟恐失卻此家當」(《四書講義》卷29)。顯然,在呂留良這樣儒家人物的心目中,政府的存在只是為了促進與提升人性的價值,而不是為了滿足統治集團的利益。晚近的研究表明,由於明朝極端專制導致的種種弊端,這種看法在17世紀的中國絕非呂留良的「獨唱」,而是相當一批儒家知識人的「共鳴」。也正因此,晚清的儒家知識人如王韜(1828-1897)、郭嵩燾(1818-1891)、薛福成(1838-1894)等,在初到歐洲親眼見證了民主制度的實際運作之後,立刻表示了極大的欣賞,幾乎異口同聲將民主制度和中國上古理想的「三代之治」相提並論。其後中國的知識人直到「五四」以降,無論在其他方面如何的莫衷一是,在充分肯定民主(還有科學)這一點上,幾乎都是眾口一詞。這一現象,絕非偶然。在他們看來,極權和專制體制下難以解決的三大問題,在民主制度下均可迎刃而解。一是政權的轉移可以和平的方式、依照客觀的規則進行,不必經過暴力和流血;二是政治權威經由人民自己的同意和接受而樹立,不是強加於民;三是個人的自主和尊嚴可以得到有效的保障,不再為統治者的意志所決定。至於這三個方面所預設的一個共同前提,正是每一個體政治權利的不可隨意剝奪。換言之,個人政治主體身分的有無及其作用的發揮,不再繫於某一統治者或集團的「一念之間」而「朝不保夕」。對於儒家知識人來說,民主制的最大優點莫過於此。當然,作為一種制度安排,民主自然需要結合各國自身的文化背景。但民主的精神價值,則東海西海,心同理同。如今,西方一些學者反省作為一種制度的民主在西方社會長期以來連帶產生的若干問題,自有其意義。但如果對民主作為一種精神價值的普遍性視而不見,在中國的情境中一知半解地搬弄那些西方批評民主制的隻言片語,作為質疑甚至否定國人追求民主的理據,「未享其利,先議其

弊」，恐怕只能說不是「無腦」，便是「無心」了。至於說這種做法將民主僅僅視為西方價值，而用意在於強調中國的「與眾不同」，殊不知其論證方式卻仍不脫以西方論說為普遍準繩的窠臼。

三、結語

　　道德主體、政治和社會主體、智識主體以及貫穿其中的批判精神這四重意義，使得儒家君子必然背負著「家事、國事、天下事，事事關心」的責任意識，這似乎是其「不可解」的「天刑」（《莊子・德充符》）。對於儒家君子在極權與專制體制下的困境，狄培理指出：「對於這樣一個在根本上存在缺陷的體系，即便儒家擁有超凡的英雄氣概和自我犧牲精神，也無法克服它固有的種種功能缺陷」。因此，總而言之，只有在一個健全的民主社會中，儒家君子才能夠避免不是「烈士」就是「政治空想家」的命運，徹底擺脫「困境」，「為天地立心，為生民立命，為往聖繼絕學，為萬事開太平」，從而真正實現其「君子」的完整意義。同樣，也只有「君子」而非「小人」廣泛地參與到政治、社會的各個領域，發揮主體作用，民主也才不會喪失「實質合理性」（materiale Rationalitaet）而徒有「形式合理性」（formale Rationalitaet）之表。

儒學與當代中國的相關性

一、解題

我們一提到「儒學」或「儒家傳統」，馬上會想到中國，總覺得儒學就是中國傳統的代表。對西方的一般聽眾來說，或許更是如此。但其實，我們應該知道，儒學早已不是專屬中國的東西。儒學傳到韓國、日本、越南、馬來西亞等地以後，就被當成東亞意識的一個重要組成部分了。所以，如果我們一談儒家，就只把它歸屬於中國的話，可能我們的東亞鄰邦們不會同意。舉一個例子，比如在韓國，有些學者認為儒家傳統起源於箕子（?−?）。由於箕子避難跑到韓國後長期生活在韓國，所以他們很嚴肅地認為儒家傳統起源於韓國。當然，這種觀點並不占主流。

實際上，以當代著眼，從某種意義上，我們可以說儒家傳統甚至已經不僅屬於東亞。有一種很有代表性的講法，叫做儒家傳統的三期開展。這最早是由牟宗三先生提出，後來杜維明教授做了進一步的發揮。杜教授講的三期，按照我個人的理解，更多地是從空間的意義上講的，而不只是從時間意義上講。當然，空間的擴展自然是在時間流程之中的。第一期，是從先秦到兩漢。這一期的特點，是儒家從魯國的地方性知識轉變成全國性的意識形態。先秦時期，百家爭鳴，儒家不過是魯國的土產。當時有齊國的文化，有魯國的文化，很多的地域文化，儒學在春秋、戰國時期還不是全國性的意識形態或者說主導思想。但是到了漢代，我們知道，漢武帝「罷黜

百家,獨尊儒術」。當然,什麼是「罷黜百家,獨尊儒術」?是不是意味著只許講儒學,不許談別家的思想?「獨尊儒術」到什麼程度?尤其在實際的政治上,是不是就貫徹了儒家傳統的政治理想?這些都還值得商榷。其實,所謂「罷黜」、「獨尊」,並不意味著當時就只剩下儒學了。其他的思想形態並未完全消失,而是起著一種補充的作用。但至少有一點不容置疑:在漢代,儒家逐漸成為全國性的意識形態。所謂第二期,是指漢代以後到宋元明清,儒家思想擴展到東亞地區,不再是專屬於中國的思想傳統,而成為東亞意識的重要組成部分。到了第三期,儒家的影響進一步擴展,不再局限於東亞,更是走向了世界。儘管儒家在西方被多少人所知,我們不能說得太樂觀,但至少儒家作為一種代表中國、代表東亞的重要文化傳統,開始被西方人士所認識、所欣賞,這一點是毫無疑問的。像杜維明先生迄今為止不懈的努力,就是向西方聽眾介紹儒家傳統的一些基本特點。我舉一個例子,曾任波士頓大學神學院院長的 Robert C. Neville,他的中文名字叫南樂山,在 2000 年出版了一本書,叫《波士頓儒學:現代晚期的可行傳統》(*Boston Confucianism: A Portable Tradition in the Late-Modern World*)。南樂山先生擔任過美國宗教學會的主席、哲學學會的主席和比較哲學學會的主席,是一位非常有影響力的學者。他不太能熟練閱讀中文的經典,要依賴於英文的翻譯。但他認為自己能夠欣賞儒家的價值。還有一位副院長叫白詩朗,曾在臺灣修習過中文,他在芝加哥大學的博士論文寫的是陳淳(1159–1223)。後來他還寫了好幾本關於儒學的著作,如 1994 年的《普天之下:儒耶對話中的典範轉化》(*All Under Heaven: Transforming Paradigms in Confucian-Christian Dialogue*)、1998 年的《儒學之道的轉化》(*Transformations of the Confucian Way*)等,是目前在英語世界中介紹儒學的重要人物之一。很有趣的是,這兩位院長都有基督教的背景,都是神學家,在教會裡做事。但是,他們自覺地

認同儒家的基本價值，認為自己也是儒家。他們認為儒家傳統可以超越地域甚至語言的限制。當然，海外已經有一些比較成熟的有關儒家經典的譯著，為西方人士瞭解儒學提供了便利。比較早期的，像陳榮捷先生1966年編譯的《中國哲學資料書》（*A Source Book in Chinese Philosophy*），現在還在美國大學裡作教材。後來稍晚一些的，像哥倫比亞大學的狄培理教授主持翻譯的亞洲傳統資料書，包括中國的、印度的、日本的。至於關於儒家思想的研究著作，則更是汗牛充棟了。其細緻程度，甚至超過中文世界。譬如說，有的博士論文題目，中文世界還沒有人做過。這些都是儒學在西方世界傳播的反映。

另外一個概念，是「當代中國」。當代中國從何時算起呢？我們一般從1949年開始算起（到現在）。如果按照重大歷史事件來劃分時段的話，大致可以以1979年為界，將當代中國分為1979年以前和1979年以後兩個階段。因為1979年以前是一個政治局面，1979年以後中國進入了一個新的政治格局。但是，如果從思想史、哲學史的角度來看，我個人認為，儒家的思想可分為1949年到1980年代末以及1990年代初到現在這兩個階段。為什麼這樣劃分呢？其實，1979年改革開放以後，由於政治的變化，中國傳統文化的研究已經發生了一些變化。我們知道，1990年以前，中國大陸對傳統文化是持一種全盤否定的態度。最具代表性的比如說「河殤」，它全面否定中國傳統文化，認為中國的所謂「黃色文明」已經要唱輓歌了。但改革開放以後，尤其是1990年代以來，傳統文化已經被提升到一個重要的位置。

另外，我想補充一點，講儒家不能局限於中國是什麼意思？目的何在？我是想強調儒家傳統的複雜性。現在有人喜歡動不動就說儒家怎麼怎麼樣。我個人算是對儒家做過一點研究的，但是，隨著

研究的深入，我愈來愈不敢動輒就說儒家怎麼怎麼樣。儒家的複雜性不僅體現在它地域的變化上，即使就中國的儒家傳統來講，也是一個非常複雜的形態，既有思想，也有實踐。因為從歷史發展來看，從孔子算起，（儘管儒家思想的發端早於孔子），儒家經過了兩千五百多年。對於這樣一個漫長的歷史傳統，我們很難用一種一言以蔽之的方式講儒家是什麼，儒家傳統是什麼。譬如，我們講先秦儒學，以前只是說孔子、孟子、荀子。但1980年代以來，不斷有新的出土文獻，包括郭店竹簡中關於思、孟學派的文獻，上海博物館館藏的一些文獻，最新的又有清華收藏的一批竹簡等等，非常複雜。到了漢代，儒家出現了一個比較大的變化。到魏晉，玄學出現了。不過，魏晉玄學時期，儒學沒有中斷。到了隋唐，是佛教發展的鼎盛時期。但那個時候，儒家傳統也沒有中斷，只不過是以另外的方式表現出來。到了宋明，儒家又經歷了一個重大的發展。至於現當代，則有新儒學。側重哲學的方面，從熊十力先生開始，到唐君毅、牟宗三等幾位先生；側重史學的方面，從錢穆先生到余英時先生，極盡當代儒學之盛。所以說，儒家傳統很複雜。先秦儒學、宋明理學、當代新儒學，每一階段都有豐富的內容值得研究，鑽進去後都可以研究一生。鑑於儒家傳統的這種複雜性，我們很難籠統地說儒家是什麼。當然，這不是說我們不可以概括出儒家的一些基本的核心價值。儒學是有一些基礎性的東西，哪怕是不同歷史階段的學者，或者同一歷史階段的不同學者，他們都共享一些東西，那就是儒家之所以為儒家的基本特徵。

　　第三個需要界定的概念是「相關性」。這個問題包括兩個方面：其一，從回顧的角度看，在當代中國，從1949年後到1980年代末，1990年代初到現在這兩個階段，儒家傳統的命運怎樣？它扮演什麼樣的角色？第二個方面，總結當下往前看，作為中國人文化認同

的一個組成部分,儒家傳統如果要重建的話,我們需要考慮哪些問題?所謂相關性,我指的就是這個意思。

以上,是我首先要做的一個解題的工作。

二、當代儒學的回顧

下面,我想先回顧一下儒家傳統在當代的命運。剛才我講了它的兩個階段,第一個階段是從 1949 年到 1980 年代末,這段時期主要表現為反傳統的思潮盛行。我們知道,「五四」基本上是一個全面反傳統的運動,這在當時的思想文化界占據主流。儘管有梁漱溟、熊十力、馬一浮(1883–1967)還有「學衡派」像梅光迪(1890–1945)、胡先驌(1894–1968)和吳宓(1894–1978)等一些先生仍然在捍衛儒家傳統,但是,他們的聲音當時幾乎沒有人聽到。新中國成立以後,不但繼承了反傳統的態度,甚至將其推到了極端。在「五四」時期,我們講「打倒孔家店」;文革時期,我們講「批林批孔」;1980 年代,又有「河殤」,說中國傳統文化已經死亡,認為如果中國文化要重生,中國要進步,就只有一個選擇,那就是拋棄黃色文明,擁抱代表西方文明的藍色文明。顯然,這一反傳統的線索從「五四」到「河殤」一以貫之,在 1980 年代達到頂峰。很有意思的是,20 世紀中期,大陸和臺灣繼承的是兩條線路。大陸「文革」時搞「文化大革命」,「批林批孔」。臺灣則搞「中華文化復興運動」。雖然雙方都有政治意涵,但在客觀效果上,臺灣的確保存了中國傳統文化的延續和發展。當然,1980 年代以來,情形似乎反過來了。大陸開始正面肯定並重建中國的文化傳統,臺灣則由於政治生態的變化,非常不明智地搞起了「去中國化」。這倒應了「三十年河東,三十年河西」那句老話。不過,當今的中國人畢竟繼承了一種反傳統的傳統,這是很值得思考的一種現象。我想提醒大家注意一個問

題：譬如說，一個「五四」時期出生的人，出生時就已經生活在反傳統的環境中，從懂事的時候基本上就存有一種對傳統文化非常負面的看法。所以，我們現在碰到一個老者，不能想當然地認為他或她對傳統文化能有多深的瞭解。這是一個客觀事實。這是一件很有趣當然也很遺憾的事情。如今，年紀很大的人不見得對中國文化有很深入的瞭解。從「五四」到現在，將近一百年，百年無疑可以形成一個傳統。因此，在我看來，中國人如今是生活在一個反傳統的傳統裡。儘管相對於兩千五百多年的儒家傳統而言，這個傳統為時甚短，但其負面影響很大，殺傷力極強。打破一個東西很容易，但要把它重建起來，要花很多時間。1980年代以前，一提到儒家，提到孔子，人們就輕蔑地稱呼為「孔老二」。其實，我們自己可以想想，我們對儒家的認識有多少？如今哪怕是六、七十歲的長者，他們對儒家傳統、中國傳統文化能真正認識多少呢？這是一個很嚴重的問題。自1980年代以來，中國所謂的價值真空或者說信仰危機，都是與此有關的。

其實，按我個人的理解，儒家傳統中相當多的內容是為了解決人們安身立命的問題。西方的學術分類與我們傳統學術的分科很不一樣。我們過去的分類是經、史、子、集，儒學大體可以對應今天的文、史、哲。但解決安身立命的問題，不完全是靠我們今天所講的哲學這門學科。按照近代以來西方哲學的自我理解，澄清思想，獲得清楚明晰的思維，這是哲學的任務。而解決安身立命的問題，解決人的信仰、意義、價值問題，在西方大多是靠宗教來完成的。我們儘管傳統上沒有宗教與哲學的劃分，但實際上儒家傳統在中國，在相當的意義上，發揮著類似宗教的功能。雖然按照西方近代以來的標準，儒家不是西方意義上的宗教。但是，隨著西方宗教研究者、神學家對西方文明以外的非西方世界的瞭解日益加深，他

們已經逐漸擴展並改變了「宗教」這個概念。"religion" 這個詞，實際上是基於亞伯拉罕傳統或者說西亞一神教的標準。一般來說，它要有一個外在的、超越的人格神，還要有教會、神職人員。以這個標準來衡量的話，儒家自然不是宗教。但宗教之所以為宗教，不能僅從這一標準來判斷。宗教學家田立克（Paul Tillich，或譯蒂利希，1886–1965）就把宗教定義為一種「終極關懷」（ultimate concern）；英國的宗教學家希克（John Hick, 1922–2012）則把宗教定義為「人類對超越者的回應」；美國的宗教學家斯狷恩（Friedrich Streng, 1933–1993）則把宗教定義為「一種終極性的轉化方式」（a way of ultimate transformation），在他看來，如果一種東西可以使一個人對自身、世界、社會、宇宙的瞭解發生了一種根本意義上的轉變。這種東西對這個人來說，就是宗教。這些例子，都是「宗教」在西方學界已經發生變化、擴展了原有內涵的表現。

如果這樣來理解的話，那麼，宗教的意義就寬泛了。而根據這個角度理解宗教，那儒家當然算是宗教。我們不妨再以佛教和道教為例來看看這一問題。顯然，如果嚴格按照亞伯拉罕的傳統即西亞一神教的標準來理解，那麼，至少就其原初的形態來看，佛教是徹底的無神論。佛教講的是徹底的自我解脫，與外在人格神的拯救是截然不同的。但是，如今沒有人會否認佛教是世界上最重要的宗教傳統之一。而中國土生土長的道教，則是把神仙的世界與人的世界聯繫起來的。借用佛教密宗的一個詞，道教講的是「即身成就」。道教的自我轉化是帶著肉體一道轉化和超升的。我們都知道「八仙」的故事，鐵拐李、漢鍾離、呂洞賓、張果老、曹國舅、韓湘子、藍采和以及何仙姑這八位神仙，本來都是人，但後來連同肉體一塊兒轉化成仙。這與西亞一神教的觀念是很不一樣的。後者是一個身心二元的觀念，個人的解脫實際上是一個靈魂脫離肉體的過程。在這

個過程中,身體只具有負面意義。而道教與此很不相同。所以說,現在宗教的定義已經發生了變化。回到儒家傳統,在某種意義上,它在傳統中國社會所發揮的作用,很大程度上極其類似西方宗教在西方世界所具有的功能。1949年以來,傳統的宗教信仰在中國社會幾乎被斬草除根,但改革開放以來,中國的「民間宗教」蓬勃發展,真可以說是「忽如一夜春風來,千樹萬樹梨花開」。什麼原因呢?因為在某種意義上,人都是有宗教向度的,只是或強或弱而已。在此意義上,沒有任何一個人是完全、純粹世俗的,不關心意義問題,不關心價值問題,不關心信仰問題。大家可能覺得商人比較世俗,但商人也具有超越性的要求,只是不同的人程度不同。每個人都會遭遇意義問題,都需要解決身心安頓的問題,於是乎就有了選擇。社會上有許多選擇,有的人信佛教,有的人信基督教,還有各種「民間宗教」。至於回歸儒教傳統的提倡,也正是這一需求的反映。儘管從「五四」以來是一個徹底解構儒家傳統的過程,但兩千五百多年以來,儒家畢竟一直起著重要作用。余英時先生說儒家目前是一個「遊魂」。據我的理解,「遊魂」有兩個意思:一方面,指的是儒家所曾經賴以寄託的那些傳統的政治和社會建制已經瓦解了,所以儒家如今面臨「魂不附體」的困境;但另一方面,儒家傳統之所以是「魂」,就是講它在一定意義上可以暫時脫離不適合安載這個「魂」的軀體。而一旦「體」的條件具備,「魂」又可以重新在政治和社會的各種建制中得以安頓。1990年代以來,中國社會有很強的呼聲,儒家經典又重新得到人們的重視,並興起了誦讀儒家經典的運動,譬如「兒童讀經運動」。「兒童讀經運動」的發起人之一是臺灣的王財貴教授,他曾長期跟隨牟宗三先生學習,後來不遺餘力地推動兒童讀經運動,慢慢傳到大陸,甚至傳到東南亞地區和西方的華人社群。另外,我有一次看報紙,說原來北京的國子監,也就是孔廟,冷冷清清沒有人去,但現在很多家長在高考之前帶著孩

子去，覺得喝了裡面的水會考好。這至少說明了一點：人們的觀念發生了根本性變化，不再把儒家傳統看成與現代社會完全不相關的一個負面的東西。這個變化的影響非常深遠。1990年代以來，我們的認識為什麼會有這種轉化？這說明，在意義和價值方面，我們需要儒學。

儒學之所以重新得到肯定，還有一個全球化的背景。對全球化的一般理解，似乎是「趨同」，好像全球愈來愈同一化、標準化、模式化。但是，「趨同」的同時還有「求異」。「求異」是什麼意思呢？就是當每一個文明、民族傳統認識到別的文明、民族傳統時，她往往都會愈發意識到自己這個民族是什麼，自己的傳統是什麼，這也就是所謂「文化認同」。作為一個在西方世界的中國人，這個問題很突出。有很多華人，在西方待了很多年，但是西方人仍然把他們看成中國人。儘管這些人的思想非常西化，但在西方人的眼中，他們仍是華人，具有華人的基本特點，這些特點更多地與儒家傳統有關。這是一個很有趣的現象。華人在海外世界並不容易，很多人都很艱辛。這背後就是一個文化認同的問題。你是華人，如果你要認同你的根源，你的文化傳統，那麼，你的根源和文化傳統是什麼？現在中國要崛起，從政治、經濟上看，中國為世界做出了很大的貢獻。但從文化上看，中國能給全世界帶來什麼樣的精神和思想資源呢？如今，西方人有他一整套的價值觀念和文明。西方有源自希臘的理性文明和源自希伯來傳統的宗教文明；伊斯蘭世界有伊斯蘭世界的文明，有支撐它的一整套價值系統。可是，中國眼下的價值系統是什麼呢？所以說，在這樣一個全球化的背景下，我們也不得不重新體認「我們是誰」這一問題。作為一個文明，作為一個民族國家（nation-state），我們是誰？我們的文化是什麼？這是我們必須面對和回答的問題。

前面提到，2000年以後，包括讀經運動以及另外一些社會活動，已經有愈來愈多的人接觸儒家經典。對此，我自己也有親身的經歷。大概在2005年前，清華大學有一群博士和碩士生，他們都是非常優秀的理工科學生。他們對《論語》、《孟子》等儒家經典感興趣，一起讀經，組織了一個「鐘鐸社」。他們曾經去找我，我很好奇，問他們讀經的目的。其中一位同學告訴我，他自己在事業和學業上都很順利，但是總覺得自己的生活缺了點什麼。我很清楚，他所說的缺乏的東西正是意義和價值。而他接觸中國傳統經典，覺得心裡有認同，有東西能打動他，這正是儒家的特長。當然，世界上還包括許多其他的精神傳統，它們所要解決的問題都是具有普遍性的。這些精神性的傳統都有一些共享的東西或共同的問題意識，儘管不同的精神傳統解決那些問題的方式不同。這些學生的讀經是完全自覺的，是發自內心的要求。他們還寫一些東西發表在自己辦的刊物上，他們當中很多人能夠從儒家經典當中受益。儒家有一個詞很好，叫「受用」。如果學習儒家經典不僅是一個外在的要求，而對我們的人生存在有幫助，能夠解決我們人生的意義問題，這就叫「受用」。

三、當今儒學的問題

從1990年代以來，儒家重新受到評價，對儒家的評價愈來愈正面，這很有趣。所謂「三十年河東，三十年河西」，「風水輪流轉」，與1980年代以前不同了。如果前面所說的是一個回顧，那麼，我們再來看看當前的境況，我們還需要考察一些問題。所謂「相關性」，相關在什麼地方？如果儒家傳統還是一個「遊魂」的話，那麼，要振興中華民族，我們希望儒家在其中扮演什麼樣的角色呢？比如，有人主張要把儒家重新變成中國的國家意識形態。我想，現

在能不能做到是一回事,是不是需要這樣做可能也有問題。因為任何一種觀念系統一旦成為唯一性的東西,尤其是與權力結合成為觀念上的宰制,就一定會產生負面的影響。一個真正成熟的現代社會,其基本特點之一就是多元性。儘管會有一些主流的意識形態,但整個社會的價值體系不可能是一個唯一性的、宰制性的東西,至少不再是「罷黜百家,獨尊某術」,這是不可能的了。還有個別學者看到儒家宗教性的功能,希望把儒家建設成為一種制度化的宗教。其實,這個想法也不是今天才提出來的,康有為在他那個年代就成立了「孔教會」。後來,牟宗三、唐君毅先生也都曾經深入思考過儒教的問題,在一定意義上也不反對建立儒教。康有為當時那樣做是有他的考慮的,儘管當時的時機並不配合他,形式上不能達成。但是,他之所以有這麼一個思考,絕不是偶然的。我再來說說陳煥章(1880-1933),他是「孔教會」不遺餘力的推動者,曾在美國哥倫比亞大學留學多年,對西方有很深刻的瞭解。他知道當時的中國正在轉變,向一個西式的社會轉變,轉變成一個現代化的國家。雖然這種現代化並不完全是西方意義上的現代化,但是,這種轉化是按照西方社會的結構、制度為樣板的。西方的社會結構式是模塊式的,不同的東西解決不同的問題。安身立命的東西靠什麼解決?宗教。西方人的意義和價值問題是依靠宗教來解決的,而當中國在向這個方向轉化的時候,這一塊兒缺了。所以,康有為、陳煥章等希望把儒家傳統改造成這樣的東西,不是沒有他們的道理。我打一個比方,比如說一個房子,大小、風格可以各種各樣,但是基本的功能單元一個都不能少。必須要有廚房、衛生間、居室、客廳,少哪一樣都不是一個完整的房子。儘管格局可以千變萬化,複式也罷、別墅也好,但基本的功能項都必須要有。沒有廚房的房子不能算一個房子,沒有衛生間的房子也不是一個完整的房子。我的這個比喻是什麼意思呢?在一個現代社會,不同的東西起不同的功能。解決人的安身

立命的問題、價值信仰的問題，靠的是宗教。如此，我們不妨想一下，在中國，什麼東西來負責這個事情呢？什麼東西來解決這個問題呢？現在大家的信仰分化得比較厲害，有的人選擇基督教，有的人選擇佛教，等等。現在的情況就像一個超級市場，有各種各樣的文化產品可供選擇。有人覺得基督教可以解決其安身立命的問題，這個人就會信基督教。有人覺得佛教可以解決其安身立命的問題，這個人就會信佛教。與此同時，也有些人會覺得，儒家可能更中道一點，它可能比較適中，不那麼極端，自己可以在儒家之中得到更好的身心的安頓。但是，將儒家作為安身立命之道，是否一定需要把儒家建立成為一種基督教模式的宗教呢？其間的利弊如何呢？個別主張以基督教模式來建立儒教的學者未嘗深思。事實上，前輩學者如唐君毅、牟宗三先生對此早有深究精察。不「溫故」的話，是談不上真正「知新」的。

還有一個問題，1990 年代以來，有一個所謂的「國學熱」。儒家或者中國傳統文化又熱了起來。是不是熱了呢？好像的確是熱了。但是，這種熱是值得反思的。1980 年代以前，當儒家傳統基本上是一種負面的文化象徵符號時，沒有人願意與儒家打交道，包括學業上，高考選擇專業的時候大家都不選擇中國的學問，都去學習西方的學問。可是 1990 年代以後，當儒家傳統愈來愈成為一個正面的文化價值符號的時候，大家一哄而上，這裡面就有問題了。我想，有三點值得思考。

第一，如果這種「儒學熱」、「國學熱」與狹隘的民族主義相結合，會產生什麼問題？民族主義本身不一定是一個完全負面的東西，對任何一個民族來講，都存在一定程度的民族主義。但是，狹隘的民族主義卻會產生很多嚴重的後果和弊端。現在，從全球來看，有恐怖主義的問題。恐怖主義的背後是原教旨主義，它認為只有自

己的宗教、價值能夠解決人的問題。而原教旨主義很大程度上是與狹隘的民族主義交織在一起的。所以說，從文化上講中國的崛起，它的意義是什麼？一旦我們的儒家傳統，我們兩千多年的精神傳統，被一種狹隘的民族主義所裹挾，將會產生什麼樣的後果呢？如果我們向西方世界展示的是一個「原教旨主義」的形象，那麼，西方所謂的「中國威脅論」，認為中國的崛起會對世界帶來威脅，就不能歸因於西方單方面的主觀推測了。那樣一來，勢必會影響我們在全球的發展。如果中國的儒家傳統與狹隘的民族主義結合，那麼，中華文明以外的文明對我們會是什麼樣的看法呢？那樣反過來又會給我們帶來一些什麼樣的後果呢？我想大家是可想而知的。當然，這還不過是從效果著眼。就儒家的特性來說，事實上，按照我個人的理解和體會，真正能夠深入儒家核心價值的人，一定不會是一個狹隘的民族主義者。他並不喪失民族文化的基本立場，但是他在保持自己民族文化認同的同時，又能夠超越狹隘的民族主義。孔子周遊列國，並有「道不行，乘桴浮於海」的話，就是明證。因此，一旦儒家傳統被狹隘的民族主義所利用，那將是很危險的。這是第一個問題。

第二，一旦儒家傳統變成一種正面的文化象徵資源，它給別人帶來的好處很多，各行各界很多人就會願意與儒家結緣。但是，如果這種結緣僅僅是因為儒家能夠帶來名譽和利益，而不是出於自己內心對於儒家精神價值的真正認同，不是出於對傳統文化深厚的瞭解，那就會給儒家帶來不好的社會聲譽，因為實際上那些人並不具備向社會大眾傳播儒學的資格。這個問題，也會給儒家的發展帶來很多負面的影響和很大的麻煩，對於儒學將來的發展，也是很危險的。

復興儒學的呼聲已經響了好多年，但我們畢竟還生活在一個反傳統的傳統中。尤其是，提倡儒學的人如果是「醉翁之意不在酒」，

而且本身的行為恰恰與儒學的價值背道而馳，那麼，這種提倡對於儒學的真正復興來說，不足以成之，適足以害之。例如，近代一些軍閥也曾經試圖恢復儒家傳統，但是，因為他們本身並不足以代表儒學的精神價值，所以他們的提倡反而害了儒家。人們會認為，如果要這樣的人來提倡儒家傳統，我們寧願不要儒家傳統。如今，其實是一個很好的契機。現在有這麼多人，包括很多的年輕人，認識到我們需要在全球範圍來真正認識、重建和發揚儒家傳統，思考在精神意義上、文化意義上「我們是誰」的問題。但是，如果不能夠解決上述的問題，那麼，這個「契機」就會轉變成「危機」。種種對於儒學的提倡和推動就會變成「死亡之吻」。它表示對你親近，可帶來的結果卻是死亡。它所做的一切看起來是要提倡你、推動你，結果卻讓你早點毀滅。這是一個相當嚴肅的問題。因此，雖然現在有一個很好的契機，可是如果我們不能正視所謂的「儒學熱」下面和背後的種種問題，就很可能會出現一些事與願違的負面結果。

四、儒學在當代中國的角色

最後，我想從一種前瞻的觀點，來看一看儒家究竟在當代中國能夠扮演什麼樣的角色。前面已經提到，儒家是一個非常複雜且不是專屬於中國的東西。在中國，儒學也形成了一個非常複雜的傳統。因此，面面俱到地談儒學是很困難的。這裡，我只能從一個角度大體而言。我個人認為，儒家有很多層面，政治的、社會的、道德的、宗教性或精神性的。不同層面起著不同的功能，在不同的歷史時期，其特點也各有不同。我現在講的是：作為一個精神性或宗教性的傳統，儒家能夠給人解決安身立命的問題，能夠使我們的身心得到安頓。作為這樣一種精神和思想的資源，儒家在當下應該扮演一個什麼樣的角色？

明代的王陽明提出了「四民異業而同道」的觀念。「四民」即中國傳統社會中「士、農、工、商」這四個階層。「四民異業而同道」是什麼意思呢？就是說儒家作為一種「道」，作為一種精神價值，它可以提供給每一個人，為每一個人所「受用」。知識人可以體現儒家的價值，農民可以，工匠或者說手工業者可以，商人也可以體現儒家價值。比如說「儒商」，新中國成立後，1980 年代以前，似乎沒有這種說法。1980 年代以後，這種說法就愈來愈多了。我看過一個電視劇叫《大清藥王》，講了一個成功的大商人，那個商人身上就強烈地體現了儒家的價值。我們看明清時期的晉商、徽商，那個時候，他們的銀行不像我們現在的國有銀行，他們是私有銀行。私有銀行靠什麼？靠的是「信用」。他們的信用非常好，錢莊遍天下。其實，現代的美國社會最重視的也是信用，他們叫 "credit"。沒有 "credit"，你在社會上是寸步難行的。改革開放以來，從商的人愈來愈多，但商人的形象卻很糟糕。在 1980 年代，商人幾乎一度與「奸商」成了同義詞。其實，商人也可以很好地體現儒學的基本價值，甚至有過之而無不及，所謂「雖終日做買賣，不害其為聖為賢」（王陽明語），「良賈何負閎儒」（汪道昆語）。實踐和體現儒學價值的人不一定要從事儒學研究。反過來，研究儒學的人，不見得都信奉儒家的精神價值，不一定都是儒者。這兩點應該區分開來。在這個意義上，我們現在還可以找到余英時先生所說的儒家的「遊魂」。儘管我們經過了近百年反傳統的洗禮，儒家的精神因子仍然存在於很多人的血脈之中。有些人不一定講得出儒家的一番道理，但其行為卻能夠體現儒家的價值。《論語》所謂「百姓日用而不知」，講的就是這個意思。普通老百姓每天都在體現這個價值，知道應該怎麼做，知道善惡是非。但你要讓他進行反思，對這些價值進行理論性的說明。他／她也許說不出什麼東西來。儒學的基本價值不是空口說的，而是要身體力行的。所以說，過去「四民」職業不同，但

同樣可以體現儒學價值。現在也是一樣，現在的專業不只「四業」，要說「四十業」也不多，而且會愈來愈多。但只要是人，就會碰到人生的問題、意義的問題、信仰的問題。這時怎麼辦？這裡有一個「道」和「器」的不同層面的問題。是盤子就不是碗，是碗就不能是盤子，你選擇了這個東西，就不能選擇那個東西，這裡說的是「器」。但是，「道」卻可以超越具體的「器」。「道」可以為不同的從業人士所體現。儒學不只是具體的專業知識，而是解決人生意義問題的一種智慧，它可以為各行各業的人所受用。無論工人、醫生、軍人、政治家還是商人，都可以從中獲取有意義的精神價值。事實上，我們開始提到的「波士頓儒家」，他們就認為，在某種意義上，儒家傳統的價值與基督教的宗教價值沒有什麼衝突。如果我們仔細深思的話，世界上主要文明背後的精神傳統，都有一些普遍性的東西。各自的主要精神與基本問題有相通之處，儘管在具體表現上不同，在不同的地理位置和時間段上一定會有特殊的表現形式。經典之所以為經典，就是能夠在一定意義上超越時空的限制，解決人生的意義問題。譬如《聖經》（包括《舊約》和《新約》），這麼多年，西方人一代又一代可以不斷地從中汲取資源，每個時代有每個時代不同的詮釋。雖然不同人的生命階段有所不同，但他們可以從這個精神傳統當中受用。中國的經典也是一樣，《論語》、《道德經》為什麼流傳至今、長久不衰，受到人們的尊重與傳誦，一定有它的價值在裡面。如果我們相信反傳統的傳統給我們帶來了限制，於是我們要重新去認識這個傳統，去深入地瞭解這個傳統，我相信是一定會有收穫的。我們應該好好反省，我們自己究竟讀了多少經典，且不論十三經，就是四書，《論語》、《孟子》、《大學》、《中庸》，有哪一位真正仔細地研究過其中的一部，與自身的實踐不斷對照，不斷印證，從中有所受用呢？但是我相信，我們一旦認真去瞭解的話，一定會有所受用。這就是經典的價值。

現在，我們換一個角度來看。事實上，儒家傳統並不只是一個精神性的傳統。有的學者認為，儒家抽象的東西我們可以把它繼承下來，而有些具體實際的東西只能屬於那個時代，不屬於我們這個時代。其實，這也未必。套用余英時先生說過的一句話，儒家傳統是「全面安排人間秩序」的，它有很多實際的考慮，比如制度方面的考慮。有些人一談儒家，往往認為講點安身立命的東西還可以接受，講制度性的安排，那不都是一些過去了的東西嗎？那些價值和理念似乎都已經不合時宜了。老實講，過去的制度真的沒有絲毫可取的地方嗎？恐怕也不盡然。問題在於，現在對儒家的制度安排並沒有好好地理解。我們不妨以科舉制為例來看看。科舉制的背後，隱藏著一種很強的理性精神。過去有句老話叫「朝為田舍郎，暮登天子堂」。不論什麼人，只要通過科舉考試，就可以進入社會的管理階層（這個管理階層指的是「官」而不是「吏」）。這裡有一個很強的平等觀念在裡面。你通過了考試，只要有空缺，就可以獲得一官半職，直接進入國家的權力機構和管理系統，運用國家賦予你的權力去為老百姓辦事。在具體的官制上，也體現出一種理性的精神。比如說回避制度。為了防止腐敗，當地人不能做本地地方官，而吏則要用本地人。為什麼？官吏都是本地人，很容易合謀共同對付中央政府，作奸犯科。但如果官是外地的，吏也是外地的，對當地的民情就很難瞭解，也難有善治。此外，官職必需有一定的任期限制。任期到了，必須調走。這個例子說明，哪怕是一些制度上的設計，儒家傳統仍然有許多理念可以為今天所用，不能想當然地認為完全沒有價值了。

　　總而言之，如果現在我們覺得有必要重建儒家傳統和中國文化，將其作為現在和未來中華文明的重要組成部分，那麼，當下我們的重要工作是什麼？借用佛教的詞來說，首先需要的是「正見」

與「正行」。「見」就是思想、觀念、意識，「行」就是實踐。先要有「正見」，才能有「正行」。對儒家要有比較深入全面的瞭解後，才可以去講儒家是怎麼回事。如果只是出於現實的考慮，出於利益去講，那麼，這個立足點和出發點就差了。如果讓一些皮相或似是而非的理解左右我們的認識，那麼，重建儒家傳統，從儒家傳統中汲取身心安頓的有益資源，將是無從談起的。要發揮儒家傳統的價值，從中汲取有益的資源為我們受用，當務之急就是要樹立「正見」。因此，研究儒學的學者對儒學一定要有比較深入、全面的理解，然後再以嚴肅的態度，才能採取各種不同形式把儒學的精神價值傳達到社會上去。兒童讀經活動與民間的各種推動儒學的活動，我完全不反對，但我反對的是「醉翁之意不在酒」，反對的是打著弘揚儒學的名義沽名漁利。有「正見」之後，才能有「正行」。只有這樣，儒家傳統才能健康地發展，文化認同的重建才能比較順利，儒家也才能在全球樹立起一個比較正面、積極的形象。

如何理解儒家的
「反西化」和「尊孔讀經」

　　2011年新年伊始,《炎黃春秋》第一期發表了楊繼繩先生的〈我看「中國模式」〉一文,[3]對目前流行的有關「中國模式」的論調進行了有力的回應。楊先生將近年來一些學者宣揚的「中國模式」論總結為以下幾個要點:一、肯定和讚揚中國的現行政治體制;二、肯定和讚揚改革前的30年;三、主張中央集權和「大政府」,肯定「威權體制」;四、排斥現代民主制度,否定普世價值;五、否定「五四運動」以來中國對皇權專制的批判,掀起了最新一輪尊孔讀經高潮。「中國模式」的持論者們是否接受楊先生總結的這幾點,我不得而知。但楊先生的所指,在當今的思想和知識界應當不是無的放矢。如果「中國模式」不必專屬於某些學者以及某種特定的傾向和立場,而是對包括政治、經濟、文化在內中國現狀的一種概括和論證,那麼,中國在政治、經濟和文化方面的現狀是什麼?其中存在怎樣的問題?未來的發展方向又當如何?相信是每一個關心政治、參與社會、投身文化的知識人都不能不自覺思考的。

　　在楊先生看來,中國目前的政治是「威權政治」,經濟是「不完善的市場經濟」。二者結合所構成的現有的「中國模式」,楊先生稱之為「權力市場經濟」。借用經典馬克思主義的術語來說,在這種「權力市場經濟」模式支配之下,經濟基礎領域中的資本沒有

---

[3] 楊繼繩,〈我看「中國模式」〉,《炎黃春秋》2011年1期(2011年1月):36–42。

駕馭，上層建築領域中的權力沒有制衡。楊先生指出，「在『權力市場經濟』模式裡，國家行政權力控制市場運行、參與市場交易。權力可以變成商品，進而變成資本；資本也可以收買公共權力為其謀利。權力和資本共同壟斷和霸占重要社會資源。遠離權力中心的人們很難通過勤勞和智慧獲得財富和提高社會地位。權力的擴張和資本的貪婪惡性結合，是當今一切罪惡的淵藪」。因此，他認為，這種「權力市場經濟」的「中國模式」非但不能給予中國人民以希望，而且已經危機頻仍，陷入了困境。對楊先生來說，合乎邏輯的出路是建立「憲政民主政治加完善的市場經濟」。如果說這是中國眼下和將來的發展所當遵循的必由之路，那麼，在「憲政民主」和「完善的市場經濟」這兩者之間，楊先生顯然又認為前者更為重要。依他之見，作為人類文明的成果，現代民主制度固然有不少缺點，但至今還沒有一個較之更好的制度。作為中國仁人志士百餘年來的追求，「民主憲政是一個完整的制度體系」。它可以制衡權力、駕馭資本。在一個資本附庸於權力的國家和社會，民主憲政更是制衡權力不可或缺的必要條件。

對於如今的「中國模式」在經濟、政治兩個方面所面臨的問題，我認為楊先生的觀察和批評是切中肯綮、一針見血的。對於什麼是他所理解的「民主憲政」和「完善的市場經濟」，楊先生文中沒有細說。我未敢遽然引為同調。但無論如何，對於建立民主憲政和完善的市場經濟這一基本方向和主張，我是完全認同的。但是，在文化方面，楊先生對於「中國模式」的一些觀察和判斷，我認為還有進一步分析和展開的必要。「反西化」是否就必然意味著「維護占統治地位的政治體制和思想體系」？如何理解當前所謂的「尊孔讀經」現象？這是我希望著重探討的。

楊先生文章的最後部分談到了文化問題。其中，楊先生似乎將

晚清以來中國思想文化的發展作了一個「兩分」。一方是「激烈地批判中國皇權專制的政治傳統，大力提倡學習西方的先進經驗」，另一方則是「以保護中國傳統文化的名義反對『西化』的力量」。一方是西化派，一方是反西化派。在楊先生看來，晚清、「五四」以來中國思想文化界的一個主要線索和動態，就是學習西方和反對「西化」的持續不斷的爭論。

嚴格而論，楊先生對於晚清、「五四」以來中國思想文化史的觀察，雖足以得其大端，但未免失之簡約。那種「一分為二」的思維方式，或許無形中仍是長期以來中國馬克思主義潛移默化的影響所致。不過，將晚清、「五四」以來中國思想文化界的發展聚焦為學習西方和反對「西化」的不斷爭論，這還不是問題的重點所在。關鍵在於，楊先生在這種「一分為二」的觀察的基礎之上，又進一步指出：「反對『西化』，不同時期有不同的內容，其共同點都是為了維護當時占統治地位的政治體制和思想體系」。這樣一種判斷，我以為過於簡單和絕對，既不符合近現代中國思想文化史的實際，對於眼下和將來思想文化界不同譜系的配合，構建文化意義上真正有價值、有遠景的「中國模式」，不免會產生非所期待的消極影響。

晚清、「五四」以來，反對「西化」的確在不同的時期有不同的內容，但不能將其共同點等同於「都是為了維護當時占統治地位的政治體制和思想體系」。此外，所謂「反西化」，對於不同的人也有不同的含義。在什麼意義上「反西化」，更是需要加以分析辨別的。1920年代開始迄今的現代儒學運動，最能夠作為澄清這兩點的例證。熊十力是辛亥革命的元老，梁漱溟即使在「萬馬齊喑」、「一言堂」的時代，仍敢於觸犯龍顏、直陳己見，即使失去說話的權力也不放棄自己的原則。作為中華民國憲法的起草人，張君勱一生主張民主憲政，既不為當時的國民黨獨裁政權所容，也不認同馬

列主義的政治思想和現實政權,終成國共兩黨之外的「第三勢力」。[4]唐君毅、牟宗三無論 1949 年之前在大陸,還是之後在港臺,都自覺與國民黨政權保持距離。而他們離開中國大陸,也是出於和張君勱同樣的選擇。徐復觀雖然曾經參與政治,但由於其強烈的批判精神,終於在中年以後脫離政治,投身學術,成為一個現實政治的徹底的批判者。至於如今仍然健在的余英時先生,為了一個人文與理性、公平與正義的中國,從 1950 年代迄今一直對專制和極權進行不遺餘力的批判。其錚錚風骨,更是當今儒家知識人的典範。顯然,這些現代儒學的代表人物在相當程度上都是反對「西化」的。但是,無一例外,他們都非但不是要「維護當時占統治地位的政治體制和思想體系」,而恰恰是「占統治地位的政治體制和思想體系」的批判者。

就學習西方來說,楊先生格外重視民主憲政。同樣,這些現代儒學的代表人物不但不是民主憲政的對立面,反而都是主張充分吸收的積極推動者。就此而言,他們不但不是「反西化」,反倒是主張「西化」的。事實上,「五四」以來,肯定民主和科學,一直是中國知識、文化界的主流。這些往往被視為文化保守主義者的現代儒學人物,在這一點上也毫不例外。他們的「反西化」,只是指出中國人長期在其文化傳統中賴以安身立命的價值系統自有其值得肯定甚至殊勝之處,不應當簡單地拋棄,為西方具有濃厚宗教背景的價值系統所化而已。所以,這些人物所代表的現代儒學的「反西化」,絕不能理解為肯定「威權體制」,排斥現代民主制度,否定「人同此心,心同此理」的基本價值。就「五四」以來對於中國皇權專制的批判來說,他們也一直是內在的參與者。也正因為如此,對於

---

[4] 張君勱有一本英文書就叫做《中國的第三勢力》,參見 Carsun Chang, *The Third Force in China* (New York: Bookman Associates, 1952)。

20世紀以來中國的現實政治,他們都是「能識廬山真面目」的局外人。當然,他們對於民主政體尤其選舉政治的局限也看得很清楚。而他們立足儒家傳統對於現代民主政治的修正,比如指出政治制度與道德修養雖然各有其相對獨立的領域,不容彼此化約,但後者對於政治制度的實際運作,仍然有不可估量的影響。這一看法,與當今西方世界內部對於民主的反省與改進在相當程度上也恰好不謀而合。[5]

西方一些從社群主義角度批評自由主義的學者之所以對儒家傳統情有獨鍾,大體都在於感到了儒家傳統與社群主義的彼此共鳴。只不過這些社群主義的西方學者有時不免顧此失彼,沒有看到儒家傳統中也同時兼有豐富的自由主義的精神資源而已。從政治思想的角度來看,如果一定要以自由主義和社群主義的兩端之見作為觀察的視角,儒家不是非此即彼,而是亦此亦彼、兼而有之的。也正是因為儒家傳統兩方面兼而有之,現代儒家人物在肯定民主政治的同時,才沒有照單全收,而是有所因革損益。

對於中國皇權專制的批判,楊先生文章中只論及晚清以降,因此我以現代儒學為例,指出往往被視為「反西化」的現代儒學一直是中國皇權專制的批判者。事實上,作為一種參照系統,西方民主政治的觀念資源固然使得近代以降的儒家知識人對於中國皇權專制的批判更為自覺和深入,但是,儒家人物對於專制極權的批判,卻並非晚清、「五四」以來西方民主政治影響的產物,而原本就是儒學歷史上一貫具有的一個重要傳統。這種政治和社會批判的精神,

---

[5] 譬如,哈維爾(Vaclav Havel)就曾經指出:「少了古代西方、猶太教和基督教的道德世界,西方就達不到近代民主。而我們能在其中發現的與儒家的共通之處,比我們想像的更多,甚至比那些援引儒家傳統來譴責西方民主的人所瞭解的還要多」。見 Vaclav Havel, *The Art of the Impossible: Politics as Morality in Practice* (New York: Alfred A. Knopf, 1997), 201。

可以說是儒家傳統的鮮明特色之一。作為儒家理想人格的「君子」，一個不可或缺的身分就是政治和社會批判的主體。孔子「天下有道，則庶人不議」（《論語・季氏第十六》）以及孟子「民為貴，社稷次之，君為輕」（《孟子・盡心下》）的言論，大家早已耳熟能詳。專制君主的代表人物朱元璋（1328–1398）曾經罷黜孟子在孔廟的配享，並刪除《孟子》中「民貴君輕」的文字，足見孟子與專制政治勢同水火。1990年代新出土的古代文獻中，有孔子之孫子思的言論記載。當魯穆公問子思何為忠臣時，子思的回答是，「恆稱其君之惡者，可謂忠臣矣」。這可以為儒學的批判傳統再下一注腳。胡適（1891–1962）曾將范仲淹（989–1052）《靈烏賦》中「寧鳴而死，不默而生」與美國獨立戰爭前爭取自由的名言「不自由，毋寧死」相提並論，並非偶然。而縱觀整個中國歷史，儒家知識人的政治和社會批判持續不斷，前仆後繼。顧炎武所謂「依仁蹈義，捨命不渝，風雨如晦，雞鳴不已」，可以說是中國歷代心繫家國天下的儒家知識人所具有的批判精神的寫照。這種精神和風骨，雖一再受到打壓，至今仍躍動不已。

也正因為真正的儒家知識人幾乎無不具有這種「從道不從君」和「以德抗位」的精神和實踐，所以歷代大儒幾乎無不處在現實政治權力中心的邊緣，甚至成為現實政權排斥和打擊的首當其衝者。孔、孟都未能實現其政治上的抱負，只能退而著書立說，從事教育，以「施於有政」的方式在後世發生影響。當時孔子甚至以「喪家之犬」自嘲。宋明理學傳統中，從程頤到朱熹再到王陽明，都曾經被朝廷宣布為「偽學」而遭到明令禁止。秦漢以降，中國古代批判專制的儒家知識人，從今天的角度來看，或許仍然可以稱之為「體制內的持不同政見者」。但是，明末清初鼎革之際，當時的一些儒家知識人對於皇權專制的批判極為尖銳，幾乎已經越出了體制之外。

譬如，呂留良即明確指出：「天子之位，乃四海公家之統，非一姓之私」（《四書講義》卷26）。在他看來，極權者及其體制的本質即是「謀私」而非「為公」。所謂「自秦漢以後，許多制度其間亦未嘗無愛民澤物之良法，然其經綸之本心，卻總是一個自私自利，惟恐失卻此家當」（《四書講義》卷29）。顯然，這已經不是在專制體制之內說話了。在呂留良這樣儒家人物的心目中，政府的存在只是為了促進與提升人性的價值，而不是為了滿足統治集團的利益。隨著晚清專制皇權的解體，秉承儒家傳統批判精神的儒家知識人幾乎很自然地立刻從「體制內」轉到了「體制外」，上述現代儒學的發展及其代表人物的經驗，即是明證。這種轉換之所以順理成章，是因為儒家傳統與專制體制本來不僅不必然具有同構的關係，反而在本質上相互抵觸。朱熹認為儒家的政治理想從未真正落實，「千五百年未嘗一日得行於天地之間」，[6]並非高調理想主義之下對現實政治的憤激之詞。漢代以降中國傳統政治運作模式的實際，在朱熹之前，早已為漢宣帝的「霸王道而雜之」一語道破。[7]也正因此，在現代儒學人物徹底擺脫「體制內持不同政見者」的身分之前，晚清第一批到歐洲遊歷的儒家知識人如王韜、薛福成、郭嵩燾等人，已經在接觸到西方的民主制度之後，眾口一詞表示贊同了。

瞭解了儒家傳統與專制政治之間的緊張和對立、儒家傳統內在一貫的批判精神與實踐，以及現代儒學在什麼意義上反西化，對於

---

[6] 「千五百年之間正坐如此，所以只是架漏牽補過了時日。其間雖或不無小康，而堯舜、三王、周公、孔子所傳之道，未嘗一日得行於天地之間也。」（《朱文公文集》卷36〈答陳同甫書六〉）

[7] 《漢書・元帝紀》載：「皇太子柔仁好儒，見上所用多文法吏，以刑名繩下。嘗侍燕，從容言：『陛下持刑太深，宜用儒生。』帝作色曰：『漢家自有制度，本以霸王道雜之。奈何純任德教，用周政乎？且俗儒不達時宜，好是古非今，使人眩於名實，不知所守，何足委任！』」司馬光在《資治通鑑》中評論這一段時說：「乃曰王道不可行，儒者不可用，豈不過甚矣哉！殆非所以訓示子孫，垂法將來者也」。正反映了儒家政治思想與現實政治之間的尖銳衝突。

如何理解「尊孔讀經」，我們或許可以多一些思想的助緣。

嚴格而論，楊先生文中並沒有對他所理解的「尊孔讀經」加以明確界定，只是如本文開頭所引，在總結近年中外「中國模式」論者的要點時將「尊孔讀經」視為其特徵之一。所謂「否定『五四運動』以來對中國皇權專制的批判，掀起了最新一輪尊孔讀經高潮」。楊先生將「尊孔讀經」和維護專制政治聯繫起來，不無歷史根據。晚清袁世凱（1859-1916）等軍閥，就是試圖利用「尊孔讀經」來維護專制皇權。楊先生文中提到1930年代陶希聖（1899-1988）等人的「中國本位論」，也與當時的國民黨政權確有干係。不過，楊先生所謂的「尊孔讀經」，主要針對的恐怕還是近十年來的現象。當前的「尊孔讀經」現象十分複雜，實非「中國模式」論者一方「掀起」。對此，這裡不能深論。但楊先生反感目前的「尊孔讀經」，也是事出有因。

歷史進入21世紀，儒學似乎由「山重水複疑無路」步入「柳暗花明又一村」之境。所謂「忽如一夜春風來，千樹萬樹梨花開」，如今神州大地的「尊孔讀經」，竟也如同1960、1970年代的「破四舊」和「批孔」那樣，在全國範圍內如火如荼了。如果説當前形形色色的「尊孔讀經」不免於「亂花漸欲迷人眼」之「亂」，半個多世紀與中國文化傳統的疏離，使得眼下「儒學」、「國學」的迅速普及註定了難逃「淺草才能沒馬蹄」之「淺」。然而，假如僅僅是由於長期與傳統斷裂造成一時不能深入儒學的內在精神價值，大概還不會成為楊先生批判的對象。楊先生批判「尊孔讀經」，是因為在他看來，「尊孔讀經」是他所謂「中國模式」論者反對政治民主化的手段。

如今的「尊孔」現象中，確實有一股狹隘的民族主義和原教旨主義潮流。基於這種立場之上的「尊孔」，無論真誠與否，孔子和

儒家都不免被塑造成了狹隘的民族主義者和原教旨主義者。民族主義本身未必是一個完全負面的東西，對任何一個民族來講，民族主義都或多或少存在。但狹隘的民族主義與原教旨主義相結合，就會產生很多負面的問題。當前狹隘民族主義的「尊孔」有兩種形態。一種是基於無知而盲目排斥西方，或是來自於非理性的情緒，或是人云亦云的隨波逐流。總之，是將自由、民主和人權僅僅視為西方價值加以排斥，認為接受這些價值就無異於臣服於西方。對於這種淺陋之見，諾貝爾經濟學獎得主、印度裔的思想家阿馬蒂亞‧沈恩（Amartya Sen）早已提出駁斥，指出了印度傳統中源遠流長的民主傳統。[8] 同樣，中國學者從胡適到余英時先生，西方學者如狄培理等人，也一再提醒中國傳統中同樣不乏自由、民主的精神因子。[9] 另一種則是基於現實原因而刻意藉「尊孔」來反對西方，或是迎合現行政治權力，為的是上達天聽，遂其「鴻鵠之志」；或是原本一心要去「西天取經」，卻因種種不如意，一變而成莫大的國粹派；或是二者兼而有之。如果說基於無知而盲目排斥西方多少還有些情感上的真實性，基於現實因素而刻意貶抑西方、頌揚儒學，只能說是「偽尊孔」了。然而，無論是「無知」的「坐井觀天」，還是「有心」

---

[8] 見 Amartya Sen, *The Argumentative Indian: Writings on Indian History, Culture and Identity* (New York: Farrar, Straus and Giroux, 2005)。

[9] 參見胡適的英文文章：Hu Shih, "China's Fight for Freedom," *Life Association News* 36, no. 2 (October 1941), 136–38, 213–35；收入周質平編，《胡適未刊英文遺稿》（臺北：聯經，2001），254–69。余英時先生的兩篇文章：Ying-shih Yü, "The Idea of Democracy and the Twilight of the Elite Culture in Modern China," in *Justice and Democracy: Cross-cultural Perspectives*, eds. Ron Bontekoe and Marietta Stepaniants (Honolulu, HI: University of Hawaii Press, 1997), 199–215; "Democracy, Human Rights and Confucian Culture," in *The Fifth Huang Hsing Foundation Hsueh Chun-tu Distinguished Lecture in Asian Studies* (Oxford, UK: Asian Studies Centre, St. Antony's College, University of Oxford, 2000), 1–22. 兩文中譯〈民主觀念和現代中國精英文化的式微〉、〈民主、人權和儒家文化〉現俱收入余英時，《人文與理性的中國》（臺北：聯經，2008），461–82、417–36。Wm. Theodore de Bary, *The Liberal Tradition in China* (New York: Columbia University Press, 1983)；該書中譯本有狄百瑞，《中國的自由傳統》，李弘祺譯（香港：香港中文大學出版社，1983）。

的「取徑終南」,作為狹隘民族主義和原教旨主義的「尊孔」,都只能成為專制與極權的附庸。這一點,假「尊孔」之名而有意迎合政治權力者,自不必言。學植淺薄、「氣魄承當」、一味排外的「尊孔」,即使沒有主觀意願,客觀情勢上也很難不被利用。

此外,在商業化大潮的裹挾之下,在「儒學」、「國學」已經從昔日批判的對象變成一種流行甚至時尚的今天,「讀經」也成為一種謀取商業利潤的途徑。名為傳播儒學,實為斂財漁利的現象,也已比比皆是。講經者未至知行合一的境界,不能以身作則,「只是滕口說」,充其量為「經師」而與「人師」的境地相去甚遠。等而下之者,不免近乎江湖郎中。在這個與傳統隔絕已近一個世紀的時代,信口開河雖然有時也可以「炫外以惑愚瞽」,日進斗金,但最終畢竟只能是自欺欺人、誤人誤己。

當前「尊孔讀經」現象中這兩個值得檢討的問題,一是政治化的危害,二是商業化的腐蝕。前者是狹隘的民族主義與政治權力合流,為其所用,後者是喪失了儒家精神氣質的庸俗化與不完善市場經濟下的商業化合拍。如此的「尊孔」、「讀經」遭到正直之士的側目,是很正常的。不過,即便當前的「尊孔讀經」存在上述問題,不加分析地一概否定「尊孔讀經」,將其等同於「反西化」尤其是反對政治民主化,我以為有失片面。

楊先生文中有這樣一段話:「反對『西化』的種種理論常常被執政當局作為維護既得利益和統治地位的工具,特別是用來反對民主、維護專政的理論工具」。這句話說得很好,歷史上的儒學至今仍被很多人視為皇權專制的幫兇甚至同謀,除了那些「曲學阿世」之輩為了追求富貴而主動趨附之外,專制統治者刻意利用儒學作為「緣飾」的工具,不能不說是一個重要的原因。但是,從前文所述儒家歷史上一貫的批判精神以及現代儒學對於民主的充分肯定來

看，專制統治者充其量是選擇儒學中那些對其有利的觀念「為我所用」，不可能真正接受和實行儒家的政治主張。專制極權與儒家的「王道仁政」根本是「不同道」的。汲黯（?–前112）當面指出漢武帝「內多欲而外施仁義」，就是揭露了專制統治者利用儒學的真面目。真正的有識之士，對此都能洞若觀火並加以區分。譬如，1930年身在獄中的陳獨秀（1879–1942）即指出：「每一封建王朝，都把孔子當作聖人供奉，信奉孔子是假，維護統治是真。……五四運動時，我們提出打倒孔家店，就是這個道理。但在學術上，孔、孟言論，有值得研究之處，如民貴君輕之說，有教無類之說，都值得探討」。[10] 陳獨秀是批孔先鋒，卻能看穿統治者利用孔子的伎倆，在孔孟學說和被專制統治者利用的孔孟符號之間做出區分，是很深刻的觀察。

事實上，上述政治化和商業化的「尊孔讀經」，非但不能代表現代儒學的發展，反而恰恰與儒家傳統一貫的精神背道而馳，是現代儒學首先要加以批判的對象。孔子本人周遊列國，甚至「欲居九夷」、「乘桴浮於海」，是對狹隘民族主義的嘲諷。宋明理學吸收佛教，現代儒學吸收西學，則是對原教旨主義的否定。儒家的義利之辯，更是強調「不義而富且貴，於我如浮雲」。如前所述，現代儒學發展的一個基本線索，就是要充分吸收民主政治的精神，進一步完善民主政治的思想和實踐。儘管儒學本身是一個內在多樣化的傳統，從來具有不同的流派。儒學傳統也一直不斷吸收外部的資源，從而豐富和發展自身。但是，對於魚目混珠、以假亂真者，儒家和古今中外任何一種精神和思想傳統一樣，都是深惡痛絕的。清儒顏元說過這樣的話：「天下寧有異學，不可有假學。異學能亂正學而不能滅正學。有似是而非之學，乃滅之矣」。種種「似是而非」的

---

[10] 鄭學稼，《陳獨秀傳》（臺北：時報，1989），下：960。

「假學」、「偽儒」，無論在官方還是民間，對於真正的「尊孔讀經」和復興儒學，只能是「死亡之吻」。如果說「五四」對於儒學的批判有助於澄清關於儒學的種種誤解，「醉翁之意不在酒」的「尊孔讀經」，反倒正是儒學最大的危害。

楊先生在文章倒數第二段雖然提到了「『孔化』近代也分裂為傳統儒學和現代儒學等多種派別」，但沒有表明他對現代儒學的理解，特別是他對於現代儒學與他所謂的「尊孔讀經」之間關係的理解。如果說現代儒學自然「尊孔」，也不反對「讀經」，那麼，從前文對現代儒學發展的歷史回顧來看，真正長期接受儒家古典薰陶，具有深厚學養，並認同儒學核心價值的知識人，原則上都不會反對民主政治的精神方向、主張公平合理的市場經濟。同時，如果「讀經」有助於儒學價值深入內心，成為一種人們真正內在的精神資源，他們無疑會贊同「讀經」。如果「尊孔」意味著撥亂反正，徹底走出以往激進反傳統的偏頗，在精神價值的層面不再「拋卻自家無盡藏，沿門托缽效貧兒」，奉「馬祖西來意」為意識形態的「指導思想」，在植根儒家以及整個中國文化傳統根本的基礎上「吐故納新」、「海納百川」，那麼，他們無疑會贊同「尊孔」。這種意義上的「尊孔讀經」，不知楊先生是否還會反對。事實上，這種意義上的「尊孔讀經」，從1930、1940年代之交馬一浮創辦復性書院，1950年代錢穆、唐君毅等人創辦新亞書院迄今，一直是現代儒學發展的精神方向。作為新亞書院的旨趣，「上溯宋明書院講學精神，旁採西歐大學導師制度」，正是立足儒家，同時吸收西學的明證。這樣一條歷史線索和精神譜系，雖然1950年代之後一度「花果飄零」，被迫在大陸之外的華人世界保存和發展，但是畢竟薪火相傳，不絕如縷。1980年代「改革開放」以來，中國大陸深入儒學、認同儒家的有識之士，自然聞風而起。當今一些提倡「尊孔讀經」的人

士,正是繼承和發揚了現代儒學意義上「尊孔讀經」的線索和譜系。譬如,臺灣「兒童讀經運動」的發起人王財貴博士,就是這樣一位不惜自己捐資的儒學價值理念的實踐者。這樣的「尊孔讀經」,對於中國建立民主憲政和公平、正義的市場經濟來說,非但不是阻力,反倒正是推進的一大動力。

楊先生之文,似乎秉承了已故李慎之(1923-2003)先生的自由主義的精神和思路。李先生生前就一直嚴詞批判儒學傳統,要求儒家對中國的專制極權負責。楊先生文中雖然並沒有直接批判儒家傳統,但未加分析地將「尊孔讀經」視為阻擋中國民主化的一種「反西化」現象,恐怕既沒有看到政治民主化早已成為現代儒家知識人的一項內在的自我訴求,更沒有想到這種在儒家傳統中淵源有自的訴求和批判精神本來可以與楊先生自己所繼承的自由主義的批判精神相得益彰。

澄清了「尊孔讀經」現象中的問題,瞭解了現代儒學的立場,楊先生或許不再會將儒家傳統與反對政治民主化等而視之了。事實上,在追求政治民主化這一點上,中國的現代儒學和自由主義這兩個傳統,應當是「所異不勝其同」、「合則兩美,離則兩傷」的。當年徐復觀與殷海光(1919-1969)之間的爭論,就是非常值得思考的一例。可惜的是,在儒家傳統、專制極權和民主政治這三者之間的關係問題上,1940年代之後中國大陸的一些自由主義者,其認識往往有失偏頗。[11]這一點雖然是特定的歷史原因造成,但畢竟令人遺憾。「五四」時代中國的自由主義者,雖然大都批判傳統,但對傳統文化卻能有相當深入的瞭解。其嚴厲批判傳統文化,往往是為了「矯枉過正」。作為自由主義旗幟的胡適,就是這樣一個典型的例

---

[11] 關於這一點,參見彭國翔,《智者的現世關懷——牟宗三的政治與社會思想》(臺北:聯經,2016),341-68。

子。他在中文寫作中對中國傳統文化時常言辭偏激,但在英文著作中,對中國傳統文化的敘述和評論卻往往平情而客觀。「五四」時代指出並強調中國傳統內部具有自由和民主因素的自由主義代表人物,正是胡適。如今中國的自由主義者要想真正進一步發揚「五四」以來中國自由主義知識人的精神傳統,不但對西方自由主義的瞭解、消化和吸收要更上層樓,對中國傳統文化的瞭解和掌握,至少也要不遜於「五四」時代的前賢。像余英時先生那樣將自由主義的精神與儒家傳統的價值水乳交融地結合起來,才是當代中國文化發展的康莊大道。

回到「中國模式」的問題,依我之見,如果「模式」指的是一種可資別人借鑑的「典範」,現在總結「中國模式」,恐怕還為時尚早。政治、經濟、文化三個方面分別來看,如果不遠的將來的確可以發展出某種可資借鑑、與眾不同的「中國模式」,大概最有可能的還是文化的方面。而文化方面「中國模式」的建立,只有在進一步吸收西方、印度等文明傳統的長處的同時,對中國傳統文化下「掘井及泉」的功夫,繼續發揮「因革損益」、「吐故納新」的精神方可達成。文化上認同自己的文化傳統,絕不意味著固步自封。而即便文化上採取保守主義的立場,也未必意味著不能在政治、經濟方面認同其他的價值。2011年1月剛剛去世的丹尼爾・貝爾(Daniel Bell, 1919-2011)即是一例。作為現代美國批判社會學和文化保守主義的重要代表,他自稱自己是「經濟上的社會主義者,政治上的自由主義者,文化上的保守主義者」。[12]事實上,現代儒學甚至《學衡》派的經驗都充分表明,認同儒學的核心價值和追求民主憲政,兩者非但能夠完全並行不悖,而且更可以相得益彰。

---

[12] Daniel Bell, *The Cultural Contradictions of Capitalism* (New York: Basic, 1978), xi.

最後我想說的是，讀罷楊先生的鴻文，除了聯想到現代中國的自由主義者如已故李慎之先生之外，我不由還想起了與楊先生大名只有一字之差的明代著名諫臣楊繼盛（1516–1555）。楊繼盛因不屈不撓彈劾奸相嚴嵩（1480–1567）致死，臨刑前寫下了「浩氣還太虛，丹心照千古；生前未了事，留與後人補」的詩句。燕京士民因敬重其人而尊奉其為城隍。我雖然認為楊先生回應「中國模式」之論就文化方面來說還有補充和進一步分析的必要，但對其直陳時弊的大義凜然，卻肅然起敬。在我看來，在這一點上，楊先生體現的其實正是儒家傳統中「風雨如晦，雞鳴不已」的道義擔當和批判精神。

第二部分
儒學經典與世界

§ 說不盡的《論語》

§ 東亞視野看《論語》
　　——《論語思想史》評論

§ 當代中國的儒家經典與通識教育

§ 攬彼造化力，持為我神通
　　——「海外儒學研究前沿叢書」總序

說不盡的《論語》

　　如果說對西方文化影響最深的經典是《聖經》,那麼,影響中國、日本、韓國、越南等東亞地區最深者,恐非《論語》一書莫屬。

　　作為「四書」和「十三經」之一,《論語》這部反映孔子思想的最早結集,毫無疑問構成了儒家思想的最為重要的經典。古人所謂「半部《論語》治天下」之說,如果不單純從政治藝術的角度來理解,其實是指:《論語》中蘊藏著豐富的智慧,充分涉及「治天下」所必須面對的宇宙、社會、人生等各個方面。也正因此,中國歷代最優秀的知識人幾乎無不為《論語》所吸引。但是,從 20 世紀初的「打倒孔家店」到 1960、1970 年代的「批林批孔」,再到 1980 年代的「河殤」,以《論語》為代表的中國傳統文化的經典幾乎被徹底掃進了歷史的垃圾堆,中國人也一度成為對自己的傳統和經典最為陌生的民族。

　　如今,在經歷了一個多世紀的反傳統之後,中國人終於又開始意識到自己民族經典的重要性了。有趣的是,曾經讓中國人如此熟悉的自家經典,當經歷百年的解構之後重新進入廣大百姓的意識世界時,卻儼然成為一個完全的新生事物,以至於以現代的口語稍加解釋,經由媒體宣傳推廣,不但普通大眾,就連大學生這類一般知識階層的群體,也同樣感到「受用」無窮。一方面,這說明經典畢竟是經典;另一方面,卻也說明中國人看來的確是「拋卻自家無盡藏」太久,以至於完全忘記了這樣一個事實:《論語》幾千年來曾經為歷代知識人反覆研讀、解說,不僅廣大儒家知識人耳熟能詳甚

至可以信「口」拈來，其中的道理也長期為一般老百姓「日用而不知」。

據東漢趙岐（108-201）《孟子題辭》，漢文帝時即設《論語》博士。其後，兩漢之間，仿效《論語》體例而作的著作有揚雄（前53-18）的《法言》，批評包括《論語》在內儒家經典的有王充（約27-97）的《論衡》。在此兩端之外，出現更多的則是對《論語》的注解和詮釋。譬如，公元前53年張禹（?–前5）校訂《論語》。公元前後包咸（前6-65）即開始對《論語》加以注解，有《論語包氏章句》，提出自己對《論語》這部經典的「一家之言」。其後大儒馬融（79-166）有《論語馬氏訓說》，鄭玄（127-200）有《論語鄭氏注》。三國時期陳群（?-237）有《論語陳氏義說》，王肅（195-256）作《論語王氏義說》，均各出己意。而何晏（190-249）與孫邕（?-?）、鄭沖（?-274）、曹羲（?-249）、荀顗（?-274）四人合作，搜羅以往各家《論語》注，有《論語集解》，成為最早的一部彙集諸說的經典詮釋之作，以往散佚的諸家《論語》注解，多賴此得以保存。

東漢末年，國家已亂。三國兩晉南北朝，更是中國歷史上動盪不安的時期。然而，即便在此期間，對《論語》的解釋仍未止息。何晏、王肅之後，天才少年王弼（226-249）又有《論語釋疑》之作。一般人唯知王弼注《老子》、《周易》，殊不知其人尚有注解《論語》的大作。王弼之後，還有繆播（?-309）的《論語旨序》、李充（?-約323）的《論語李氏集注》、孫綽（314-371）的《論語孫氏集解》、范甯（339-401）的《論語范氏注》、顧歡（420-483）的《論語顧氏注》。而南朝梁人皇侃（488-545）的《論語義疏》，則仿效何晏的《集解》，彙集以往和時人（包括他自己）在內十幾家的《論語》注解，成為《論語》研究史上第一部極盡詳備的注疏。以往一些佚

失著作的部分內容,即在該書中得以保存。如王弼的《論語釋疑》雖已亡佚,但其中五十多條卻在《論語義疏》中保留了下來。

隋唐時期,雖佛教興盛,《論語》的注解工作並未中斷。陸德明(550-630)的《經典釋文》當然包含《論語》,而此前有劉炫(約546-613)的《論語述議》,其後有韓愈(768-824)、李翱(772-841)師徒二人各自的《論語筆解》。即便在五代宋初時期,仍有邢昺(932-1010)的《論語注疏解經》。

北宋以降,儒學進入復興時期,關於《論語》的注解和詮釋之作大量出現。南宋朱熹先作《論語精義》,後作《論語集注》,使《論語》成為其後元、明、清三朝作為儒家經典核心的「四書」之首。[1] 朱熹之前,《論語》的注解與詮釋已經有程頤的《程氏論語解》、蘇軾(1037-1101)的《論語解》、蘇轍(1039-1112)的《論語拾遺》、呂大臨(1044-1091)的《呂氏論語解》、范祖禹(1041-1098)的《范氏論語解》、謝顯道(1050-1103)的《謝顯道論語解》、陳祥道(1067年時人)的《論語全解》、游酢(1053-1123)的《論語雜

---

[1] 一般人會以為朱子是以《大學》為「四書」之首,這自然是有根據的。但朱子對於「四書」中何者為首,在不同的意義上以及不同的時間,所論並不一致。就讀「四書」的次第、順序這一意義來說,朱子較為人所知者的確是《大學》、《論語》、《孟子》、《中庸》。如《朱子語類》卷14〈大學一・綱領〉有言:「讀書且從易曉、易解處去讀。如《大學》、《中庸》、《語》、《孟》四書,道理粲然,人只是不去看。若理會得此四書,何書不可讀?何理不可究?何事不可處?」、「學問須以《大學》為先。次《論語》,次《孟子》,次《中庸》。《中庸》工夫密、規模大」。但這種順序也是一般來說,並不絕對。朱子晚年已經體會到學者看《大學》多無入處,不如先看《論語》,如慶元三年丁巳朱子68歲〈答黃直卿〉書中說:「《大學》諸生看者多無入處,而以《論語》為先。」於是亦有教人於「四書」中先看《論語》之說。如《文集》卷58〈答王欽之〉有云:「但願頗采前說,而以《論語》為先。」此尚是就讀書的先後而言「首」字之義。若在義理內涵深淺的意義上,僅從前引《語類》中的兩段話來看,則已可知「四書」之首又當為《中庸》,《大學》反倒在最後了,因為它是最「易曉」、「易解」的。所以,即便以朱子為準,何者為「四書」之首,也非定在《大學》,關鍵看在什麼意義上來說。事實上,朱子晚年於「四書」中唯一沒有批評的,惟有《論語》。故錢穆先生亦曾指出「是朱子於四書,只於《論語》無間然」。

解》、楊時（1053-1135）的《楊氏論語解》、胡寅（1098-1156）的《論語詳説》、張栻（1133-1180）的《癸巳論語解》。朱熹之後，由於「四書」取代「五經」成為儒家傳統新的核心經典，尤其是元代以後朱熹的《四書集注》成為科舉考試的範本，《論語》更是成為每一個稍有成就的儒家學者注解和詮釋的首選。尤其在宋學的傳統中，詮釋包括《論語》在內的「四書」而建立「一家之言」者，幾乎俯拾皆是。稍檢《四庫全書·經部·四書類》，對於朱熹之後《大學》、《論語》、《孟子》和《中庸》的詮釋之富，即可令人歎為觀止。在晚明時期，對於《論語》等儒家經典的詮釋甚至超出了儒家知識人的範圍，一些高僧大德也有關於《論語》的研究。譬如，晚明高僧蕅益智旭（1599-1655）便有《論語點睛》的詮釋之作。

不但中國漫長的歷史上有著悠久的詮釋《論語》的傳統，在日本和韓國，對《論語》的研讀也已有數百年的歷史了。譬如，日本自室町時代後期，即有「四書」的注解本，至江戶時期則廣泛為人們所閱讀。尤其林羅山首次以朱熹《四書集注》中的《論語集注》取代以往日本流行的古注，更是引發了日本《論語》詮釋史上的重大變化。而林羅山本人還有《論語諺解》一書。到了17世紀，伊藤仁齋（1627-1705）更有《論語古義》之作。該書為伊藤仁齋畢生心血所在，其意義恰如《四書集注》之於朱熹。緊隨伊藤仁齋之後，18世紀日本又有荻生徂徠（1666-1728）的《論語徵》，該書實針對伊藤仁齋的《論語古義》而發，產生了廣泛的影響。

對《論語》的注解和詮釋由古至今，甚至用「汗牛充棟」已不足以形容其豐富。如今要想直面《論語》本身而「發人所未發」，提出自己的「一家之言」，除非坐井觀天，幾乎是不可能的。不論在中國還是在日本、韓國，以往對《論語》的詮釋，絕不只是文字訓詁的注解而已。即以中國的《論語》詮釋傳統而論，漢學固多注

重文字訓詁，宋學則顯然以微言大義為重，從上面提到的諸多「某某氏論語解」，即可略窺一斑。歷史上那些對於《論語》微言大義的種種發揮，說是歷朝歷代儒家知識人自己閱讀《論語》的「心得」，可謂當之無愧。因此，只有透過《論語》的詮釋史，或者說，只有在對以往主要的《論語》詮釋有了相當的瞭解之後，才有可能真正「自出手眼」，有所謂「獨得之妙解」。

對於整個中國傳統文化來說，雖然1990年代迄今頗有「柳暗花明又一村」的氣象，但回顧20世紀，不能不說其基本的命運和走勢是「山重水複疑無路」。尤其是1950到1980年代之間，中國傳統文化研究的主要成績是在中國大陸以外的地區。1965年楊聯陞（1914–1990）先生榮登哈佛燕京講座，余英時先生賦詩為賀，楊先生答詩云：「古月寒梅繫夢思，誰期海外發新枝。隨緣且上須彌座，轉憶當年聽法時」。其中「誰期海外發新枝」一句，正是當時中國文化境遇的絕好說明。從目前的成果來看，透過《論語》的詮釋史來切近《論語》，仍然是海外著了先鞭。譬如，1994年，日本學者松川健二組織17位學有專長的學者，對《論語》在東亞詮釋與傳播的歷史進行研究，出版了《論語思想史》（論語思想史；東京：汲古書院，1994）。該書不僅考察了中國歷史上由漢魏以迄明清二十餘位儒家知識人注解和詮釋《論語》的著作，還介紹了日本和韓國歷史上四位有代表性的學者研究《論語》的成就。再有，澳大利亞學者梅約翰（John Makeham）教授2003年在哈佛大學出版社出版了《「述」者與「作」者：〈論語〉的注釋研究》（*Transmitters and Creators: Chinese Commentators and Commentaries on the Analects*），以詮釋類型學的方式分別考察了何晏的《論語集解》、皇侃的《論語義疏》、朱熹的《論語集注》以及劉寶楠（1791–1855）的《論語正義》這四部可以說中國《論語》詮釋史上最為重要的著作。該書

將詮釋學的理論與扎實的《論語》詮釋史文獻緊密結合，一舉奪得美國亞洲學會 2005 年度的列文森研究著作獎（Levenson Prize）。可惜的是，相較之下，即便就《論語》在中國的詮釋史而言，現代中國學人也還沒有類似的成果。

孔子在《論語》中有「溫故而知新」之說，這不僅是孔子所提倡的基本的學習態度，更是經典詮釋傳統中的方法論原則。即便以往重義理、輕考據，甚至「六經注我」的「宋學」大師，在闡發《論語》中的思想內容時，也幾乎沒有一個人敢作「前不見古人」想，而都要在瞭解前人成說的基礎上才敢「推陳出新」，力求從「積學」中透出「精思」。至於那些被視為「漢學」人物的儒家知識人，更是注重對文義和前輩時賢諸說的辨證，即使自己不無精思，也往往寓思於學，不露痕跡，力求將原始儒學義理建立在廣博詳實的考證基礎之上。方以智（1611–1671）所謂「藏理學於經學」，正是這種嚴謹、縝密態度的反映。

陸象山（1139–1193）當年曾經以「既不知尊德性，焉有所謂道問學」質問朱熹。在當時儒家經典研讀構成普遍教育背景的情況下，這種質問並非沒有道理。但是，在傳統斷裂百年之久的情況下，要想真正重新接上傳統的慧命，真正進入經典的精神和思想世界，「道問學」不能不說是首要的必由之路。必須透過經典詮釋的歷史，通過對經典的認真研讀，才能獲得「正聞」、「正見」，從而真正進入經典的價值世界，也最終重建我們自己的價值系統。否則，其流弊將不可勝數。錢大昕曾經說過這樣的話：「知德性之當尊，於是有問學之功。豈有遺棄學問而別為尊德性之功者哉！」在當前的情況下，這句話既是那些希望通過《論語》的學習來汲取人生智慧的人值得牢記的，更是那些希望通過講解《論語》來「傳道、授業、解惑」者所尤當引為座右的。

東亞視野看《論語》
——《論語思想史》評論

　　臺北萬卷樓圖書公司 2006 年 2 月出版了林慶彰、金培懿、陳靜慧和楊菁合譯的《論語思想史》。該書原是日本北海道大學文學部教授松川健二主編的一部研究歷代《論語》批注和詮釋歷史的著作，早在 1994 年即由東京汲古書院出版。雖然從時間上來看該書譯介到中文世界似乎姍姍來遲，但從國際學術界尤其中文世界對於《論語》的相關研究來看，卻又可以說適逢其時。無論在學術還是文化的意義上，該書目前的出版都很有意義。本文首先介紹該書的基本內容，進而在目前整個海內外《論語》詮釋史或《論語》學的基本脈絡中略述其特色。

一

　　該書其實是一部研究《論語》詮釋史或《論語》學的論文集，撰文者包括松川健二教授本人在內共 17 位日本學者。從結構方面來看，該書首先是松川健二撰寫的〈緒言〉，可以視為該書的導論。其次是伊東倫厚撰寫的序章〈《論語》之成立與傳承〉，考察了《論語》一書本身的成書經過及其傳承的概況。然後是四個部分的「本論」。第一部「漢魏、六朝、唐之部」共有六章，包括弓巾和順撰寫的第一章〈揚雄《法言》與《論語》：模仿的意圖〉、鬼丸紀撰寫的第二章〈王充《論衡》與《論語》的關係〉、室谷邦行撰寫的第三章〈何晏《論語集解》：魏晉的時代精神〉、福田忍撰寫的第四

章〈王弼的《論語釋疑》：玄學思想〉、室谷邦行撰寫的第五章〈皇侃《論語集解義疏》：六朝疏學的展開〉以及末岡實撰寫的第六章〈韓愈、李翱《論語筆解》：唐代古文運動的精神〉。第二部「宋元之部」共有七章，包括山際明利撰寫的第一章〈張載《橫渠論語說》：「虛」和生死觀〉、多佃嘉則撰寫的第二章〈程顥、程頤《二程遺書》和《論語》：道學的確立〉、山際明利撰寫的第三章〈謝良佐《謝顯道論語解》：「仁」說的一展開〉、芝木邦夫撰寫的第四章〈陳祥道《論語全解》：主體的釋義〉、松川健二撰寫的第五章〈張九成《論語百篇詩》：充滿禪味的思想詩〉、松川健二撰寫的第六章〈朱熹《論語集注》：理學的成熟〉、石本裕之撰寫的第七章〈陳天祥《論語辨疑》：元代的《集注》批判〉。第三部「明清之部」共有九章，包括松川健二撰寫的第一章〈王守仁《傳習錄》和《論語》：心學解釋的成果〉、佐藤煉太郎撰寫的第二章〈林兆恩《四書標摘正義》：三教合一論者的「心即仁」〉、佐藤煉太郎撰寫的第三章〈李贄《李溫陵集》和《論語》：王學左派的道學批判〉、佐藤煉太郎撰寫的第四章〈王夫之《讀四書大全說》：《集注》支持者和《集注大全》批判〉、金原泰介撰寫的第五章〈毛奇齡《論語稽求篇》：清初的《集注》批判〉、水上雅晴撰寫的第六章〈焦循《論語通釋》：乾嘉期的漢學批判〉、松川健二撰寫的第七章〈宋翔鳳《論語說義》：清朝公羊學者的一家言〉、小幡敏行撰寫的第八章〈黃式三《論語後案》：漢宋兼學的成果〉、宮本勝撰寫的第九章〈劉寶楠《論語正義》：清朝考證學的集大成〉。第四部「朝鮮、日本之部」共有四章，包括松川健二撰寫的第一章〈李退溪《退溪全書》與《論語》：朝鮮朱子學之一端〉、大野出撰寫的第二章〈林羅山《春鑑抄》與《論語》：統治論的陳述〉、伊東倫厚撰寫的第三章〈伊藤仁齋《論語古義》：古學派的道德說〉、伊東倫厚撰寫的第四章〈荻生徂徠《論語徵》：古學派之人性論〉。四部本論之後，該書

還有西川徹撰寫的〈論語思想史年表〉，將公元前 2 世紀到公元 19 世紀東亞地區包括中、日、韓在內主要的《論語》批注和詮釋的著作及其作者依時間順序一一列出。對於學者以之為線索而進一步開拓《論語》詮釋史的新園地，這一年表是很有幫助的。最後，該書還有一個〈《論語》章別索引〉，為讀者檢索書中所涉《論語》中的各個篇章提供了方便。

　　從內容方面來看，該書各章又可以分為兩種不同的研究取徑，或者說，該書各章文字可以分為兩類，一種是後代對於《論語》一書的批注和詮釋，當然，透過批注和詮釋，歷代各家也都表達了自己的思想。大體來說，這一類取徑可以說是「我注六經」式的。另一種是在自己的著作中引用《論語》的言論，作為自己理論的憑藉或資源，所謂「倚其權威，活用其詞」。[2] 顯然，這是典型的「六經注我」式的。從該書本論四部共 26 章來看，屬於第一種的有 19 章，即第一部中的第三、四、五、六章，分別討論了何晏的《論語集解》、王弼的《論語釋疑》、皇侃的《論語集解義疏》以及韓愈、李翱的《論語筆解》；第二部中的第一、三、四、五、六、七章，分別討論了張載（1020–1077）的《橫渠論語說》、謝良佐的《謝顯道論語解》、陳祥道的《論語全解》、張九成（1092–1159）的《論語百篇詩》、朱熹的《論語集注》以及陳天祥（?–?）的《論語辨疑》；第三部中的第二、四、五、六、七、八、九章，分別討論了林兆恩（1517–1598）《四書標摘正義》中關於《論語》的部分、王夫之（1619–1692）《讀四書大全說》中關於《論語》的部分、毛奇齡（1629–1713）的《論語稽求篇》、焦循（1763–1820）的《論語通釋》、宋翔鳳（1777–1860）的《論語說義》、黃式三（1789–1862）的《論語後案》以及劉寶楠

---

[2] 松川健二，〈緒言〉，刊於《論語思想史》，松川健二編，林慶彰等譯（臺北：萬卷樓，2006），4。

的《論語正義》;第四部中的第三、四章,分別討論了伊藤仁齋的《論語古義》和荻生徂徠的《論語徵》。屬於第二種的有七章,即第一部中的第一、二章,分別討論了揚雄的《法言》如何模仿《論語》的形式以及模仿的程度如何以及王充在其《論衡》中是如何解讀《論語》的;第二部中的第二章,考察了《二程遺書》中對於《論語》的運用和詮釋;第三部中的第一、三章,分別討論了王守仁在其《傳習錄》中對於《論語》的運用和詮釋以及李贄（1527–1602）在其《李溫陵集》中對於《論語》的解讀;第四部中的第一、二章,分別討論了代表朝鮮儒學最高峰的李滉在其《退溪全書》中對於《論語》的運用和詮釋以及日本宋學重鎮林羅山在其《春鑑抄》中對於《論語》的運用和詮釋。

當然,內容方面除了這兩種不同的類型之外,還可以分為四個方面。或者說,該書本論四部 26 章所要處理的問題,集中於四個要點。用松川健二自己在〈緒言〉中的概括來說,即:（一）所謂古注系統,特別是許多包含有老莊思想批注部分之再檢討;（二）構成所謂新注之基礎,亦即北宋諸家批注,其結構及其思想內容之考察;（三）關於宋明心學對於《論語》一書,實際活用情況之解明;（四）推究站在反宋明學立場的清朝考證學,及日本古學對於《論語》書理解之實況。[3]

---

[3] 松川健二,〈緒言〉,7。

二

　　孔子曾有「溫故而知新」的話，如果對於儒家基本經典的詮釋歷史缺乏應有的瞭解，專門的學術研究自不必說，哪怕是大眾的推廣普及工作，也很難有真正的「創獲」。在這個意義上，對於古今中外任何一部具有漫長詮釋歷史的經典而言，要想進入其思想和精神的世界，就必須同時進入以往歷史上詮釋該部經典的各種重要著作的思想和精神的世界。事實上，歷史上各種對於某一部經典的詮釋和注解，都可以視為力求進入該部經典思想和精神世界的取徑。當然，這些取徑不必都是康莊大道，其中也許不乏背道而馳的歧路。但只有充分瞭解這些切近經典的不同道路之後，如今的讀者才可能儘量少走彎路。因此，《論語思想史》一書中譯本的出版，至少可以讓我們看到，早在 1990 年代，日本學者對於《論語》注解和詮釋的歷史已經作出了如此詳細的考察，如果我們目前的學術研究不能建立在該書的基礎之上，目前的文化推廣不能充分從中汲取養料，無論如何是說不過去的。

　　非常有趣，歷史進入 21 世紀以後，似乎《論語》詮釋史的研究成為國際範圍內學者矚目的焦點之一。僅就出版的專書而論，2005 年一年之中就有澳洲學者梅約翰的《「述」者與「作」者：〈論語〉的注釋研究》、中國大陸學者唐明貴的《論語學的形成、發展與中衰：漢魏六朝隋唐論語學研究》（北京：中國社會科學，2005）以及臺灣學者廖雲仙的《元代論語學考述》（臺北：新文豐，2005）三部研究《論語》詮釋史的著作問世。此前和此後分別尚有美國學者 Daniel K. Gardner 的 *Zhu Xi's Reading of the Analects: Canon, Commentary, and the Confucian Tradition* (New York: Columbia University Press, 2003) 以及臺灣學者黃俊傑的《德川日本〈論語〉詮釋史論》（臺北：國立臺灣大學出版中心，2006），可謂一時大觀。那麼，

與這些已經出版的《論語》學著作相較，這部《論語思想史》具有什麼樣的特色呢？我以為，總體來說，儘管該書早在 1994 年已經出版，但並沒有被後來出版的各種《論語》學研究的著作淘汰。與上述幾部研究《論語》詮釋史的著作相較，《論語思想史》仍有其無可替代的以下幾點與眾不同之處。

首先，迄今為止，《論語思想史》仍可以說是一部最為完整的《論語》詮釋史的通論。由題目可知，Gardner 的 Zhu Xi's Reading of the Analects 專論朱子對於《論語》的批注和詮釋，完全不涉他家。廖雲仙的《元代論語學考述》則是一部專論元代《論語》學的著作。較之《論語思想史》中元代部分僅論及陳天祥的《論語辨惑》，《元代論語學考述》對於元代各家《論語》詮釋的考察自然原為豐富和深入。除陳天祥的《論語辨惑》之外，廖書還分別考察了金履祥（1232–1303）的《論語集注考證》、劉因（1249–1293）的《論語集義精要》、胡炳文（1250–1333）的《論語通》、許謙（1270–1337）的《讀論語叢說》、史伯璿（1299–1354）的《論語管窺》、倪士毅（1303–1348）的《論語輯釋》以及王充耘（?–?）的《論語經疑貫通》。梅約翰的《「述」者與「作」者》一書曾獲 2005 年美國亞洲學會的列文森獎，該書援取西方詮釋學的相關理論，集中討論了作者認為可以代表四種詮釋典範的《論語》詮釋著作，即何晏的《論語集解》、皇侃的《論語義疏》、朱熹的《論語集注》和劉寶楠的《論語正義》。黃俊傑的《德川日本〈論語〉詮釋史論》則專論日本德川時代的《論語》詮釋，已另闢門徑，不再將視點放在中國傳統的《論語》詮釋。唐明貴的《論語學的形成、發展和中衰：漢魏六朝隋唐論語學研究》似有通論《論語》詮釋史之意，但其考察的範圍，在該書副標題中也交代得很清楚，即僅限定在漢魏、六朝和隋唐的範圍，唐以下則完全沒有涉及。較之《論語思想史》中所涉漢魏六朝和隋唐的部分，

除何晏的《論語集解》、王弼的《論語釋疑》、皇侃的《論語集解義疏》和韓愈、李翱的《論語筆解》為共同探討的內容之外,唐書的考察不含揚雄的《法言》和王充的《論衡》而多了陸德明的《論語音義》。唐書不取揚雄《法言》和王充《論衡》,應當是因二書並非嚴格意義上的《論語》詮釋。至於《論語思想史》不取陸德明的《論語音義》,大概以為該書更多是一部考訂注音的著作。不過,如果詮釋取其廣義,既然《法言》和《論衡》皆可入選,《論語音義》似也當有其考察的必要。但無論如何,與既有的幾部研究《論語》詮釋史的著作相比,《論語思想史》雖然對於某個時代或者某一國家和地區《論語》的詮釋不能像上述各書那樣進行專題論述,但對於瞭解整個《論語》詮釋史的概貌,則仍為首選之作。

其次,《論語思想史》具有明顯的較為整體的東亞儒學史的視野。儒學傳統自前近代以來早已不再是專屬於中國的思想和實踐的傳統,而構成整個東亞地區價值系統的重要組成部分。因此,無論作為孔子的言論集還是四書、十三經之一的《論語》,[4] 早已成為東亞知識人不斷批注和詮釋的對象。在這個意義上,如果能夠兼顧中、日、韓、越等不同地區歷史上對於《論語》的批注和詮釋,具備一種比較研究的自覺,顯然可以拓寬和深化對於《論語》詮釋史或《論語》學的研究。梅約翰、Gardner、唐明貴以及廖雲仙的著作都只限於中國本土的《論語》詮釋,未及日、韓、越。黃俊傑教授近年來注重東亞儒學的研究,其《德川日本〈論語〉詮釋史論》之作,大概就是要在以往僅注重中國本土的儒家經典詮釋之外別開生面。如今,中文世界也已經有一些學者開始自覺在韓國儒學經典詮釋的領

---

[4] 漢武帝立五經博士時《論語》尚不在內,其後「七經」多謂含《論語》,有謂「七經」為「六經」(《詩》、《書》、《禮》、《樂》、《易》、《春秋》)加《論語》者,亦有謂為「五經」(「六經」除去《樂》)加上《論語》和《孝經》者。至「九經」以降至「十二經」、「十三經」,則皆含《論語》,無有異議。

域中進行耕耘。在這個意義上，我們可以看到，《論語思想史》的難能可貴之處，正在於當初編輯出版這部著作時，編者已經將中、日、韓不同地區對於《論語》的詮釋作為一個整體來加以考察。該書第四部專闢「朝鮮、日本之部」，討論李退溪的《退溪全書》、林羅山的《春鑑抄》、伊藤仁齋的《論語古義》以及荻生徂徠的《論語徵》，即是明證。這種東亞儒學史的整體視野，對於包括《論語》在內整個儒家經典詮釋史的研究都非常值得肯定。當然，我們的視野還可以放得更寬，將西方學者以西文對於儒家經典的研究同樣納入我們的研究範圍之內。事實上，不僅如上述梅約翰和 Gardner 對於《論語》詮釋史的研究應當作為中文世界學者研究《論語》詮釋史或《論語》學的必要參考文獻，更早如理雅各（James Legge, 1815-1897）等傳教士以及當今像安樂哲等人對於儒家經典的翻譯，其實也理當構成一個不斷累積和發展著的動態的儒家經典詮釋史的有機組成部分，因為不同語言之間的翻譯其實在很大程度上恰恰是一個詮釋的過程。在這個意義上，對於儒家經典詮釋史的研究來說，甚至東亞的視野還不夠，我們還應當具備一種貫通東西的國際的視野。

《論語思想史》的第三點值得肯定之處，在於對一些特定問題討論的細緻。由於該書是 17 位作者獨立撰寫各章而成，各章相對皆可獨立構成一篇單獨的論文，因此，各位作者在其處理的課題範圍之內，都可以較為自由地暢所欲言，不為特定的體例要求所限。如此，對於《論語》批注和詮釋史上的若干問題，有時就可以討論得比較細緻入微。這種細緻表現在兩個方面。其一，是對於《論語》批注和詮釋歷史上各個人物及其著作的涵蓋範圍之廣。譬如，陳祥道的《論語全解》、張九成的《論語百篇詩》、陳天祥的《論語辨疑》、林兆恩的《四書標摘正義》以及黃式三的《論語後案》，對

於一般研究《論語》詮釋史的學者來說,似乎都未必是關注不可的文獻,但在《論語思想史》一書中,都列專章討論。這一點,正可以說是該書對於《論語》詮釋史文獻涵蓋之廣的一個表現。其二,是對於《論語》文本批注與詮釋研究的細緻。如主編松川健二在〈緒言〉中提到的歷史上對於孔子所謂「未知生,焉知死」這句話主詞的討論(即「知」與「不知」的主語是「誰」)以及該句中「死」字所可能具有的涵義在不同歷史階段以及不同詮釋者那裡各種不同的解釋。[5] 再譬如,室谷邦行在討論皇侃的《論語集解義疏》時,就曾經對皇侃如何廣引以往各家批注並分析孔子所謂「無友不如己者」的涵義進行了討論,從而論證了皇侃批注《論語》注重綜合分析而不僅是徵引排列以往諸說這一特點。[6]

除了以上三點之外,如本文前面提到的,將歷史上那些被視為「六經注我」的詮釋包括二程、王守仁和李贄等人對於《論語》的討論甚至將揚雄《法言》在體例上對於《論語》的模仿都納入《論語》詮釋史的考察範圍,也是該書的一個優點。像這類著作毋寧是作者自己思想的「借題發揮」,從而一般不被視為對《論語》本身的批注和詮釋。但是,作為對於《論語》極為熟悉的極富創造性的思想家,他們對於《論語》的思想內涵又常常頗具一般解經家所缺乏的睿識卓見,《論語》文本中當謂與創謂的部分,又往往由他們的詮釋而得以解明。在這個意義上,這一類的詮釋取徑又不僅可以而且應當歸於《論語》詮釋史或《論語》學的範圍。忽略這一類的詮釋著作,在經典詮釋的領域內往往就不免畫地為牢,門庭不廣。這一點,也許正是現代經典詮釋研究和傳統經學研究的一個不同所

---

[5] 松川健二,〈緒言〉,1–3。
[6] 室谷邦行,〈皇侃《論語集解義疏》:六朝疏學的展開〉,刊於《論語思想史》,松川健二編,林慶彰等譯(臺北:萬卷樓,2006),125–27。

在。廣義的經典詮釋研究可以而且應當容納傳統經學研究的取徑，尤其應當注意吸收傳統經學研究注重文獻學考察的「基本功」。只是，如果後者的「故步」不能突破，則難免限於過去「漢」、「宋」兩分之下的所謂「漢學」一途。譬如，宋明理學家尤其明代很多心學人物對於經典的詮釋，在清人解經學的系統看來很難劃歸於傳統經學的門下，但《論語思想史》的作者們則能將其採納，可見已經不為傳統經學的視域所限。

當然，與其他幾部《論語》詮釋研究的著作相比，該書也有其自身的限制。前文已經指出，該書可以視為一部較為完整的《論語》詮釋史的通論。但是，如果從一部《論語》詮釋史的角度來看，該書明顯的缺陷有二：其一，對《論語》詮釋史演變過程的內在線索缺乏較為一貫和整體性的分析與把握；其二，四部之間甚至每一部各章之間也缺乏連貫。總之，未免讓讀者稍有「見木不見林」之感，尤其是似乎與其「論語思想史」的題目不能完全符合。因為這一思想史的理路如何，本書並沒有較為明確的交代。與此相較，唐明貴的《論語學的形成、發展和中衰》雖唐代以後均未涉及，但在漢魏六朝隋唐的時段內已經試圖總結《論語》詮釋史的整體動態及其內在的一貫線索。梅約翰的書雖然只重點討論了四部《論語》詮釋的著作，但其概括了中國傳統《論語》詮釋的四種模式並對其間的關係有所說明。不過，歷史的發展和演變有時也未必一定蘊含有某種規律，也很難為某幾種所謂的模式所涵蓋。尤其是在對微觀和局部缺乏深入掌握的情況下，對於歷史規律的追求反倒有時會導致「立理以限事」和「削足適履」的不良後果。因此，如果《論語思想史》的主編本來無意於追求歷史的規律，也無意為該書確定某種一貫的理論框架，並且，如果可以為將來具有全局眼光的更為完整的「論語思想史」提供準備，那麼，這一限制我們也就不必引以為憾了。

最後，我願意指出的是，該書在翻譯方面似乎尚有可以進一步完善之處。我並不精通日文，但是，從該書的中文表達來看，我感覺有些地方似乎仍是日文的表達習慣，而於中文的表述方式有所不合。譬如，該書第二部第三章謝良佐「謝顯道論語解」的副標題譯者譯為「『仁』說的一展開」。所謂「一展開」，目次和正文部分均如此。其中「一」字若非衍字，或許譯為「展開」或「一個展開」更為符合中文的行文習慣。諸如此類，書中尚有多處。當然，我亦嘗從事翻譯工作，深知其中的甘苦。該書中此類翻譯上的問題，基本上並不妨礙讀者的理解。這裡指出，不過求全責備，冀其精益求精而已。

當代中國的儒家經典與通識教育

　　本文包括三個部分：首先，回顧儒家經典在當代中國的興衰。其次，考察儒家經典在當代中國教育系統尤其大學通識教育中的處境。最後，提出一些個人的觀察和分析。需要說明的是，本文所論「當代中國」，限於 1949 年迄今的中國大陸，不含港、澳、臺地區。

一、回顧

　　儒家經典在當代中國的命運和興衰，一如作為一個整體的儒家傳統在當代中國的命運和興衰，可用陸游（1125–1210）〈遊西山村〉這首膾炙人口的詩篇中的兩句來比喻和形象地加以表達，所謂「山重水複疑無路，柳暗花明又一村」。正如這兩句詩所示，儒家經典在當代中國的命運和興衰，可以分為兩個鮮明的不同階段。從 1949 年到 1970 年代末，是「山重水複疑無路」的階段。在這一階段，不僅儒家經典，整個儒家傳統的命運都是極其悲慘的。「五四」以降的激進反傳統主義登峰造極，任何與儒家有關的東西都成了被攻擊的對象。用 1960、1970 年代的術語來說，所有與儒學有關的東西都是「無產階級專政的對象」，都應當被「掃進歷史的垃圾堆」。儒家經典在整個教育系統的任何層次，無論大學還是小學，都不能講授和研究。在那個時代，「經典」一詞，只能用來專指馬列主義、毛澤東思想的經典。在那個時代，不但儒家傳統，整個中國文化都幾乎被激進的反傳統主義思潮和極左的意識形態徹底剷除殆盡。所幸的是，如今這一階段本身已經被「掃進歷史的垃圾堆」了。

1980 年代以來，當代中國的歷史進入了「柳暗花明又一村」的階段。隨著改革開放政策的實行，儒家經典重新可以學習和研究。如今，海內外許多人士認為，儒學和儒家經典正在經歷著一個新的復興。更為準確地說，這一新的歷史時期，又可以而且應當以 2000 年為界分為兩個階段。1980 年代到 21 世紀伊始，儒學受到重新評價，儒學研究也逐漸成為學術界的一個重要領域。1990 年代開始，由北京大學開始，以儒學研究為核心的研究傳統中國學術的取向悄然興起。當時，這一新的動向被媒體稱為「國學熱」。事實上，當時的儒學研究基本上還僅限於知識人群體，並未在廣大社會人士和群眾當中引發廣泛和深入的共鳴。如今來看，那是被媒體過度誇張了。只有在 2000 年之後，在各種力量的推波助瀾之下，普通百姓對於學習和瞭解儒家傳統的渴望才真正興起，並逐漸蔓延到全國各地。于丹《論語心得》的熱銷，或許並不應當歸因於她個人對於《論語》這部儒家經典的投入。毋寧說，這一現象更多地反映了中國普通社會大眾的廣泛需求。在 1980 年代以來，既有的意識形態已經無法給人們提供一個穩定和真實的價值信仰系統，在這種價值真空的情形下，《論語》等儒家經典所能提供的安身立命之道，無疑會成為中國人的一個自然選擇。

　　對此，我切身經歷的一個小故事或許很能說明問題。2003 年的一天，我正在北大附近的風入松書店中瀏覽，一位看起來文化程度並不高的中年男子過來問我，哪裡可以找到錢穆先生撰寫的《孔子傳》。在我告訴他應當到哪個書架去找之後，我忍不住自己的好奇心，問他：「您為什麼要特別買這樣的一本書呢？」他的回答很簡單：「我想給我兒子買。」就在那一刻，我清楚地意識到，儘管重建傳統尚有漫漫長途，但徹底反傳統的時代已然隨風而逝。當然，我並不認為中國價值系統的重建必然意味著又一個「儒家中國」的

複製，就像民國以前漢代以後的傳統中國那樣，但是，我的確認為，儒家經典中的某些價值應當在任何新的價值系統中發揮重要的作用。

1980年代之後，儒學的確重獲了生機。一個首要的標誌就是官方許可甚至直接支持成立的一些機構，譬如1984年成立的中國孔子基金會（China Confucius Foundation, CCF）以及1994年成立的國際儒學聯合會（International Confucian Association, ICA）。隨著馬克思主義不再被作為儒學研究中必須採用的理論詮釋架構，儒學重獲生機的第二個表現，就是儒學研究這一領域開始出現更多不受意識形態干擾的真正的學術成果。最近，儒家經典在更為廣大的社會大眾中廣泛普及，和專家學者一道，在普通老百姓之中，也出現了要求將儒家經典納入到現行教育體制之中的呼聲。

二、今日的儒家經典與通識教育

如今，對於儒家經典在當代中國處境的評估，應當分別放到兩個不同但又相關的脈絡之中。其一，是儒家經典在中國社會這一脈絡的處境；其二，是儒家經典在高等教育課程這一脈絡中的處境。在第一個脈絡中，儒家經典看起來的確有一種復興之勢。但在第二個脈絡中，儒家經典卻仍在為其合法性而奮鬥。

根據國際儒學聯合會2007年的一項調查，在當代中國社會，儒家經典的研習一直在不斷增加。從幼兒園到中學，誦讀儒家經典的活動與人數在激增，目前已有1,000萬的兒童參加到儒家經典的誦讀活動之中。這一活動的背後，更有2,000萬家長和教師的支持。並且，這種活動基本上是自發的，很少政府的支持。一些非政府組織、志願者組織，例如北京的一耽學堂、天津的明德國學館等等，一直在推動儒家經典誦讀的活動中扮演著重要的角色。而在高等教

育中，隨著儒家經典發揮重要的作用，很多儒學研究中心和國學院紛紛成立。譬如，中國人民大學原來素以與官方意識形態關係密切著稱，但正是中國人民大學，在 2002 年成立了中國大學之中的第一所孔子研究院。類似的機構，在其他高校中紛紛成立，迅速跟進。如今，甚至在商界，在那些成功的商人之中，也興起了一股學習儒家經典的激情。為了滿足這一不斷增長的需求，各種機構，不論官方的還是民間的，一股腦地紛紛致力於出版儒家經典的當代解釋版本。其中有很多備受歡迎，甚至成了熱銷書。例如，據估計，僅在 2007 年一年，就有超過 100 種的各種現代版本的《論語》出版。所有這些，無不顯示儒家經典正處在繁榮昌盛之中。

不過，雖然儒家經典在社會大眾中不斷受到歡迎而日益流行，但 1980 年代年迄今，無論在小學還是大學，儒家經典一直並未正式納入現行的教育體制之中，尤其是沒有成為大學通識教育的一個正式組成部分。目前，中國大學的通識教育基本上有兩種模式。一種叫做「文化素質教育課」，提供一系列的選修課程。在北大和清華這兩所當代中國最負聲譽的大學中，通識教育採取的就是這一模式。這種模式包括一門外語（一般是英語）、體育和電腦，但其主體則是「兩課」，即「政治理論」和「思想道德品質」，其實主要還是 1949 年建國以來官方意識形態的灌輸，其中並無儒家經典的空間。例如，在清華大學，那些教兩課的教師儘管在學術研究上未必領先，卻可以得到官方的有力經費支持。與之相較，對於中國傳統人文學科包括文、史、哲的支持，則極為有限。可惜的是，這種模式，大概是當代中國高校通識教育的主導模式。

但是最近，似乎出現了一線曙光。復旦大學 2005 年成立了復旦學院，為當代中國大學的通識教育提供了另一種新的模式。雖然至少就形式來看，其建制大體不脫仿照哈佛、耶魯的文理學院（Faculty of Arts and Sciences）的模式，然而，儒家經典卻正式納入到通識教育的課程之中。這一點，在 1949 年之後的當代中國，還是首次。這一模式最為顯著並使之有別於清華所代表的舊有模式的特點，正是官方意識形態的退場以及對儒家經典的接受。我注意到，一些儒家的經典，例如《易經》、《論語》、《孟子》、《荀子》、《春秋》和《禮記》，被納入為這種通識教育的正式課程。即便學校的課程體系中仍有講授官方意識形態的「兩課」，但這一改變，卻的確將其與以往舊有的通識教育體系區別了開來。當然，即便以復旦的這一新模式為例，儒家經典的比重仍然是微不足道的。復旦學院通識教育的課程差不多一共有 60 門，只有 6 門是關於儒家經典的。並且，當我們檢視這一新的模式時，我們仍然不得不說，該模式基本上是一個缺乏「核心」的「拼盤」。此外，即便復旦學院的模式不管怎樣也是一種突破，問題在於，這種模式是否會被官方最終認可並廣泛推行，我們仍需拭目以待。

三、一些個人的觀察

中國人如今是否已經重新擁有了儒家經典？對此，基於以上的考察，我認為有三方面的問題值得關注。

嚴格來說，真正的「通識教育」或者「核心課程體系」，在中國的高等學校中似乎迄今仍未建立起來。我們知道，通識教育的核心在於經典的學習。至少就西方的大學來說，這一點基本上還是有共識的。而學習經典的主要目的，在於人格的塑造以及德行的修養。委實，儒家傳統所擅長的正在於人格塑造和德行修養而非具體知識的傳授。直到 1949 年之前，這一點或多或少仍然能夠在大學教育中得到實踐。可惜的是，建國以後，這種教育逐漸在大學教育中被徹底根除了。因此，即便 2000 年之後採取了很多措施，除非教育部的

高層對於通識教育不同於「兩課」教育的性質能有更為明晰的理解，否則，在如今的高等教育體制中認真嚴肅地推動儒家經典的納入，將會是非常困難的。

眼下，一個更大的問題是商業化對於儒家經典教育的腐蝕。隨著日益增加的社會大眾真心實意地願意學習和領會保存在儒家經典中的智慧，不能不讓我們思考的是，誰有資格來教授儒家經典並教育形形色色的社會大眾？如果商業化不過意味著媒體廣泛參與所帶來的社會普及和流行，結果是愈來愈多的普通百姓能夠理解儒家經典，那無疑是一件好事情。但是，如果儒家經典的講授者缺乏嚴格的專業訓練，在媒體的推波助瀾之下，一些江湖騙子就很可能渾水摸魚，為的只是牟利。如此一來，學習者甚至連有關儒家經典的正確知識都無從掌握，更遑論從中受用，汲取到儒家經典中經久不衰的智慧了。這不僅是儒家經典的災難，更是那些上當受騙的熱忱的大眾的災難。當然，我相信，如今儒家經典學習的推動者大都是真誠地投身於這一事業。不過，我們同時也必須認識到，總是有一些缺乏真實信守（true commitment）的人。一旦儒家經典變成一種時尚，可以帶來名利，那麼，就會有一些機會主義者利用儒家經典作為謀取個人名利的手段。我們必須意識到，經歷了漫長的與傳統的斷裂之後，儒學對於中國人來說已不再耳熟能詳，為如此之多的中國普通老百姓提供足夠資質的教師，並非易事。眼下，那些江湖騙子之所以能夠渾水摸魚，以至於「國學大師」一時間風起雲湧，這也不能不說是原因之一。

除了商業化的負面影響之外，還有一個危險不容忽視，那就是儒學的政治化。所謂政治化，其意有二。第一，是指儒學被狹隘的民族主義者蓄意挑動和利用。第二，是指儒學被塑造成為自由、民主和人權這些基本價值的對立面。對任何一個國家和民族來說，民

族主義或許都不可免。民族主義也不能說毫無是處，在某些特定的時候，譬如民族和國家受到外來的侵略，民族主義可以而且自然會發揮正面的作用。但是，狹隘的民族主義，卻是有百害而無一利，只會障蔽人們清明的理性。此外，諸如自由、民主和人權等價值，並非西方的專利，而是人性的普遍要求。在西方之外的文明和傳統之中，無論是中國還是印度等，都可以找到這些價值的因素，儘管這些價值的具體表現應當而且自然會因時空的不同而有所差異，體現出不同文化的特色。例如，阿馬蒂亞·沈恩最近不斷強調印度傳統中作為一種公議的民主（democracy as public reasoning）的資源，[7]而余英時先生和狄培理教授也一再指出中國傳統中某種形式的民主和自由精神。[8]甚至在他們之前，在其英文著作中，胡適也為中國歷史上的自由傳統進行過論證。[9]因此，如果儒學被狹隘的民族主義者所利用，保存在儒家經典中的儒學價值被塑造為自由、民主和人權等價值的對立面，那麼，與這種政治化相伴隨的那種使儒家經典社會普及的商業化，對於儒學的真正復興來說，都不過是「死亡之吻」。[10]

---

[7] Amartya Sen, *The Argumentative Indian: Writings on Indian History, Culture and Identity* (New York: Farrar, Straus and Giroux, 2005).

[8] 參見 Wm. Theodore de Bary, *The Liberal Tradition in China* (New York: Columbia University Press, 1983); *Asian Values and Human Rights: A Confucian Communitarian Perspective* (Cambridge, MA: Harvard University Press, 1998); Wm. Theodore de Bary and Tu Weiming, eds., *Confucianism and Human Rights* (New York: Columbia University Press, 1998); Ying-shih Yü, "The Idea of Democracy and the Twilight of the Elite Culture in Modern China," in *Justice and Democracy: Cross-cultural Perspective*, eds. Ron Bontekoe and Marietta Stepaniants (Honolulu, HI: University of Hawaii Press, 1997), 199–215。按：該文中譯〈民主觀念和現代中國精英文化的式微〉，見余英時，《人文與民主》（臺北：時報，2010），115–41；Ying-shih Yü, "Democracy, Human Rights and Confucian Culture," in *The Fifth Huang Hsing Foundation Hsueh Chun-tu Distinguished Lecture in Asian Studies* (Oxford, UK: Asian Studies Centre, St. Antony's College, University of Oxford, 2000), 1–22。

[9] 參見 Hu Shih, "China's Fight for Freedom," *Life Association News* 36, no. 2 (October 1941), 136–38, 213–15；收入周質平編，《胡適未刊英文遺稿》（臺北：聯經，2001），254–69。

[10] 參見本書第一部分〈儒學復興的省思〉和〈儒家認同的抉擇〉兩文。

其實,和自由、民主、人權一樣,儒家經典所揭示的智慧,不僅是給中國人和東亞人士的,也是提供給全人類的。隨著儒學的價值開始成為西方人士自我意識的有機組成部分,[11] 儒學經典對於日益全球化的世界的意義也就日益加強。當然,這一點的前景如何,仍然首先取決於儒家經典在其原鄉中國大陸的前途。不過,儒家經典對於中國人價值系統的重建是否能夠卓有成效,有賴於上述三方面問題的妥善解決。那就是:首先,我們是否有能力建立一種以儒家經典為核心同時也包含其他文明經典的通識教育體系;其次,我們是否有能力避免商業化以及表面的普及化帶給儒家經典的危害;第三,我們是否有能力有效地推動儒學價值去改善政治的弊端,同時避免儒學在政治化的過程中自身受到汙染。我相信,只有解決了這三個問題,儒家經典才能真正通過通識教育以及社會普及而真正深入人心,儒學也才能實現其真正的復興。

---

[11] 參見 Robert Neville, *Boston Confucianism: A Portable Tradition* (New York: SUNY, 2000)。

攬彼造化力，持為我神通
——「海外儒學研究前沿叢書」總序

　　正如儒學早已不再是中國人的專利一樣，儒學研究也早已成為一項全世界各國學者都在參與的人類共業。「夜郎自大」的「天朝心態」不可避免地導致固步自封，落後於世界現代化發展的潮流。學術研究如果不能具有國際的視野，「閉門造車」充其量也不過是「出門合轍」，難以真正推陳出新，產生原創性的成果。如今，理、工、農、醫以及社會科學包括政治學、經濟學、社會學、人類學等無不步西方後塵，已是無可奈何之事，不是「趕英超美」的豪情壯志所能立刻迎頭趕上的。至於中國傳統人文學包括文、史、哲的研究，由於晚清以至 1980 年代不斷激化的反傳統思潮在廣大知識人群體中造成的那種「拋卻自家無盡藏，沿門托缽效貧兒」的普遍心態，較之「外人」的研究，也早已並無優勢可言。中國人文研究「待從頭，收拾舊山河」的「再出發」，至少在中國大陸，已是 1980 年代之後的事了。

　　依我之見，現代意義上中國人文學研究的鼎盛時期是在 1920 至 1940 年代。儘管那時的中國內憂外患、風雨飄搖，但學術研究並未受到意識形態的宰制，一時間大師雲集、碩儒輩出。而那些中國人文學研究的一線人物，除了深入中國古典、舊學之外，一個重要的特點就是兼通他國語文，能夠及時瞭解和吸收域外中國人文研究的動態與成果。所謂「昌明國故，融會新知」，不但是「學衡派」諸君子以及當時那些大師碩儒的標的，其實在一定程度上也恰恰是他們自己學行的體現。1949 年鼎革之後，雖然有一批中國的人文碩儒

避地海外，於「花果飄零」之際，使現代中國人文研究的傳統得以薪火相傳、不絕如縷，但「流落人間者，泰山一毫芒」，在民族國家與歷史文化彼此剝離的情況下，畢竟難以維持以往的鼎盛了。如今中國大陸人文研究的再出發能否趨於正途、繼往開來，在一定意義上，其實就是看能否接得上1920至1940年代的「學統」。

接續並發揚現代中國人文研究學統的一個重要方面，就是及時瞭解和吸收海外相關的研究成果。對此，中國人文學界的知識人其實不乏自覺。單純西方學術著作的引進自清末民初以來已經蔚為大觀，這一點自不必論。海外研究中國人文學術的各種著作，也在1980年代以來漸成風潮，以至於「海外漢學」或「國際漢學」幾乎成為一個獨立的園地。不過，對於「海外漢學」或「國際漢學」本身是否能夠構成一個獨立的專業領域，我歷來是有所保留的。很簡單，海外有關中國人文研究的各種成果，無論採用傳統的「義理、考據、辭章」或「經、史、子、集」，還是現代的「文、史、哲」，都必然繫屬於某一個特定的學科部門。而鑑別這些研究成果的高下、深淺和得失，必須得是該學科部門的當行人士，絕不是外行人士所能輕易置評的。譬如，一部西方學者用英文撰寫的研究蘇軾的著作，只能由那些不僅通曉英文同時更是蘇軾專家的學者才能論其短長，我們很難想像，在文學、歷史、哲學、宗教、藝術等人文學科的部門和領域之外，可以有一個獨立的「海外漢學」或「國際漢學」。如果本身不是中國人文學科任何一個部門的專業人士，無論外國語文掌握到何種程度，都很難成為一位研究海外或國際漢學的專家。所謂「海外漢學」或「國際漢學」並不能構成獨立於中國人文學之外的一個專門領域，其意正在於此。事實上，在海外，無論「漢學」還是「中國研究」，正是一個由包括歷史、哲學、宗教、文學、政治學、經濟學等各門具體學科構成的園地，而不是獨立於

那些學科之外的一門專業。也正是在這個意義上，要想真正瞭解和吸收海外中國人文研究的最新成果，還需要一個重要的前提，那就是：瞭解和吸收的主體自身，必須是中國人文學相關領域的內行人士，對於相關海外研究成果所處理的中國人文課題的原始文獻，必須掌握嫺熟，瞭解其自身的脈絡和問題意識。只有如此，瞭解和吸收海外的研究成果，才不會導致盲目的「從人腳跟轉」。否則的話，非但不能對海外中國人文研究的成果具備真正的判斷力和鑑賞力，更談不上真正的消化吸收、為我所用了。

當前，在中文世界中國人文研究的領域中，也出現了一股對西方學者的研究亦步亦趨的風氣。西方學界對於中國人文的研究稍有風吹草動，中文世界都不乏聰明才智之士聞風而起。但各種方法、模式和理論模仿得無論怎樣惟妙惟肖，是否能夠施之於中國人文學的研究對象而「有用武之地」，不至於生吞活剝，最終還是要取決於研究對象本身的特質。所謂「法無定法」，任何一種方法本身並無所謂長短高下之分，其運用的成功與否，完全要看是否適用於研究對象。譬如，在北美的中國史研究中，思想史（intellectual history）的研究目前似乎已經式微，起而代之的社會史（social history）、地方史（local history）等研究取徑頗有獨領風騷之勢。但是，如果研究的對象是宋明時代一位或一些與其他各地學者經常保持聯繫的儒家知識人，那麼，即使這位儒家學者多年家居並致力於地方文化的建設，這位或這些學者與其背後廣泛的儒家士人群體的互動，以及那些互動對於這位學者觀念和行為所產生的深遠影響，都需要充分考慮，這就不是單純的地方史的研究取徑所能專擅的了。再者，如果要瞭解這位或這些學者思想觀念的義理內涵，社會史的角度就難免有其盲點了。如今，中國學者對於中國人文學的研究，所可慮者似乎已經不是對於海外研究成果缺乏足夠的信息，

反倒正是由於對各種原始文獻掌握不夠深入而一味模仿西方學者研究方法、解釋模式所產生的「邯鄲學步」與「東施效顰」。中國人文學研究似乎正在喪失其主體性而落入「喧賓奪主」的境地尚不自知。

然而，面對這種情況，是否我們就應該採取「一刀兩斷」的方式，擯棄對於海外中國人文學術的瞭解和引進，如此才能建立中國人文研究的主體性呢？顯然不行，那勢必「自小門戶」，不但不能接續1920至1940年代所形成的良好學統，反而會重新回到「畫地為牢」、「固步自封」的境地。在「不知有漢，無論魏晉」的情況下，「天朝心態」雖然是無知的產物，但畢竟還是真實的自得其樂。而在全球化的時代，試圖在與西方絕緣的情況下建立中國人文學術的主體性，不過是狹隘的民族主義作祟。這種情況下的「天朝心態」，就只能是掩蓋自卑心理而故作高亢的惺惺作態了。

所謂「攬彼造化力，持為我神通」。只要我們能夠充分掌握中國人文學術的各種原始文獻，植根於那些文獻的歷史文化脈絡，深明其內在的問題意識，不喪失自家的「源頭活水」，在這種情況下去充分瞭解海外的研究成果，就只嫌其少，不嫌其多。西方的各種理論和方法，也就只會成為我們進一步反思自我的資源和助緣，不會成為作繭自縛的負擔和枷鎖。

以上所說，正是我們選編並組織翻譯這套「海外儒學研究前沿叢書」背後的考慮和自覺。是為序。

第三部分
儒學與宗教

§ 人文主義與宗教之間的儒學
§ 儒學與宗教衝突
§ 儒學與宗教對話

人文主義與宗教之間的儒學

　　至少在中文世界，將儒家傳統定性為「人文主義」，已成學界共識，迄今並無爭議。而視儒家傳統為一種「宗教」，或認為儒家傳統具有宗教性，則清末民初以來一直聚訟不已，至今莫衷一是。事實上，如回到中文原有的語脈，不但「人文」沒有問題，「宗教」也未嘗不其來有自，不必是為了翻譯 "religion" 才出現的一個漢語新詞。反之，如充分意識到現代漢語中許多名詞不免具有西方的背景和來源，則當「人文主義」不自覺地作為 "humanism" 的中譯語被使用時，不但將儒學作為一種 "religion" 會引發無窮的爭議，以「人文主義」來界定儒學的基本特徵，同樣不免「格義」所產生的一系列問題，所得與所失並存。當然，語言是「活」的，否則，只有「法華轉」而不可能「轉法華」了。任何一種語言的名詞、術語的翻譯，一旦進入另一種語言的語境，即可具有其自身的涵義，未嘗一定為其原先語言中的意義所拘定。因此，如能對 "humanism" 和 "religion" 本來的涵義有所把握，同時對「人文」和「宗教」在中文中原本的涵義有充分的自覺，則只要是著眼於「人文主義」和 "humanism" 之間以及「宗教」和 "religion" 之間的彼此相通而非單向求同，無論以「人文主義」還是「宗教」來界定儒家傳統，又都未嘗沒有其合法性及其自身特殊的涵義，也並不意味著簡單地將儒家傳統歸於 "humanism" 或 "religion" 這兩個範疇的其中之一。

一

　　雖然「人文」一詞古已有之，可追溯到《周易・賁卦・彖辭》中的「觀乎天文，以察時變；觀乎人文，以化成天下」，但作為一個專有名詞，「人文主義」卻是現代漢語中作為英文 "humanism" 的中譯才出現的。因此，要明確現代漢語中「人文主義」的本來所指，首先要求我們瞭解 "humanism" 一詞的涵義。

　　雖然 "humanism" 的起源大概可追溯到公元前 1 世紀左右西塞羅（Marcus Tullius Cicero，前 106–前 43）的拉丁文 "humanitas"，但就其實際的內容所指來說，"humanism" 的成熟形態似乎更多地被認為始於文藝復興時期，是指一種基於希臘和拉丁經典的學習和教育，尤其是對語法、修辭、歷史、詩學和道德哲學這五門學科的學習。不過，需要說明的是，文藝復興時期尚無 "humanism" 一詞，只有拉丁文的 "studia humanitatis"，字面意思是「關於人性的研究」（the studies of humanity），亦即今天的「人文學」或「人文學科」（the humanities）。英文中正式使用 "humanism" 來指稱拉丁 "studia humanitatis"，最初是 1808 年一位教育工作者尼薩摩爾（F. J. Niethammer, 1766–1848）根據德文 "humanismus" 杜撰的。1859 年，在德國歷史學家沃伊格特（Georg Voigt, 1827–1891）的著作《古代經典的復興或人文主義的第一個世紀》（*The Revival of Classical Antiquity or The First Century of Humanism*）中，該詞被正式用來形容文藝復興時期以個人主義為特徵的新的世俗文化，遂逐漸得以流傳。這種以「個體的」「人」為中心的文化取向，在後來的啟蒙運動中進一步強化，直至成為近現代整個西方文化中的主流。

　　當然，如不以字源學為限，"humanism" 在西方是一個具有漫長歷史和不同意義層面的觀念，要想對其下一基本定義，幾乎不

可能。不過，除非特別說明，至少在 19 世紀以來現代西方語境中的 "humanism"，多指文藝復興尤其啟蒙運動以來以人自身經驗為中心來看待一切的世界觀。英國學者阿倫・布洛克（Alan Bullock, 1914–2004）曾專門考察過作為一種傳統 "humanism" 在西方社會不同歷史階段的演變。在說明 "humanism" 本身蘊涵複雜性的同時，他也指出，作為文藝復興和啟蒙運動之產物的現代話語中的 "humanism"，其基調就是一種人類中心的世界觀。如果說文藝復興、啟蒙運動之前中世紀西方世界觀以「神」為中心來解釋世界，"humanism" 的興起就是要扭轉以往「神本」的世界觀而代之以「人本」。在此意義上，用「人本主義」來翻譯 "humanism"，或許更為準確。

14 世紀到 19 世紀以來，"humanism" 大體包含以下幾個層面的涵義：（一）一種基於古典學習的教育程序；（二）相信人類的視角、利益和在整個宇宙中的中心地位；（三）相信理性和自律，將其作為人類存在的基礎；（四）相信理性、懷疑精神和科學方法是發現真理和建構人類社群的唯一恰當的工具；（五）相信倫理和社會的基礎要在自律和道德平等中獲得。顯然，除了第一點與文藝復興直接相關之外，餘下的四點基本上可以說是 17 至 18 世紀啟蒙運動精神氣質的體現。

20 世紀以來，儘管西方的 "humanism" 有多元的發展，但以人類中心的世界觀為基調的「人文主義」，仍構成「人文主義」傳統的主流，與中世紀以來的宗教傳統形成一種緊張。如哈佛大學的 J. A. C. Fagginger Auer（1882–1964）與耶魯大學的 Robert Calhoun（1896–1963）和 Julian Hart（1911–2010），就曾在 1950 年代初分別各自代表人文主義和基督教傳統進行過辯論。因此，雖然也有試圖結合人文主義與宗教的思想，如所謂「基督教人文主義」一說，但就 20 世紀人文主義的主流來看，其消解神聖性因而構成西方宗教傳統對立

面的基本特點非常明顯。如果對此基本分際有所混漫，則真如 John Luick 所言，恐怕幾乎無人不是人文主義者了。並且，通過與現代科學相結合，人文主義日益突顯其無神論、世俗化的取向。甚至有取代傳統宗教而成為一種新的信仰對象的趨勢。就此而言，現代西方主流的「人文主義」，實可說不過是一種「世俗的人文主義」（secular humanism）。其最為根本的特徵，即將人作為評價一切的價值標準，不再承認人類經驗之外超越層面的存在及其真實性。古希臘哲人普羅泰戈拉（Protagoras，約前 490-約前 420）的名言「人是萬物的尺度」，恰好可以作為這種世俗人文主義的點睛之筆。

二

學界一般認為，「宗教」是日人翻譯英文 "religion" 的產物，最早由黃遵憲（1848-1905）首次引入中文，漢語中本無該詞。黃遵憲的確在《日本國志》一書中多次使用「宗教」一詞，但他當時不過是沿用日文中既成使用的漢字，不必就是英文中 "religion" 的翻譯。更為重要的是，認為中文本無「宗教」連用的成說，實在是未經考證的臆見。以前雖有學者指出，但仍輾轉相傳，積非成是，甚至被不少研究者作為結論而沿襲，反映出對於中國古典的陌生。其實，不但「宗」、「教」是古代漢語中常用的詞彙，「宗教」連用作為一個整詞，在中國歷史上也是其來有自，絕非清末民初的「日產」。

英文 "religion" 以「宗教」的譯名傳入中國之前，傳統儒釋道三家中早有「宗教」作為一個整詞的用法。大體而言，「宗教」首先廣泛出現於佛教的各種文獻，後來為道教和儒家相繼採用。六朝以至唐宋，「宗教」在佛教文獻中幾乎俯拾皆是。如梁袁昂（459-540）曾言「仰尋聖典，既顯言不無，但應宗教，歸依其有」。隋釋法經（約 594 年時人）呈隋文帝書中曾稱其所修撰的佛典「雖不類西域

所製,莫非毘贊正經。發明宗教,光輝前緒,開進後學」。宋釋惠洪(1071–1128)曾稱讚某人「自以宗教為己任」。後來,道教和儒學中亦相繼不乏使用「宗教」者。如元代任士(1225–1309)曾稱讚天師「二十四岩清垣之尊,誕揚宗教;三十萬里弱水之隔,遙徹頌聲」。明代王陽明高弟錢德洪(1497–1574)亦曾稱讚鄱陽程氏後人前來問學為「因聞師門宗教,以悟晦庵之學,歸而尋繹其祖訓」。此外,作為一個整詞,「宗教」還指一種官職,即宋代「敦宗院教授」一職的簡稱。南宋大儒呂祖謙(1137–1181)就曾任「宗教」之職,如《欽定續通志》卷547〈儒林傳〉即載其「初以蔭入官,後舉進士,復中博學宏詞科,調南外宗教」。

不過,即便「宗教」一詞古已有之,其涵義並不對等於英文中的 "religion"。且經過清末民初以來圍繞西方「宗教」的爭論,現代漢語中「宗教」一詞已基本成為 "religion" 的中文對應物。其原先用來指稱儒、釋、道的歷史,已被遺忘。

和 "humanism" 一樣,英文中 "religion" 也是一個19世紀才出現的詞語。根據羅斯(H. J. Rose, 1883–1961)為《牛津古典詞典》撰寫的 "religion" 詞條,不論在希臘文還是拉丁文中,均無與英文 "religion"、"religious" 完全對應的詞語。史密斯(Wilfred C. Smith, 1916–2000)曾對 "religion" 在西方的產生和發展進行過較為詳細的考察。他指出了很重要的一點:到18世紀末,"religion" 的實際所指不過是基督教(Christianity)。

僅以基督教作為近代西方 "religion" 的觀念,或許不免極端,因之前的猶太教和之後的伊斯蘭教,都對近代以來西方 "religion" 觀念的形成產生過重要影響。這樣說大概比較周延,即西方近代以來 "religion" 的觀念,基本上以包括猶太教、基督教和伊斯蘭教在內的「西亞一神教」或「亞伯拉罕傳統」(Abrahamic tradition)為典範。

這三大宗教傳統起源於西亞，有三個共同的基本特徵：（一）都信仰一個超越於人類世界並決定人類世界秩序的外在的人格神；（二）都具有專門的組織機構（教會）和神職人員；（三）都有唯一的經典構成其信仰對象的語言載體。這三個特徵構成西方傳統 "religion" 的三項基本條件。清末民初迄今，絕大部分中國人對「宗教」的理解，已脫離「宗教」在中國傳統中本來的涵義，而僅以「西亞一神教」的模式作為「宗教」的典範了。

但是，隨著與世界上其他文明的接觸，20世紀中葉以來，在西方宗教學研究的領域中，"religion" 的概念得到了擴展，不再僅以西亞一神教的基本特徵作為衡量是否宗教的標準。譬如，田立克以「終極關懷」定義宗教。伊利亞德（Mircea Eliade, 1907–1986）認為宗教最大的目的是提供人一種意義，是人內在的需求，導引人不斷往前，並不限於某些組織形式，因而提出「宗教人」的觀念。希克將宗教定義為「人類對於超越者的回應」。斯狷恩將宗教定義為一種「終極性的轉化之道」（means of ultimate transformation）。史密斯認為「宗教」的本義不應當是指啟蒙運動以來近代西方的那種宗教觀，甚至認為應當根本放棄基於以基督教為代表的西亞一神教的 "religion" 這一用語，而代之以「宗教性」（religiosity）的概念。諸如此類，都是對近代西方基於西亞一神教模式的宗教觀的修正和擴展。就這些西方學者對於宗教本性的理解而言，似乎完全可以將儒學稱為「宗教」或具有「宗教性」。事實上，在他們的相關著作中，儒學也正是被視為世界上主要的宗教傳統之一。正是在與包括中國在內的諸多非西方的文明發生接觸和對話的基礎上，這些擴展了的宗教觀方才得以形成。

可惜在中文世界中，相當一部分學者對「宗教」的瞭解，既早已忘卻中文「宗教」一詞古已有之的本義，也未能瞭解西方晚近宗

教學領域中這種擴展了的宗教觀,還停留在 19 世紀以來狹隘的以西亞一神教為典範的宗教概念。在教條馬列主義的影響下,更將「宗教」作為一個完全負面的字眼,甚至等同於封建迷信。如此習焉不察,同情儒學者定要將儒學與「宗教」劃清界限,批判儒學者則一定要將其判為一種「宗教」。既然對「宗教」這一觀念缺乏反省,聚訟不已,難有定論,也就在所難免了。

三

歐陽竟無(1871-1943)曾說「佛法非宗教非哲學」,方東美(1899-1977)則認為「佛法亦宗教亦哲學」。兩句話看似矛盾,其實各有側重。依我之見,如以西方近代以來的「宗教」和「哲學」為標準,佛教既不能為那種「宗教」所範圍,也不能為那種「哲學」所限制。但佛教又同時包含「宗教」與「哲學」的內容。換言之,佛教同時具有屬於近代西方「宗教」和「哲學」這兩個範疇的成分,因而不能單純地為這兩個範疇中的任何一種所籠罩。儒學的情況與此類似。儘管儒學在中國大陸的大學和研究單位中多屬「中國哲學史」的一支而被置於「哲學」學科之下,但就其性質來看,如以西方近代以來主流的理性主義哲學觀為標準,單純的「哲學」實不足以盡儒家傳統的完整內涵。杜維明在英文世界中用 "religiophilosophy" 一詞來界定儒學,既是其苦心孤詣,亦不得不然。

以「人文主義」和「宗教」這兩個西方近代以來的範疇來觀照儒學,情形也是一樣。如果限定於近代西方以來主流的「人文主義」和「宗教」觀,則儒學既非「人文主義」亦非「宗教」。但有三種情況可以使我們有理由認為,儒家傳統同時可以具有「人文主義」和「宗教」的名稱。

首先，若以「人文」和「宗教」兩詞在中國歷史上的本義為準，則不妨既可說儒學是一種「人文主義」，是「人文精神」的集中體現，也可說儒學是一種「宗教」，就像它曾經毫無疑問地在歷史上和佛、道兩教一起被作為一種「宗教」那樣。其次，即便在使用「人文主義」和「宗教」兩詞時是對應西方的 "humanism" 和 "religion"，只要我們的理解不局限於近代以來主流的「世俗人文主義」和僅以西亞一神教為模式的「宗教」，則同樣可以既將儒學視為一種人文主義，又將其視為一種宗教。第三，即便在嚴格對應於西方近代以來主流的 "secular humanism" 和僅以西亞一神教為模式的 "religion" 的情況下使用「人文主義」和「宗教」，只要不是簡單地將儒學非此即彼地劃入「人文主義」和「宗教」範疇的其中之一，仍可看到儒學之中同時具有「人文主義」和「宗教」的成分，仍可從「人文主義」和「宗教」兩個向度入手去刻畫儒學的某些特徵。換言之，如果運用「雙向詮釋」而非「單向格義」的方法，即著眼於儒學與「人文主義」和「宗教」的兩頭相通，而不是試圖在單向求同的意義上將儒學化約為「人文主義」或「宗教」的其中一種，則仍不妨將「人文主義」和「宗教」作為把握儒學定義性特徵的觀念架構。

　　因此，我們可以套用歐陽竟無和方東美的話來說：「儒家非人文主義非宗教，而亦人文主義亦宗教」。用儒家傳統中「天」、「人」這兩個核心觀念來說，如果「天」象徵著宗教性而「人」象徵著人文性，則儒學最為基本的特徵就是：儒家的「天人之際」不會像西方近代的主流思想那樣在「宗教」與「人文」之間建立非此即彼的二元對立關係，而是在肯定「天」與「人」之間具有本體論的一致性（所謂「天人合一」即就此而言）這一前提下，承認現實層面「天」與「人」之間存在的緊張，由此始終謀求「天」、「人」之間的動態平衡。在這個意義上，無論視儒家傳統為「人文主義與

宗教之間」，還是將儒家傳統稱為一種「宗教性的人文主義」，都是為了突顯其所兼具的人文主義和宗教的某些特徵，同時又避免將其化約為近代西方以來居於主流地位的「人文主義」或「宗教」的其中之一。事實上，在西方很多二元對立的範疇面前，儒學在許多方面都體現出某種非此非彼而又亦此亦彼的「之間」特徵。或許有人會說，如此未免模糊了概念的確定性。但假如要堅持每一概念在其原先系統中的精確性，則所有概念系統之間都將不可通約（incommensurable）。不同系統之間的概念無法比較，任何比較的研究勢必不能進行，實際的文明對話也將無從展開。事實上，不論不同文明和觀念系統之間的對話與交流一直在進行，即使同一種文化系統內部，如西方思想傳統，概念的內涵也是處在不斷發展變化之中的，甚至同一個思想家，所運用的某一概念在不同的時期也有不同的規定性。就此而言，創造性的「模糊」要比狹隘的「精確」更具有理論的有效性和歷史的真實性。

四

我以「人文主義」和「宗教」這兩個在現代漢語中幾乎完全成為西文中譯的觀念為參照來考察儒家傳統，當然意在顯示其中與「人文主義」和「宗教」兩頭相通但又並非單向相同的特徵。我的《儒家傳統：宗教與人文主義之間》（北京：北京大學出版社，2007）一書各章所涉的歷史跨度力求涵蓋儒家傳統的主要階段，由先秦以至當代，而以宋明為多。在處理相關問題時，各章也在不同程度上援引西方哲學、宗教哲學以及宗教學甚至神學的有關論說，或以為對比分析的參照，或以為詮釋的助緣。有些章節則直接進行中西比較，或以思想人物為例，或從普遍的理論問題入手。然如「丸之走盤」，雖縱橫上下而不離其宗。各章所論，均圍繞儒家傳統的

宗教性和人文性，要皆以發明相關問題的特點與蘊涵為務。我曾經指出，中國思想傳統目前與今後的發展，無論是詮釋還是建構，都早已不可能在與西方思想傳統絕緣的情況下進行。「一切惟泰西是舉」固然難以建立中國思想的主體性，試圖不與西方思想發生關係，從20世紀以來已經建立的現代中國學術中剔除任何「西學」的因素而回到傳統「舊學」的形態，同樣是既不健康也不可能的思路，只能落入「斷港絕河」。以儒學為代表的中國思想傳統的精神氣質，可以而且必須在「苟日新，又日新，日日新」的過程中「因革損益」，不為特定的形式所限制的。借用佛家華嚴宗的講法，正所謂「不變隨緣」、「隨緣不變」。事實上，從先秦以迄宋元明清，現代學術建立之前儒家傳統發展的歷史，已經證明了這一點。譬如，先秦儒學中「理」尚未成為一個重要的思想概念，而在後來的宋明儒學中，「理」卻成為最為核心的概念。因此，對於儒家傳統乃至整個中國傳統文化的發展來說，我們固然不可以「西學」為標準，但必須以之為參照，捨此別無他途。只有在以「他者」為參照、與「他者」深度互動和交融的過程中，才能夠獲得更為明確的自我意識，並不斷擴展深化自身的主體性和身分認同。對於包括西方文明自身在內的如今世界範圍內每一種文明和文化傳統，這恐怕都是一條必由的康莊大道。以往過多（如果不是僅僅）注重儒家傳統倫理、社會和政治的人文的向度，儒家傳統「宗教性人文主義」的特徵或者說其獨特的宗教性，沒有受到應有的重視。尤其是在中國大陸，由於對「宗教」的理解迄今仍不免囿於狹義的西亞一神教的模式，加上1949年以來對「宗教」的負面判斷，理解儒家的宗教性更是格外困難。如前所述，肯定和批判儒家傳統者看似勢若水火，雙方背後的宗教觀卻是未經反省的一致。在這種情況下，本書突顯積極和正面意義上的儒家宗教性，首先有其學理的價值。

此外，對於在如今信仰危機的情況下如何「收拾人心」、重建中華民族的價值系統，深入發掘儒學宗教性人文主義的精神資源，更具特別的意義。在數千年的中國歷史上，儒學之所以能夠發揮「全面安排人間秩序」的功能，首先在於她作為一整套信仰和價值系統發揮著「正人心、齊風俗」的作用。可惜自19世紀中葉以來，中國文化的危機不斷加深，從「打倒孔家店」到「批林批孔」、「破四舊」再到「河殤」，神州大地已然形成一種反傳統的傳統，儒家的精神氣質幾乎喪失殆盡。並且，我們似乎並未成功地從「西天」取來「真經」，使之足以作為一種替代性的價值系統來重塑中國人的心靈世界。1990年代以來，全球化在器物甚至制度層面帶來「一體化」的同時，也日益突顯文化認同與根源意識。「我是誰」的問題迫使每一個民族乃至每一個體不僅不能乞靈於任何純然外部的文化來建立「自我」，反而必須深入自己的文化傳統來「認識你自己」。當然，任何文化都不是凝固不變的，其更新和發展需要不斷吸收外部的資源。佛教傳入中國就是一個很好的範例。不過，任何文化吸收新的成分從而轉化和發展自身，其成功的前提必須是立足於已有的傳統，否則即成「無源之水」和「無本之木」。正是在這一點上，在反傳統的傳統流行中國已有百餘年的情況下，重建中國人的價值和信仰系統，從而消除諸多由此而來的社會問題，就首先需要我們對儒家傳統的精神價值有深入的瞭解。只有在「具足正知識」（借用佛教語）的基礎上，方能深刻「體知」、付諸實踐，不至於「冥行闇修」甚至「走火入魔」。

　　當然，儒家傳統並不只有精神性（spirituality）這一向度，也並非只有這種宗教性人文主義的向度才與現代社會相關、才能為現代社會提供某種資源。我歷來認為，正如儒學本身是一個包括政治、社會、倫理等等多向度的傳統一樣，除了精神性的資源之外，經過

一定的轉化，儒學還應當而且能夠為現代社會提供其他各種不同的思想和實踐的資源。即便在制度建設的層面，儒家傳統同樣不是「俱往矣」的博物館陳列品，其中仍然蘊涵許多豐富的可以「古為今用」的內容。只不過，即便已經開始意識到這一點，但恰如對儒學宗教性人文主義的方面已經隔閡甚深一樣，對於幾千年來中國傳統社會的各種制度，如今又有多少人能夠深入其中，深明其得失呢？其實，無論哪一個層面，哲學性的、精神性的、政治制度的、社會倫理的，如果不能「入乎其內」而後「出乎其外」，任何關注和提倡就和那些「霧裡看花」的批判一樣，都無法免於口號式的膚泛。那樣的話，儒家傳統的真正詮釋和重建，將是無從談起的。因此，與其忙於造論立說，提出各種口號，不如大家分工合作，深入發掘儒家傳統各個層面的內在資源，然後予以創造性的轉化和整合。朱子所謂「舊學商量加邃密，新知培養轉深沉」，始終值得再三玩味。就此而言，本書若能於儒家傳統精神性層面的發掘、詮釋和重建略盡綿薄，並為將來進一步的工作奠定基礎，亦可謂功不唐捐。

儒學與宗教衝突

　　全球化似乎已是世人公認的一個潮流,但所謂「全球化」這一觀念究竟包含怎樣的具體內容,具有怎樣的現實所指,恐怕是我們在使用這一用語來描述當今世界範圍內所發生的巨大變化時需要有所自覺的。本文無法也不打算對「全球化」的具體內涵進行全面與細緻的分析,而是要指出全球範圍內的「西方化」趨勢與不同文化傳統自我認同的強化以及彼此之間的衝突構成「全球化」過程的一體兩面,而宗教傳統之間的衝突更是文化差異與文明衝突的核心所在。在此基礎上,本文著重以陽明學者三教關係的思想和多元宗教參與（multiple religious participation）的實踐為據,並結合當今宗教學領域的相關論說,說明儒學對於化解當今世界宗教衝突所可能提供的有益資源。

一、問題：全球化與宗教衝突

　　全球化可以從不同學科的角度加以定義；[1]也可以不局限於全球化的現代理解,而上溯其歷史,甚至將古羅馬帝國的軍事擴張、中世紀的十字軍東征以及成吉思汗拓展疆域的征服都算作全球化的不

---

[1] 社會學從人類互動意義增強的角度來定義全球化,即人類集團之間的聯繫,隨著社會發展而逐漸加強,最後形成全球性的聯繫,這個過程叫全球化。政治經濟學將全球化定義為英國資本中心出現之後,資本中心和資本外圍的關係,這個過程不僅是經濟過程,也是政治過程。

同形式;還可以側重從人類文明活動的某一個方面,如經濟、政治、文化等來界定全球化。[2] 但無論如何,有一點必須明確,即目前我們所謂的「全球化」,主要指的是二戰以後隨著科技、經濟的發展所帶來的全球性的一體化的趨勢。這種全球化所涉及的範圍之廣,對全世界人類生活方方面面的影響之深,都是史無前例的。進一步來說,當我們使用全球化這一概念時,我們主要是想指出當今世界不同國家、地區、民族和各類共同體之間交往互動的日益密切以及不斷趨同的現象。無論對全球化的具體理解可以怎樣的「見仁見智」,但這一點恐怕是大多數人的一個基本的共識,也是全球化這一用語所指的核心內容所在。事實上,如果從語言分析的角度來考察當今東西方各種媒體對於「全球化」這一概念的使用,我們看到的幾乎都是對這種趨同現象的描述。

就全球化所導致的「趨同」而言,我們要進一步深入反省的是這種趨同是趨向怎樣一種「同」。事實上,全球化帶來的趨同並非世界不同文化互動的「合力」現象,所趨向的「同一性」並非包含世界不同文化傳統的要素而又根本不同於某一種文化形態的綜合性的新生事物和新文化。而毋寧更多的是全世界範圍內非西方的各種文化形態逐漸趨同於以美國為代表的西方文化。儘管西方文化內部也並非鐵板一塊,但相對於全球範圍內非西方的各種文化傳統來說,我們確實可以以美國為例總結出一些西方世界共同分享的東西,譬如市場經濟、民主政治和個人主義等等,正是這些東西構成了我們所謂的西方文化。而如今的全球化也正是在向著這個方向趨同。此外,儘管如今非西方的各個國家、社會、民族也在力求發展

---

[2] 如曾獲美國經濟學傑出著作獎的威廉姆森(Jeffrey G. Williamson)和歐饒克(Kevin O'Rourke)的《全球化與歷史》(Globalization and History)一書,就主要是從經濟的角度來談全球化。

出不同於西方文化的文明模式,但我們必須看到,這種「求異」恰恰是在「趨同」於西方文化的過程中產生的,並且,只有在自身在相當程度上已經變得非常西方化了之後才會產生。譬如,中國、日本、韓國、印度等國家晚近對於民族文化傳統認同的強調,都是在這種情況下發生的。因此,認為全球化不過是西方價值的延伸和對非西方社會的侵略,雖然不無偏頗,卻也委實抓住了問題的要害。正是在這個意義上,以至於有學者認為全球化其實是西方文化在「化全球」。[3]

指出當今世界範圍內各個文化形態正在或多或少、或快或慢地趨同於西方文化,確實揭示了全球化的主要特徵和基調。但是,正如早有學者觀察美國社會時敏銳指出的,與融合、趨同相伴而生、互為表裡的,是族群意識、尋根意識的抬頭和強化。進一步而言,在全世界的範圍內,我們可以說全球化和本土化其實是彼此相伴的同一過程的兩個方面。英文中全球化是"globalization",本土化是"localization",而晚近英語世界中出現"glocal"這一新詞(neologism),則正是全球化與本土化如影隨形、水乳交融現象的反映。因此,當我們過於關注全球化所帶來的「趨同」、「一體」的同時,也不應當忽視這種以「同一化」為原則的全球化所導致的不同國家、地區、民族和各類共同體之間差異的日漸強化與衝突的與日俱增。如果說當前「亞洲化」、「印度化」、「斯拉夫化」、「伊斯蘭化」反映了非西方社會對於西方文化「同化作用」的抵制與反激,諸如加拿大和法國對本國電影業所採取的保護政策(限制美國影片的輸入)這類情況,則反映了西方世界內部其他國家對於美國價值的抵制。如今,反全球化的示威活動幾乎成為每一場重大國際會議的必備場景,而這更是全球化過程中差異與衝突日益增強的一個表現。恰恰是由於

---

[3] 參見龐樸,〈全球化與化全球〉,《二十一世紀》61期(2000年10月):76–77。

非西方社會的許多人已經感到全球化並不是在將他們引向一個全球一家、天下一體的「大同」世界,而是在將他們納入到西方的運行機制當中,使他們為西方文化所「化」;甚至美國等主要西方國家以外的其他西方國家也感到全球化正在迫使他們接受不同於他們自身傳統的一套東西,因而,不同程度和形式的反全球化才愈來愈似乎已經成為當前全球化過程本身的一項重要內容。

正如不同族群和社會的人們都可以穿西裝,使用美國的微軟電腦系統和日本的小汽車,享受市場經濟的實惠那樣,如果說全球化可以僅僅局限於經濟領域和物質層面,大概在不同的族群和社會之間不太容易出現差異和衝突的問題。正因為全球化是文化意義上的全球化,涉及到生活世界的方方面面、裡裡外外,問題才不那麼簡單。在全球化的過程中,愈是觸及到不同文化形態的深層結構,愈容易形成差異的對照從而引發衝突。對於文化的定義,至今已不下百餘種,但認為文化包括從器物到制度再到觀念這由表及裡的三個層面,則基本上是中外學者們的共識。而差異與衝突的表現和發生,往往集中在觀念的層面。如果說價值系統和宗教信仰是文化最為核心和底裡的東西,那麼,我們如今歷歷在目的世界上的主要衝突,都幾乎無一例外地具有宗教信仰差異的根源。世界上各大宗教傳統無不以懲惡揚善、淨化人性為基本宗旨,但宗教在古今中外人類的歷史上又常常是規模巨大、難以消解的族群衝突的淵藪。恰如卡西爾(Ernst Cassirer, 1874–1945)所說:「它(宗教)鼓勵我們與自然交往,與人交往,與超自然的力量和諸神本身交往,然而它的結果卻恰恰相反:在它的具體表現中,它成了人們之間最深的糾紛和激烈鬥爭之源泉」。[4] 從中東地區的連綿戰火到九一一事件的極端恐怖,都可以說是宗教衝突的表現形式。亨廷頓

---

[4] 恩特斯・卡西爾,《人論》,甘陽譯(上海:上海譯文,1985),92–93。

（Samuel P. Huntington, 1927-2008）所謂「文明的衝突」（the clash of civilization），固然包括政治與經濟利益的內容，但本質上可以歸結為不同宗教信仰的衝突。事實上，亨廷頓本人也正是將宗教視為文化的最主要因素之一。[5]因此，假如我們要關注全球化過程中差異與衝突的一面，那麼，如何化解宗教衝突，謀求不同宗教傳統之間的和諧相處、共同繁榮，恐怕就不能不是一個首先需要考慮的問題。著名天主教神學家、「世界倫理宣言」的起草人孔漢思（Hans Küng，又譯為漢斯·昆）所謂「沒有宗教之間的和平就沒有世界的和平」，[6]如今在世界範圍內已經愈來愈不斷得到了現實層面的論證，也成為全球眾多有識之士的基本共識。

二、理解：儒家傳統的宗教性

不論以全球化為人類的福音，還是視全球化為人類的陷阱，反映的都還只是我們對全球化側重不同的理解以及在此基礎上的情感態度，[7]而在全球化這一難以逆轉的潮流之下，如何解決其中的問題，使之發展朝向一個繁榮昌盛的人類社群，而不致因為衝突的激

---

[5] 塞繆爾·亨廷頓，《文明的衝突與世界秩序的重建》，周琪等譯（北京：新華，1999），47。

[6] 這句話是孔漢思 1989 年 2 月巴黎「世界宗教與人權」會議上宣讀論文的題目，代表了孔漢思的一個基本觀點，如今得到了全球倫理與宗教對話參與者們的普遍認同。

[7] 戴維·赫爾德（David Held）等人曾經以對全球化的存在和前途的態度為標準，將目前西方全球化的理論劃分為三大類：極端全球主義者（hyperglobalizers）、懷疑論者和變革論者（transformationalists）。極端全球主義者的代表如《歷史的終結與最後的人》的作者福山，他們認為全球化已經帶來了新的歷史時期，各種傳統的制度和體制在經濟全球化面前或者已經過時，或者正在失去其存在的基礎，而市場則成為決定和解決一切問題的力量。變革論者如吉登斯、貝克等人，多來自社會學領域，他們把全球化作為一個源於西方的社會變革過程，該過程同時是一個不可抗拒的自然過程。懷疑論者的代表有湯普森、赫斯特、韋斯等人，他們力圖通過歷史比較的方法來證明全球主義對全球化的判斷犯了誇大事實和有意誤導公眾的錯誤。具體說明參見戴維·赫爾德等，《全球大變革：全球化時代的政治、經濟與文化》，楊雪冬等譯（北京：社會科學文獻，2001）。

化導致人類的悲劇和文明的毀滅，則是我們首先需要深思熟慮和賦予更多關注的。正因為宗教的因素構成全球範圍內文化衝突的根源之一，如何通過對話而不是對抗來尋求宗教衝突的化解之道，業已成為宗教界人士和廣大知識分子共同參與進行的一項事業。[8]世界各個宗教傳統的信奉者以及認同或至少對這些宗教傳統有同情瞭解的研究者們，如今更是正在分別從不同的宗教傳統中發掘各種相關的資源，以求能對宗教衝突的化解有所貢獻。例如，在2002年美國紐約舉辦的第32屆世界經濟論壇年會（World Economic Forum, WEF）上，宗教衝突的問題就納入了會議的議程，顯示出經濟與宗教兩個似乎不相干的領域其實具有緊密的內在關聯，而受邀參加論壇年會的臺灣法鼓山聖嚴法師（1931–2009）一方面建議論壇成立宗教委員會，一方面也呼籲信奉或認同佛教傳統的人士開發佛教傳統的智慧，謀求化解宗教衝突的良策，表示了佛教方面對於全球宗教衝突的回應。

儒家傳統當然並非西方意義上的建制化宗教（institutional religion），但是，如果我們認識到宗教的本質在於「變化氣質」，使人的現實存在獲得一種終極性、創造性的自我轉化，而不在於組織化的教會、超越外在的一神信仰等僅僅屬於亞伯拉罕信仰傳統的那些特徵，[9]並且充分顧及到非西方的宗教傳統，我們就不應該將

---

[8] 譬如，1970年，在日本京都召開過「宗教與和平的世界」會議；1989年，在巴黎舉辦了聯合國支持召開的「世界宗教與人權」會議；1993年，在芝加哥召開了紀念1893年「世界宗教會議」的紀念大會；1997年3月和12月，分別在巴黎和義大利的拿坡里舉辦過聯合國教科文組織主辦的兩次「世界倫理會議」。1997年歐洲出現了一份以對話為目標的新學報，名字就叫《全球對話》（Global Dialogue），而該學報第3期（2000年）以「信仰的新宇宙」（the new universe of faiths）為題，就是一個宗教比較與對話的專輯。如今，世界範圍內大大小小各種形式的宗教對話活動已是不勝枚舉。

[9] 需要指出的是，基督教、猶太教、伊斯蘭教其實都屬亞伯拉罕信仰傳統，屬於同一根源的啟示宗教。公元622年伊斯蘭將聖地由耶路撒冷遷往麥加並改向供奉黑石的神廟卡巴（Ka'ba）祈禱，其實並不意味放棄亞伯拉罕信仰傳統。自始至終，古蘭經都是上帝的啟示而絕非穆罕默德的意旨。

「宗教」這一概念的專屬權自覺不自覺地拱手讓給"religion"。如果我們對於佛教傳統有基本的瞭解，知道釋加牟尼開創的佛教就其本源而言根本是一種無神論的主張，如果我們知道道教根本否認凡人世界與神仙世界之間存在著異質性（heterogeneity）亦即本質的差別與鴻溝，而同時又承認不論佛教還是道教都可以為人們提供一種終極性的轉化之道，都是一種宗教，那麼，以「修身」為根本內容，為追求「變化氣質」並最終成為「大人」、「君子」、「聖賢」提供一整套思想學說和實踐方式（「工夫」）的儒家傳統，顯然具有極強的宗教性而完全具有宗教的功能。只不過「大人」、「君子」以及「聖賢」境界的達成不是從人性到神性的異質跳躍，而是人性本身充分與完美的實現。事實上，作為宗教的佛教和道教只是兩個起源於東方的例子，而世界上也還存在著大大小小、許許多多不同於西方宗教形態而同樣被視為宗教的精神傳統。儒學作為一種宗教性的精神傳統，至少在國際學術界也早已不再是一個值得爭議的問題，而成為討論許多相關問題的前提和出發點了。並且，在當今全球性的宗教對話中，儒家也早已被其他的宗教傳統主動接納為一個不可或缺的對話夥伴。[10] 這絕非偶然，而是由於在許多其他宗教傳統的代表人物的眼中，在一個相當突出的層面上，儒學在中國以及東亞地區歷史上發揮的作用，恰恰相當於他們的宗教傳統在他們所在地區所發揮的作用。

---

[10] 迄今為止，在香港、柏克萊和波士頓已經分別召開過多次儒學和基督教對話的國際學術會議。第一次儒耶對話國際會議於 1988 年在香港中文大學舉行。第二次儒耶對話國際會議於 1991 年在美國加州柏克萊舉行。第三次儒耶對話國際會議於 1994 年在波士頓大學舉行。第四次儒耶對話國際會議於 1998 年又回到香港舉行。第一次儒耶對話的論文集，參見 Peter K. H. Lee, ed., *Confucian-Christian Encounters in Historical and Contemporary Perspective* (Lewiston, NY: Edwin Mellen, 1991)。第二次會議的論文收入 *Pacific Theological Review* 24–25 (1993)。第四次會議的論文集中文版參見賴品超、李景雄編，《儒耶對話新里程》（香港：中文大學崇基書院宗教與文化研究中心，2001）。

有一點順帶指出，在西方近代尤其啟蒙運動以來的話語脈絡中，如果說宗教與人文主義是一對彼此對立的概念的話，那麼，當我們用人文主義的概念來形容儒家傳統時，就切不可不自覺地承襲了這種兩分的思考方式和言說脈絡，將儒學僅僅作為一種拒斥超越與神聖的世俗的人文主義。就整體而言，儒學的一個基本特徵的確是將關注的焦點放在世俗世界的人倫日用，但其實卻並非缺乏超越的向度，而是認為超越性、神聖性以及無限的意義就寓於世俗世界之中，王陽明〈別諸生〉詩中所謂「不離日用常行內，直造先天未畫前」一句，正體現了儒學傳統「即凡俗而神聖」這種獨特的精神與價值取向。因此，鑑於當今知識話語中難以完全擺脫的現代西方背景，以及用「人文主義」、「人文精神」來指稱儒學已經到了近乎氾濫的地步，我們不妨將儒學稱為一種宗教性的人文主義（religious humanism），這樣或許可以避免在人文主義這一名詞未經檢討的使用中忽視了儒家傳統本來所有的極其豐富的宗教屬性和向度。

　　由於儒家傳統本身具有極強的宗教性，對於人類如何使有限的自我連同其所存在的整體脈絡（包括家、國、天下以及整個宇宙）一道最終實現創造性的轉化，其「修身」、「成人」之學有著豐富的理論和實踐可資參照，在全球的視域中也已經被廣泛地認為是一種宗教傳統，在當前全球的宗教對話中正在逐漸發揮其作用，[11] 因此，我們不僅要充分重視儒家傳統中宗教性的資源，以求為推動並深化全球範圍的宗教對話作出貢獻，還應當在此基礎上針對當今全球範圍的宗教衝突問題，為謀求「化干戈為玉帛」的因應之道盡可

---

[11] 參見彭國翔，〈從西方儒學研究的新趨向前瞻21世紀的儒學〉，《孔子研究》2000年，3期（2000年5月）：98–104。該文亦刊於《中國儒學年鑑：2001創刊號》，陳光林主編（北京：商務印書館，2001），30–34。

能提供儒家方面的資源。事實上，這還並非只是因為作為一種精神性、宗教性的傳統，儒家和世界上其他精神性、宗教性的傳統一樣需要承擔這樣的義務，更是因為對於化解宗教衝突來說，無論在觀念還是實踐的層面，儒家傳統都的確具有格外寶貴的歷史資源，值得我們發掘探討，以利世人。

三、資源：儒家多元主義的宗教觀與實踐

在衝突日增的時代，儒家對和諧的特別重視尤其受到了其他文化傳統的欣賞。儒家「和而不同」的主張更是被屢屢言及，成為在保持不同文化傳統各自獨立性前提下化解衝突、和平共處的指導原則。不過，對於化解宗教衝突而言，除了「和而不同」的一般原則之外，儒家關於不同宗教傳統之間關係的理論以及儒者參與不同宗教傳統的實踐，尤其可以提供更為具體的智慧借鑑。

由於佛教漢代傳入，道教後起，基督教的大規模傳入更在明代後期，[12]因此，儒家傳統對於其他宗教傳統的態度以及關於宗教之間關係的看法主要表現在宋明儒學之中。在宋明儒學的兩大典範中，朱子學雖然對佛道二教批評較多，但也非全然排斥，[13]陽明學則更是持開放的態度。而陽明學者有關儒釋道三教關係的論說，正是我們如今從儒學傳統中尋求宗教衝突化解之道具體的一個理論資源所在。對於陽明學者有關三教關係的主張，我們不妨以王陽明（名守仁，字伯安，號陽明）、王龍溪（名畿，字汝中，號龍溪）和焦弱侯（名竑，字弱侯，號澹園，又號漪園，1541–1620）為代表來加以

---

[12] 本文的基督教取其廣義，包括天主教和新教（狹義的基督教）。基督教在唐代已傳入中國，稱為景教，但未成氣候。有關景教的情況，參見朱謙之，《中國景教》（北京：東方，1993）。
[13] 朱子本人對佛道二教超越世俗的精神境界也表示欣賞。甚至連被作為宋明儒學先聲、排佛甚嚴的韓愈，也為佛教人士不染世累的精神氣象所折服。

說明。[14]

王陽明對於儒釋道三教的關係曾有「三間屋舍」的比喻，認為佛道兩家修養身心、不染世累的精神境界本來為儒學所具備，後儒將那種超越的精神境界失落，視之為佛道兩家的專屬，恰如原本有廳堂三間共為一廳，卻將左右兩間割捨，其實是自小門戶。所謂「二氏之用，皆我之用。即吾盡性至命中完養此身謂之仙；即吾盡性至命中不染世累謂之佛。但後世儒者不見聖學之全，故與二氏成二見耳。譬之廳堂三間共為一廳，儒者不知皆吾所用，見佛氏，則割左邊一間與之；見老氏，則割右邊一間與之；而己則自處中間，皆舉一而廢百也。聖人與天地民物同體，儒、佛、老、莊皆吾之用，是之謂大道」（《王陽明年譜》「嘉靖二年十一月」條下）。陽明的這種立場在佛道兩家的人士看來雖然仍不免居高臨下，但卻顯然以對佛道兩家超越精神境界的肯定為前提，顯示了對於其他宗教傳統的包容。

王龍溪是陽明高弟，與佛道二教的關係更為密切，在當時甚至被稱為「三教宗盟」。他雖然並沒有喪失儒者的身分和自我認同，而是試圖站在儒家的基本立場上將佛道兩家的思想觀念融攝到儒學內部，[15] 但他有關三教起源的觀點已經開啟了超越儒家本位的契機。在他看來，儒釋道三教之名均屬後起，而人所具有的「恆性」則是

---

[14] 這樣的選擇並不是任意的。王陽明的活動主要在正德年間與嘉靖初年，王龍溪的活動主要在嘉靖、隆慶年間以及萬曆初年，焦弱侯的活動則主要在萬曆中後期。如果說從正德年間到嘉靖初年是陽明學的興起時期，從嘉靖經隆慶到萬曆初年是陽明學的全盛期，萬曆中後期至明末是陽明學衰落期的話，那麼，這三人的活動時間恰好覆蓋了陽明學從興起到全盛再到衰落的整個時段。另外，作為陽明學的創始人，王陽明對於陽明學興起的重要性自不必言，而對於陽明學的全盛期和衰落期來說，王龍溪與焦弱侯又分別可以作為這兩個階段的代表人物。

[15] 有關王龍溪與佛道二教關係的專題研究，參見彭國翔，〈王畿與佛教〉，《臺大歷史學報》29期（2002年6月）：29–61；〈王畿與道教——陽明學者對道教內丹學的融攝〉，《中國文哲研究集刊》21期（2002年9月）：255–90。

儒釋道三教共同的基礎和根源。所謂「人受天地之中以生，均有恆性，初未嘗以某為儒、某為老、某為佛而分授也。良知者，性之靈，以天地萬物為一體，範圍三教之樞。不循典要，不涉思為。虛實相生而非無也；寂感相乘而非滅也。與百姓同其好惡，不離倫物感應，而聖功徵焉。學佛老者，苟能以復性為宗，不淪於幻妄，是即道釋之儒也；為吾儒者，自私用智，不能普物而明宗，則亦儒之異端而已」（《王龍溪先生全集》卷17〈三教堂記〉）。這句話的後半段表明王龍溪沒有完全放棄儒家的本位，因為他認為儒家能夠完整體現人的「恆性」，佛道兩家不免仍有所偏，但前半段話則顯然包含了超越儒家本位的因子。事實上，王龍溪之後，晚明陽明學者在三教關係問題上的一個重要發展方向，就是表現為進一步淡化並超越儒家的本位，將儒釋道三教平等地視為宇宙間一個更為根本的本源的不同體現。這在焦竑處有明確的表現。[16]

如果說王龍溪有關不同宗教都是「恆性」不同表現的看法還只限於儒釋道三教的話，焦竑則將視野放得更寬。在焦竑看來，古今中外不同的人物及其思想都可以成為一個「道」的表現形式，不能

---

[16] 焦竑師從耿定向（字在倫，號楚侗，稱天臺先生，1524–1596），並曾在南京親聆過王龍溪、羅汝芳（字惟德，號近溪，1515–1588）的講席，在晚明不僅是一位陽明學的中堅，還是一位學識淵博的鴻儒，所謂「博極群書，自經史至稗官、雜說，無不淹貫」（《明史》卷288）。作為一位百科全書式的人物，在當時享有崇高的學術地位與社會聲望，被譽為「鉅儒宿學，北面人宗」（徐光啟，〈尊師澹園焦先生續集序〉）。四方學者、士人無不以得見焦竑為榮，所謂「天下人無問識不識，被先生容接，如登龍門。而官留都者自六官以下，有大議大疑，無不俯朝而奉教焉」（黃汝亨，〈祭焦弱侯先生文〉）。並且，焦竑曾著《老子翼》、《莊子翼》、《楞嚴經精解評林》、《楞伽經精解評林》、《圓覺經精解評林》以及《法華經精解評林》等，更是當時會通三教的思想領袖。焦竑當時三教領袖的地位，甚至利瑪竇（Matteo Ricci, 1552–1610）在其回憶錄中也曾提到。利氏這樣寫道：「當時，在南京城裡住著一位顯貴的公民，他原來得過學位中的最高級別（按：焦竑曾中狀元），中國人認為這本身就是很高的榮譽。後來，他被龍官免職，閒居在家，養尊處優，但人們還是非常尊敬他。這個人素有我們已經提到過的中國三教領袖的聲譽。他在教中威信很高」。參見利瑪竇、金尼閣，《利瑪竇中國箚記》，何高濟等譯（北京：中華書局，1983），358–59。

明瞭於此，難免破裂大道，株守一隅。所謂「道一也，達者契之，眾人宗之。在中國曰孔、孟、老、莊，其至自西域者為釋氏。由此推之，八荒之表，萬古之上，莫不有先達者為師，非只此數人而已。昧者見跡而不見道，往往瓜分之，而又株守之」（《澹園集》卷17〈贈吳禮部序〉）。對於這種看法，焦竑曾有「天無二月」的形象比喻來加以說明，所謂「道是吾自有之物，只煩宣尼與瞿曇道破耳。非聖人一道、佛又一道也。大抵為儒佛辨者，如童子與鄰人之子，各詫其家之月曰：『爾之月不如我之月也。』不知家有爾我，天無二月」（《澹園集》卷49〈明德堂答問〉）。由於將儒釋道三家平等地視為「一道」的表現，焦竑甚至反對「三教合一」的說法。對焦竑而言，許多三教合一的持論者們之所以主張三教合一，其背後的預設並非三教本於一道，而是將三教視為三種各自獨立的思想系統或者說三種各自不同的「道」。但既然「道」本來是一非三，也就無所謂合一。焦竑站在「道無三」的立場上不接受三教合一說，無疑表明焦竑認為最後的道是超越於儒釋道之上的更為源初的東西。而就焦竑不限於三教的寬闊視野而言，我們可以說，在焦竑的眼中，經過人類經驗和理性檢驗的各種宗教傳統，都可以視為宇宙間根源性的「道」的表現。

在當今的宗教學研究中，一種宗教傳統對於其他宗教傳統的態度，可以劃分為三種類型，即排斥主義（exclusivism）、包容主義（inclusivism）和多元主義（pluralism）。[17] 排斥主義是指自認為獨占絕對宗教真理的專屬權，否認其他的宗教傳統可以為人的存在的終極轉化提供真正可行的道路。包容主義是指雖然在一定程度上承認其他宗教傳統擁有部分的真理性，但同時認為其他的宗教傳統所

---

[17] 這三種類型的區分最早見於 Alan Race, *Christians and Religious Pluralism*. 2nd ed. (London, UK: SCM, 1994)，而為約翰‧希克所大力發揮，如今在宗教研究和對話領域已經受到廣泛的接受和使用。

擁有的真理已經包含在自己的宗教傳統之中，其他宗教只是真理的初級階段，而真理的最後與最高階段仍然不為其他宗教傳統所有，只能通過自己的宗教傳統才能得到揭示和指明。這頗類似於佛教的所謂「判教」。多元主義則能夠正視包括自身在內的各個宗教傳統的特殊性，認為不同的宗教傳統都可以為人類存在的終極性轉化提供一條道路，儘管超越的方式不同，但都是對於超越者的一種回應。[18] 用約翰・希克著名的比喻來說，不同的宗教傳統恰如信仰的彩虹，是對同一種神性之光的不同折射。[19]

當然，排斥主義、包容主義和多元主義只是一種類型學（typology）的劃分，每一種宗教傳統都未必可以簡單、絕對地歸於三種中的某一種，每一種宗教傳統內部也可能或多或少地同時包含這三種成分，並且，在全球眾多的宗教傳統中也可能存在著這三種類型的某種變種。但是，從提示一個宗教傳統對其他宗教傳統基本與總體的態度傾向來看，這三種類型顯然具有較強的涵蓋性，能夠作為理論分析的有效架構。正是由於這一點，這三種區分在目前國際上的宗教研究和對話領域被廣泛採納和運用。

如果借用這種三分法作為一種分析的方便，根據以上對陽明學者有關三教關係思想的考察，我們可以看到，從王陽明到王龍溪再到焦竑，陽明學者對於宗教關係的看法日益開放，不僅業已從排斥主義的立場轉化，並且恰恰表現出從包容主義到多元主義的演變。不過，我們需要指出的是，陽明學發展到焦竑所體現的多元宗教觀，並非一般意義上的多元主義，而有其特殊的涵義和價值。

---

[18] 不同的宗教傳統中，超越者可以有不同的名稱，如在基督教中為上帝，在伊斯蘭教中為阿拉，在印度教中為梵，在佛教中為法身，在道教中為道，在儒學中為天理、良知等等。

[19] 參見約翰・希克，《信仰的彩虹：與宗教多元主義批評者的對話》，王志成、思竹譯（南京：江蘇人民，1999）。

一般意義上的宗教多元主義，雖然能夠正視並肯定其他宗教傳統的意義，但有時不免會流於相對主義。而流於相對主義的多元主義表面對各種宗教傳統都能肯定，其實否認宇宙間存在統一性的終極真理，不願且無法正視各個不同的宗教傳統在對終極真理的反映上可以存在側面的不同、側重的差異以及程度的深淺，無形中消解了不同宗教之間比較與對話的必要性，反而不利於宗教之間的彼此溝通與相互取益，不利於宗教衝突的化解。而陽明學所代表的儒家多元主義，在平等對待不同宗教傳統的同時，又是以充分肯定宇宙間存在著一個根源性的「道」為前提的，這就為肯定宇宙間終極真理的統一性提供了保證，不致流於相對主義的隨波逐流。借用宋明儒學中「理一分殊」的概念來說，以陽明學為代表的儒學對不同宗教傳統關係的看法，最後可以發展出來的可以說是一種「理一分殊」的多元主義。它既肯定「百慮」，又信守「一致」；既肯定「殊途」，又信守「同歸」。就像焦竑那樣，肯定儒釋道等宗教傳統都是「道」的體現，但同時指出各家所宣稱的絕對真理都不過是「相對的絕對」，根源性的統一的「道」才是「絕對的絕對」（relative absolute）。對於正確對待全球不同的宗教傳統，化解彼此之間的衝突，這種「理一分殊」的多元主義顯然是一個值得汲取的寶貴資源。而當代新儒家學者劉述先、杜維明、蔡仁厚等人在如今直接參與不同宗教傳統的對話活動時，所發揮與詮釋的也可以說正是儒家這種「理一分殊」的多元主義宗教觀。[20]

---

[20] 劉述先、杜維明是如今全球宗教對話中儒家方面的代表人物。在文明對話、全球倫理以及宗教對話三個相互交涉的領域，兩位先生都代表儒家傳統作出了極大的貢獻。蔡仁厚先生早年亦曾與臺灣著名的基督教學者周聯華（1920–2016）有過往復的對話，一度成為當時學界的焦點。而在當代新儒家人物之中，劉述先先生更是直接對「理一分殊」所蘊涵的睿識卓見進行了現代的闡釋，並將其作為原則運用到了當今的全球倫理與宗教對話之中。參見劉述先，《全球倫理與宗教對話》（臺北：立緒，2001）。

事實上，就整體而言，較之世界上其他的宗教傳統，儒學的一個最大的特徵就是其兼容性。儘管中國歷史上不無諸如「滅佛」、「法難」、「教案」等排斥其他宗教傳統的事件，但且不論這些事件遠不能和宗教裁判所、十字軍東征以及伊斯蘭教的聖戰相提並論，關鍵更在於這些事件的發生主要是出於政治、經濟和社會的原因，而並非出自儒家思想的內在要求，[21] 如「三武一宗」的滅佛事件主要是由於寺院經濟對整個國家經濟的損害以及僧侶階層生活腐化所造成的不良社會影響。因此，我們不應當以這樣的個別事件為據而否認儒家對待其他宗教傳統的兼容特徵。並且，這絕非認同儒家傳統人士的私見，而是世界範圍內比較宗教學研究領域一個較大的共識。許多具有其他宗教身分的學者都承認儒學相對於世界上其他的宗教傳統具有較強的兼容性。

此外，正是由於儒學具有「理一分殊」的多元主義的內在資源，具有兼容性的特徵，在這種思想基礎上，儒者往往能夠在不喪失儒家身分的情況下充分參與到其他的宗教傳統之中。這一點，同樣在明代的陽明學者那裡有充分的體現。如周汝登（字繼元，號海門，1547–1629）、楊起元（字貞復，號復所，1547–1599）、管志道（字登之，號東溟，1536–1608）、李贄等人，都是往來於儒釋道三教之中的表表者。而當時居士佛教的盛行，道教養生術的廣泛流傳，在相當程度上都包含著許多儒者多元宗教參與的成分。在如今全球化的過程中，由於不同宗教傳統之間交往互動的日益密切，多元宗教參與的問題也愈來愈突出，如何看待多元宗教參與的現象，探討其中所關涉的理論課題，成為當今宗教學界關注的焦點之一。而陽明

---

[21] 聖嚴法師自己就曾指出：「中國歷史上雖曾有過禁止佛教與摧毀佛教的政治行為，但在漫長的歷史過程中，那是幾次極其短暫的事件而已，儒家雖站在反對佛教的一邊，卻未以政治手段壓制佛教」。見釋聖嚴，〈明末的居士佛教〉，《華岡佛學學報》5期（1981年12月）：9。

學者參與不同宗教傳統的豐富經驗,既然早已使多元宗教參與成為歷史的現實,自然可以為當今全球範圍內多元宗教參與的問題提供實踐上的借鑒。杜維明先生晚近在代表儒家傳統與基督教傳統對話時提出的「儒家式的基督徒」如何可能的問題,其實不妨可以視為陽明學者多元宗教觀與多元宗教參與經驗在當代的進一步擴展。而隨著全球各種宗教交往互動的日益緊密,現代儒者的多元宗教參與也將會更加豐富多彩。

最後需要指出的是,面對全球化過程中的宗教衝突,我們從儒家傳統中發掘出「理一分殊」的多元宗教觀和多元宗教參與的實踐經驗做出回應,並不意味著世界上其他的宗教傳統缺乏相應的資源。在一定意義上,其他宗教傳統中都多少可以發現「差異中的統一」(unity in diversity)這種觀念。[22] 但是,對於化解當今全球範圍的宗教衝突而言,如果說需要以既肯定差異又肯定統一並且鼓勵不同宗教間的交往互動方不失為上策的話,那麼,我們可以說,儒家「理一分殊」的多元宗教觀和多元宗教參與的實踐的確對此有較為深入與廣泛的探討,有較為豐厚的歷史經驗可資借鑒。這種資源值得我們重視,而經過進一步創造性的闡發,相信可以為全球宗教衝突的化解作出應有的貢獻。

---

[22] 在 2000 年初出版的《全球對話》3 期「信仰的新宇宙」專輯中,代表世界各個宗教傳統的專家學者分別探討了自己宗教傳統的基本意旨以及對於全球宗教對話的回應。從中可以看到,當今中西方代表不同宗教傳統的學者都在極力發掘自身傳統中「差異中的統一」這種觀念。對此,劉述先先生曾經作過精要的評介,參見劉述先,〈從比較的視域看世界倫理與宗教對話——以亞伯拉罕信仰為重點〉;〈從比較的視域看世界倫理與宗教對話——以東方傳統智慧為重點〉,二文俱收於《全球倫理與宗教對話》。

儒學與宗教對話

作為一個不斷累積的傳統,儒學在不同的歷史階段都有其所面對的時代課題。如果清末民初以來儒學的發展可以被視為所謂儒家傳統第三期開展的話,那麼,儘管我們可以說與西方文明的互動交融一直構成儒學第三期開展一個基本而且未竟的主題,但在這近百年以來的發展過程中,儒學與西方文化互動交融也與時俱進,在不同的時段其重點也有相應的轉移。依我之見,就當下以及將來的發展具體而言,宗教對話的問題將構成儒學第三期開展核心課題的主要內容之一,而儒家傳統作為一種宗教傳統,在全球的宗教對話中也將會有其特有的貢獻。

一、儒學第三期開展的再詮釋

儒學第三期開展的說法,當以杜維明一度倡言最為有力,因而一提及此說,一般人士大概往往立刻會聯想到杜維明。實則杜維明此說最早承自牟宗三,儘管其涵義後來有所變化。而進一步溯源,作為一個說法,儒學第三期的提出,最早或許尚非源於牟宗三,而是來自於沈有鼎(1909-1989)。

在刊於 1937 年 3 月《哲學評論》的〈中國哲學今後的開展〉一文中,[23] 沈有鼎正式提出了「第三期文化」的說法,認為「過去的

---

[23] 該文沈有鼎首先於1937年1月宣讀於南京的中國哲學會第三屆年會,最早刊於《哲學評論》7卷,3期(1937年3月),現收入沈有鼎,《沈有鼎文集》(北京:人民,1992),101–10。

中國文化。可以分作兩大時期。堯舜三代秦漢的文化,是剛動的,思想的,社會性的,政治的,道德的,唯心的文化。魏晉六朝隋唐以至宋元明清的文化,是靜觀的,玄悟的,唯物的,非社會性的,藝術的,出世的文化」。[24]「第一期文化,是以儒家的窮理盡性的哲學為主脈的」,「第二期文化,是以道家的歸真返樸的玄學為主脈的」。[25] 此後中國哲學當進入「第三期」,而第三期的發展「是要以儒家哲學的自覺為動因的」。[26] 嚴格而論,沈有鼎的所謂「三期」說其實並非僅僅針對儒家傳統,而是就整個中國文化和哲學的發展來說的。只不過儒學既然構成中國哲學的主流,他又特別提出儒學當構成中國哲學和文化在今後發展的主角,因此,將儒學三期說的起源歸於沈有鼎,或許並不為過。

正式就儒家傳統而言三期發展的,則是牟宗三。牟宗三與沈有鼎相知,[27] 其說受沈有鼎啟發,亦屬自然。牟宗三儒學三期說的提出,最早在其 1948 年撰寫的〈江西鉛山鵝湖書院緣起暨章則〉一文的「緣起」部分,但稍嫌語焉未詳。其明確而系統的表述,則在後來的〈儒家學術之發展及其使命〉和〈從儒家的當前使命說中國文化的現代意義〉兩篇文字。[28] 與沈有鼎不同者,一方面牟宗三明確就儒學傳統而非整個中國哲學立言;另一方面更為重要的是,牟宗三認為儒學第一期的發展並非先秦,而是從先秦一直到兩漢,第二期則是由宋以至於明清,主要以宋明新儒學為代表。至於民國以後

---

[24] 沈有鼎,《沈有鼎文集》,103。
[25] 同上註,104。
[26] 同上註,108。
[27] 牟宗三 1935 年出版《從周易方面研究中國之玄學與道德哲學》一書,當時沈有鼎即稱讚該書為「化腐朽為神奇」,參見蔡仁厚,《牟宗三先生學思年譜》(臺北,臺灣學生書局,1996),6。
[28] 〈儒家學術之發展及其使命〉一文刊於 1949 年,其中前半部分的文字幾乎完全與〈江西鉛山鵝湖書院緣起暨章則〉一文的「緣起」部分相同,「緣起」部分未刊,或許原因在此。

儒學應當有第三期的開展,牟宗三雖然與沈有鼎有同樣的看法,但是第三期儒學開展所面對的課題或者說內容,沈有鼎並未有明確的交代。而牟宗三則指出發展民主政治和科學這所謂「新外王」構成儒學第三期開展的核心課題。

杜維明曾經專門以「儒學第三期」為題出版過著作,[29]因而「儒學第三期開展」更多地成為杜維明而非牟宗三的話語的一個重要方面而為人所知,並非偶然。事實上,杜維明對於儒學第三期開展所面對的時代課題或者說具體內容,也的確在牟宗三的基礎上有進一步的發展。對於第一和第二期儒學的劃分,杜維明繼承了牟宗三的說法,二者並無不同,「所謂三期,是以先秦兩漢儒學為第一期,以宋元明清儒學為第二期」。[30]而對於第三期發展的內容,如果說牟宗三基本上還是著眼於中國範圍內儒學自我更新的問題,那麼,杜維明則進一步將其置入一種全球性的視野中來加以考察。因此,隨著全球化過程中一些普遍性的思想課題的重點轉換,杜維明關於儒學三期開展所面臨的課題,在表述上也相應有所調整。起先,杜維明基本上還是順著牟宗三的思路,只不過在牟宗三的「民主」和「科學」之外,又給儒學三期發展的內容增加了「宗教情操」和「心理學方面對人性的理解」兩個方面。他指出:「科學精神、民主運動、宗教情操、乃至弗洛伊德心理學所講的深層意識的問題,都是儒學傳統所缺乏的,而又都是現代西方文明所體現的價值。這是中國現代化所必須發展的、必須要掌握的價值」。[31]儘管他同時也意識到了儒學在中國、東亞和歐美三個不同的處境中各有自身存在的方式和面臨的課題,[32]但當時尚未將儒家傳統在全球發展所面對的問

---

[29] 參見杜維明,《儒學第三期發展的前景問題:大陸講學、問難、和討論》(臺北:聯經,1989)。該書後來收入《杜維明文集》(湖北:武漢出版社,2002),1卷。
[30] 杜維明,《杜維明文集》,1:420。
[31] 杜維明,《杜維明文集》,2:615。
[32] 杜維明,《杜維明文集》,1:425–27。

題過多地納入三期說的論域。後來,隨著全球化過程中文明對話問題的突顯,以及其他一些學者對於以往儒學三期說的質疑,杜維明愈來愈強調儒學三期發展的全球性課題,在他看來,第三期儒學發展的核心課題已經不是儒學傳統自身在中國這一範圍內如何進行轉化和更新的問題,而是如何進入中文世界以外的整個世界而與以西方文明為代表的其他文明進行對話溝通的問題了。譬如,他在同樣專門討論儒學第三期的文字中明確指出:「第二期儒學的顯著特徵就是儒學傳入朝鮮、日本、越南。正如島田虔次暗示的那樣,將儒學描述成『中國的』,不免狹隘;儒學同樣也是朝鮮的、日本的、越南的。儒學不同於佛教、基督教、伊斯蘭教,它不是世界性的宗教,未延伸到東亞以外,至今也未超越語言的邊界。雖然儒家經典現在有了英譯本,但是,儒學的信念似乎仍然和中國文字纏繞在一起。然而,至少可以看到,如果儒學還可能有第三期發展,那麼,儒學的信念就應該可以用中文以外的語言交流」。[33]「無法預言唐(君毅)、徐(復觀)、牟(宗三)所展望的儒學的未來走向。不過,考慮到眼下諸多卓有成效的跡象,我們可以指出這項事業進一步發展的步驟。如果人類的福祉乃是中心關懷,則第三期儒學絕不能局限於東亞。需要一種全球眼光使其關懷普世化」。[34]由此可見,可以說杜維明最為晚近的儒學三期說包含了兩個基本要點:首先,儒學三期發展如今面臨的問題是要使儒學走向世界,不再僅僅是中國、甚至東亞文明的主要組成部分;其次,就儒學的世界化來說,儒學三期發展所蘊涵的課題必然是文明的對話。尤其在九一一事件發生之後,以儒學走向世界和文明對話來界定儒學三期發展的任務,在杜維明的一系列話語中就格外突出。

---

[33] 杜維明,《杜維明文集》,3:640–41。
[34] 同上註,650。

不過,對於杜維明如此意義的儒學第三期開展,我認為仍有進一步詮釋的必要。如此才能減少一些不必要的爭議,使儒學三期開展目前和將來所面臨的核心課題更為明確。有學者曾經在杜維明的三期說之外提出「四期」說、「五期」說。[35]事實上,無論是「四期」說還是「五期」說,其實都不應當構成三期說的挑戰。關鍵在於究竟應當如何理解「儒學三期說」。

在我看來,「儒學三期說」的真正意義,與其說是描述了一種傳統在其內部自身的時間意義上的綿延,不如說是指出了一種傳統在與其他文明對話從而豐富自身的空間意義上的拓展。具體來說,第一期是從魯國的地方性知識擴展為整個中國的國家意識形態,這一期的發展是在從春秋到漢代完成的。第二期是從中國的價值系統擴展為整個東亞意識和心理結構的重要組成部分,這一期的發展是在11世紀到17世紀逐漸形成的。而第三期儒學發展所面臨的課題,則是從東亞的文化心理結構擴展到全球,成為世界人士價值系統和生活方式的一種可能的選擇。如果我們在這個意義上來界定儒學的所謂三期發展,就既可以避免從時間角度分期所可能引起的各執一段,更可以突顯儒學第三期開展在如今全球化過程中從東亞走向世界的趨勢。

此外,文明對話當然毫無疑問構成儒學第三期開展當前和今後的主要內容。但是,從文明對話的角度來規定儒學第三期開展的課題,似乎還稍嫌寬泛。「文明」是一個內涵極其豐富的範疇,無論政治、經濟、文化等均可視為文明的組成部分。但自「儒教中國」全面解體以來,我們已經很難說儒家還能夠作為一種「全面安排人

---

[35] 所謂「儒學四期」說是李澤厚提出的,參見其〈說儒學四期〉,刊於《己卯五說》(北京:中國電影,1999)。所謂「儒學五期」說,參見成中英,〈第五階段儒學的發展與新新儒學的定位〉,《文史哲》2002年,5期(2002年10月):5–11。

間秩序」的文明來和西方文明以及其他文明進行整體性、全方位的對話了。余英時先生曾經將儒學的現代形態稱之為「遊魂」,一方面固然指出儒學已經不能夠再像以往那樣在社會的政治、經濟等各方面發揮影響,所謂「全面安排人間秩序」;另一方面也同時表示儒學具有超越任何特定社會政治、經濟形態的方面,可以作為一種價值信仰系統而存活在人們的心中,不為時空所限。[36] 因此,就目前而言,無論在中國大陸還是其他任何地區,儒學只能是作為一種宗教性的價值系統和信仰方式發揮作用,並非作為一種「全面安排人間秩序」的整體性的「文明」而存在和表現自身。在這個意義上,依我之見,用「宗教對話」而非「文明對話」,或許更能夠準確地反映和界定儒學第三期開展的時代課題。事實上,如果說宗教傳統是某一個文明最為內核的部分,那麼,文明對話最關鍵和最根本的部分就是宗教傳統之間的對話。

二、儒學是否一種宗教傳統

如果儒學第三期開展如今和將來的時代課題即是儒學隨著全球化而不可避免地在走向世界的過程中與其他文明傳統進行對話和交融,而宗教對話又構成文明對話的核心,那麼,我們或許首先需要回答「儒學是否一種宗教傳統」的問題。

儒學是否可以稱為一種宗教,首先取決於我們對於「宗教」的理解。毫無疑問,「宗教」是一個西方現代的概念。20 世紀以往西方傳統的宗教觀基本上是基於西亞一神教的亞伯拉罕傳統,包括(廣義的)基督教、猶太教和伊斯蘭教。因此,一個超越並外在於人類經驗世界的人格神、組織化的教會和專門的神職人員以及確定

---

[36] 參見余英時,《現代儒學論》(上海:上海人民,1998)。

的經典,便構成了「宗教」不可或缺的部分。然而,隨著西方宗教人士對於其他文明的接觸和瞭解,他們逐漸認識到,除了西亞一神教這種宗教的模式之外,在人類的其他文明形態中還有另外一些不同的模式,在這些模式中,未必有一個超越並外在於人類經驗世界的人格神,未必有組織化的教會和專門的神職人員,其經典也未必是單一的,但這些模式在其所在的文明中發揮的作用,卻幾乎完全等同於基督教、猶太教和伊斯蘭教在各自的社群中所發揮的功能。譬如南亞的佛教和印度教、東亞的儒教和道教等。如此一來,具有全球意識和眼光的西方宗教研究者便自然修正了以往傳統的宗教定義,對宗教採取了一種更具包容性同時也更切近宗教之所以為宗教本質的理解。譬如,田立克將宗教定義為一種「終極關懷」。所謂:「在人類精神生活所有機能的深層,宗教都可以找到自己的家園。宗教是人類精神生活所有機能的基礎,它居於人類精神整體中的深層。『深層』一詞是什麼意思呢?它的意思是,宗教精神指向人類精神生活中終極的、無限的、無條件的一面。宗教,就這個詞的最廣泛和最根本的意義而言,是指一種終極關懷」。[37] 而從田立克的「終極關懷」到希克的「人類對於超越的回應方式」(human responses to the transcendent)以及斯狷恩的「終極性的轉化之道」等等,[38] 都是修正以往基於西亞一神教的宗教觀的表現。而史密斯之所以要在「宗教」(religion)之外再提出「宗教性」的觀念,就是要強調人類所具有的普遍的「宗教性」是特殊的「宗教」的核心部分。[39] 其實,「宗教性」是「理一」,「宗教」只是「分殊」。因此,即便「宗教」一詞已經約定俗成地為西亞一神教的基督教、猶太教

---

[37] 蒂利希,《蒂利希選集》(上海:上海三聯書店,1999),上:382。
[38] 參見 John Hick, *An Interpretation of Religion: Human Responses to the Transcendent* (New Haven, CT: Yale University Press, 1989); Frederick Streng, *Understanding Religious Life*, 3rd ed. (Belmont, CA: Wadsworth, 1985)。
[39] 參見 Wilfred C. Smith, *The Meaning and End of Religion* (New York: Harper & Row, 1978)。

和伊斯蘭教所獨占,也不能否認其他文明中不同於西亞一神教的精神傳統在不是那種狹義的「宗教」的同時具有很強的「宗教性」,從而在自身的傳統中發揮著基督教、猶太教和伊斯蘭教在各自傳統中所發揮的提升精神和淨化心靈的作用。

因此,儒家傳統當然並非西亞一神教意義上的制度化宗教,但是,如果我們認識到宗教的本質在於「宗教性」,其目的在於「變化氣質」,使人的現實存在獲得一種終極性、創造性的自我轉化,而不在於組織化的教會和專門的神職人員、超越外在的一神信仰等僅僅屬於亞伯拉罕信仰傳統的那些特徵,並且充分顧及到各種非西方的宗教傳統,那麼,「宗教」不再局限於亞伯拉罕傳統的模式,自然是順理成章的。如果我們對於佛教傳統有基本的瞭解,知道釋迦牟尼開創的佛教就其本源而言根本是一種無神論的主張,如果我們知道道教根本否認凡人世界與神仙世界之間存在著異質性亦即本質的差別與鴻溝,而同時又承認不論佛教還是道教都可以為人們提供一種終極性的轉化之道,都是一種宗教,[40] 那麼,以「修身」為根本內容,為追求「變化氣質」並最終成為「大人」、「君子」、「聖賢」提供一整套思想學說和實踐方式(「工夫」)的儒家傳統,顯然具有極強的宗教性而完全具有宗教的功能。只不過較之西亞一神教的亞伯拉罕傳統,儒家「大人」、「君子」以及「聖賢」境界的達成不是從人性到神性的異質跳躍,而是人性本身充分與完美的實現。在這個意義上,我們當然沒有理由否認儒學可以說是一種宗教傳統。事實上,作為宗教的佛教和道教只是兩個起源於東方的例子,

---

[40] 如今,沒有人會質疑佛教是一種世界性的宗教。而道教雖然一直被視為中國本土的一種地方性宗教,其實目前在包括西方世界在內的海外都有流傳。法國著名的道教研究專家施舟人(Kristofer M. Schipper)教授自己即是一位道教信徒和修煉者,於此即可為一證。

而世界上也還存在著大大小小、許許多多不同於西方宗教形態而同樣被視為宗教的精神性傳統（spiritual traditions）。

除了宗教觀的定義問題之外，我們還可以根據兩個判斷的標準，來將儒學理解為一種宗教傳統。首先，在文明對話的過程中，其他文明中的宗教傳統在很大程度上是將儒家傳統作為一種功能對等物來看待的。關於儒學是否可以稱之為一種宗教，在中文世界尤其中國大陸學界目前似乎還聚訟不已，有的人是在對「宗教」持完全負面的意義上（譬如說認為宗教是人們精神的鴉片）來論證儒家傳統是一種宗教，有的人則是在對「宗教」持完全正面的意義上（譬如說認為宗教是人類終極性自我轉化的方式）來論證儒家傳統是一種宗教。初觀之下都是贊同儒學是一種宗教傳統，而其實立論的根據尤其是對儒學精神的基本理解實則幾乎完全背道而馳。之所以出現這種現象，在相當程度上是由於持論者對於各自的宗教觀和宗教定義缺乏明確的澄清所致。這與中國大陸真正學術意義上的宗教學研究起步較晚，人們對於宗教的理解長期以來受到意識形態的影響而持完全負面的印象有很大關係。然而，在國際範圍內，不僅在學術界，即使在許多一般人的印象中，儒學作為一種宗教傳統和精神性傳統早已不再是一個值得爭議的問題，而成為討論許多相關問題的前提和出發點了。西方學術界1970年代以來出現了相當一批從宗教學角度來研究儒家傳統的著作，正是這一點的反映。[41] 並且，在當今全球性的宗教對話中，儒家也早已被其他的宗教傳統主動接納為一個不可或缺的對話夥伴。迄今為止，在香港、波士頓和柏克萊

---

[41] 參見彭國翔，〈從西方儒學研究的新趨向前瞻二十一世紀的儒學〉，《孔子研究》2000年3期（2000年5月）：98–104。全文收入《中國儒學年鑑：2001創刊號》，陳光林主編（北京：商務印書館，2001），30–34。

等地已經先後召開過多次儒學和基督教對話的國際會議。[42] 並且，隨著全球化尤其是移民的浪潮，具有不同宗教背景的人士直接接觸所產生的實際的宗教對話，早已遠遠超出了學術界的範圍，在紐約、巴黎、羅馬、東京的大街小巷甚至美國中西部的沙漠地區和夏威夷群島的某個小島，正在切實地影響和改變著人們的生活。這一點絕非偶然，而是由於在許多其他宗教傳統的代表人物和具有其他宗教背景的人士的眼中，在一個相當突出的層面上，儒學在中國以及東亞地區歷史上發揮的作用，恰恰相當於他們的宗教傳統在他們所在地區所發揮的作用。

其次，某一種傳統內部的人士具有界定該傳統特性的優先權，這是一般大家都接受的。而在儒家傳統發展的當代階段，被人們視為當代儒學主要代表人物的牟宗三、唐君毅、杜維明、劉述先等人，恰恰是將「宗教性」作為儒家傳統的一個突出特徵來加以闡發的。譬如，牟宗三 1959 年曾經在臺南神學院做過一場題為「作為宗教的儒教」的演講，後來該篇講辭被作為第十二講收入其《中國哲學的特質》一書中。[43] 其中，牟宗三特別指出儒家完全可以說是一種宗教傳統，只不過這種宗教傳統在表現形態上不同於以基督教為代表的西方宗教。在他看來，「一個文化不能沒有它的最基本的內在心靈。這是創造文化的動力，也是使文化有獨特性的所在。依我們的看法，這動力即是宗教，不管它是什麼形態。依此，我們可

---

[42] 第一次儒耶對話國際會議於 1988 年在香港中文大學舉行。第二次儒耶對話國際會議於 1991 年在美國加州柏克萊舉行。第三次儒耶對話國際會議於 1994 年在波士頓大學舉行。第四次儒耶對話國際會議於 1998 年又回到香港舉行。第一次儒耶對話的論文集，參見 Peter K. H. Lee, ed., *Confucian-Christian Encounters in Historical and Contemporary Perspective* (Lewiston, NY: Edwin Mellen, 1991)。第二次會議的論文收入 Pacific Theological Review 24–25 (1993)。第四次會議的論文集中文版參見賴品超、李景雄編，《儒耶對話新里程》（香港：中文大學崇基書院宗教與文化研究中心，2001）。

[43] 該篇講詞最早刊於《人生雜誌》20 卷，1 期（1960 年 5 月）。

說：文化生命之基本動力當在宗教。瞭解西方文化不能只通過科學與民主政治來瞭解，還要通過西方文化之基本動力——基督教來瞭解。瞭解中國文化也是同樣，即要通過作為中國文化之動力之儒教來瞭解」。[44] 而杜維明思想的一個重要方面，更在於在一個比較宗教學的全球視野中對於儒學宗教性的發揮。由於他身在西方學術思想的中心，對於西方宗教學領域的發展有近水樓臺之便，因而諸如田立克的「終極關懷」、史密斯的「宗教性」以及斯狷恩的「終極轉化之道」，都構成他闡發儒家宗教性的理論資源。他將儒家的宗教性定義為「一種終極性的自我轉化之道」（a way of ultimate self-transformation），就直接來源於斯狷恩，而其中給「轉化」添加的前綴「自我」（self），則顯然是儒家傳統一貫重視主體性的反映。杜維明指出：「儒家的宗教性是儒家人文精神的本質特色，也是儒家人文精神和啟蒙心態所顯示的人類中心大異其趣的基本理由。正因為儒家的價值取向是既入世又需要根據道德理想而轉世，它確有和世俗倫理涇渭分明的終極關懷」。[45] 他還說：「在比較文明的格局中，強調儒家人文精神的宗教性，無非是要闡明儒家的人生哲學雖然入世，但卻有嚮往天道的維度。嚴格地說，儒家在人倫日用之間體現終極關懷的價值取向，正顯示『盡心知性』可以『知天』乃至『贊天地之化育』的信念」。[46] 事實上，如果說1958年唐君毅、徐復觀、牟宗三、張君勱聯名發表的〈為中國文化敬告世界人士宣言〉是當代新儒學的綱領，那麼，這篇宣言所特別強調的一點，可以說就是儒家傳統的宗教性。正是由於這種宗教性，儒學才能作為一種活生生的傳統而超越於特定的政治、經濟結構，成為中國文化的精神價值。當然，儒家可以稱之為一種宗教絕不只是儒學內部人

---

[44] 牟宗三，《牟宗三先生全集》（臺北：聯經，2003），28：97。
[45] 杜維明，《杜維明文集》，4：580。
[46] 杜維明，《杜維明文集》，3：374。

士的私見,而的確有其堅強的理據。也正是因為這一點,西方許多具有宗教背景的人士才會不約而同地將儒家傳統作為西方宗教在中國文化中的一種功能對等物。

事實上,無論形態如何,宗教在任何一個文化系統中都是不可或缺的。我們不妨將文化或文明比作一個房子。一個完整的房子必須至少具備臥室、客廳、廚房、衛生間這些基本單元,否則就不是一個完整意義上的房子。房子內部可以有各種各樣的格局,但無論這些基本單元的結構、樣式可以怎樣的不同,這些基本單元都是彼此不能相互替代、一個不能缺少的。無論客廳、臥室、衛生間再大,沒有廚房的房子也很難算是一個完整的房子。而宗教就是任何一個文化或文明中的基本單元之一。從另一個角度來看,由於宗教面對的是人生、宇宙最為終極的問題,因而在文化或文明的系統中甚至是最為重要的一個單元。儘管梁漱溟的宗教觀或許更多地來源於佛教,但他以下所說,尤其顯示了宗教對於人類文化的永恆性。所謂:「宗教是有他的必要,並且還是永有他的必要,因為我們指出的問題是個永遠的問題,不是一時的問題。該無常是永遠的,除非不生活,除非沒有宇宙,才能沒有無常;如果生活一天,宇宙還有一天,無常就有,這問題也就永遠存在,所以我們可說宗教的必要是永遠的」。[47] 進一步而言,世界上各種文化之間的區別,不在於外在的器物層面,如日本的汽車,美國的微軟電腦系統,如今已經是世界上不同文化共享的東西了,甚至也不在於制度的層面,因為有些制度也是可以為不同的文化共同採用的,而只能在於作為文化最為內核的宗教和價值的層面。正是宗教傳統的不同,使得世界上各個不同的文化或文明顯示出各自的特性。

---

[47] 梁漱溟,《東西文化及其哲學》(上海:商務印書館,1935),104。

三、儒家傳統的對話性

　　如果根據本文第一部分所論，我們將儒家傳統迄今為止的三期發展更多地理解為一種空間意義的拓展而非一種時間意義的綿延，那麼，我們就會更為明確地看到，儒家傳統三期發展的歷史，恰恰就既是一個內部不同分支和流派相互對話的過程，又是一個與其他思想系統不斷對話的過程。正是這種對話性的過程，使得儒家傳統自身日益獲得豐富。

　　在先秦時期，儒學產生之初，不過是當時眾多思想流派所謂「諸子百家」之中的一種。而從先秦到漢代，儒學第一期的發展，就是通過與諸子百家的對話，從魯國曲阜一帶的一種地方性的文化，最終成為整個華夏文明的主流意識形態和價值系統。甚至孔子本人的思想，也是在與其眾多弟子門人的對話中來得以表現的。譬如，無論是反映孔子思想最為核心的文本《論語》，還是1990年代以後新發現的不見於《論語》而保留在一些竹簡上的孔子言論，都主要是以孔子與門人弟子之間的對話為形式的。

　　從唐宋以迄明清，儒學第二期的發展，則更是表現為一個文明對話的過程。在中國內部，儒學不僅經過與佛教、道教長期與充分的對話從而產生了理學（neo-Confucianism，又稱新儒學），這種充分消化和吸收佛教思想的新的儒學的表現形式。同時，儒學還通過與韓國、日本和越南等不同文明形式的對話與交流，在這些國家和地區形成了具有其民族特色的儒學傳統，如日本、韓國的朱子學和陽明學等，並且在整個東亞意識的形成中扮演了重要甚至是主導性的角色。作為一種區域文明，如果說東亞文明構成有別於以亞伯拉罕傳統為核心宗教的西亞文明和以印度教、佛教為核心宗教的南亞文明的另一種文明形態，那麼，東亞文明的核心宗教無疑可以說是

儒教。我們可以看到，在儒學從中國的意識形態和價值系統擴展為整個東亞文明的精神內核這一過程中，儒家傳統同樣體現了鮮明的對話性。

清末民初迄今，儒家傳統的發展進入了一個更新的階段。而現代新儒學運動到目前為止，最為鮮明的特徵之一就是其對話性。並且，較之以往儒學內部的對話以及與佛、道、伊斯蘭教和基督教的對話，儒學目前與整個西方文明的對話更是全方位、多層次的。與以往歷史上的儒家學者相比，現代儒家學者需要瞭解和應對的文化傳統更為多樣和複雜。在這個意義上，其擔負無疑也更加沉重。譬如說，牟宗三、唐君毅一生和西方哲學對話，對西方哲學的瞭解不僅其師熊十力先生望塵莫及，甚至遠遠超過一些專治西方哲學的學者。至於余英時先生在深植中國歷史文化傳統的同時，對於整個西方文化尤其歷史傳統的瞭解之精深，亦非其師錢穆先生所能望其項背。

目前，宗教對話理論中有所謂宗教之間對話（inter-religious dialogue）和宗教內部對話（intra-religious dialogue）的兩種區分。簡言之，宗教之間對話是指不同類型的宗教傳統之間的對話，譬如基督教與儒家傳統之間的對話，基督教與佛教之間的對話，伊斯蘭教與基督教之間的對話等等。宗教內部對話則是指某一種大的類型的宗教傳統內部不同分支（ramifications）、流派（schools）之間進行的對話。譬如基督教內部浸信會（Baptism）、衛理公會（Methodism）、福音派（Evangelicalism）等各種分支教派之間的對話等等。而無論從宗教之間對話還是從宗教內部對話的角度來看，儒家傳統發展的歷史都是對話性的。

先就宗教內部的對話來看，儒學傳統始終都是高度對話性的。孔子本人思想的對話性以上已經有所交代。孔子以後，先秦儒學錯

綜複雜,一直處於彼此的對話之中,孟子與荀子所形成的兩條不同的思路,更是在後來的儒學發展史上形成長期的對話。漢代儒學雖號稱一統,但其實也是異彩紛呈,諸家解經之別以及所謂今古文經學之辯,同樣是當時儒學內部不同分支對話的表現。至於宋明理學數百年的發展,更是一種對話性的充分體現。不同思想系統之間的辯難,譬如朱熹和陸象山鵝湖之會所反映的所謂「千古不可合之同異」(章學誠〔1738-1801〕語),固然是對話性的高度體現,某一種思想流派內部,同樣是以對話性為其特色。陽明學內部「異見」多多,其良知學理論與實踐的充分展開,就是通過王陽明身後眾多弟子後學彼此論辯而實現的。[48] 二程及其門人之學和朱熹及其門人之學,也無一不是通過對話而形成的。僅就他們思想的載體大部分是語錄和彼此之間的通信這一點來看,即可為證。

再就宗教之間的對話來看,儒釋道的三教融合唐宋以來綿綿不絕,至晚明達於高峰,而宋明理學的形成即是與佛教、道教長期對話的結果。這一點已是不刊之論。在儒學第二期的發展中,儒家傳統與日本、韓國和越南等地原有的宗教傳統對話從而最終鑄造了東亞意識的形成,這一點前面也已經提到。我在此要補充的是,除了儒釋道的三教融合之外,其實基督教和伊斯蘭教大規模傳入中國以來,儒學就一直與其保持對話,並產生了豐碩的成果。儒學與基督教對話所產生的成果,如楊廷筠(1557-1627)、徐光啟(1562-1633)、李之藻(1565-1630)、利瑪竇等人的思想與實踐,學界已有不少研究。[49] 而16、17世紀儒學與伊斯蘭教對話產生的重要成果,如王岱

---

[48] 參見彭國翔,《良知學的展開——王龍溪與中晚明的陽明學》(臺北:學生書局,2003;北京:三聯書店,2005、2015);呂妙芬,《陽明學士人社群——歷史、思想與實踐》(臺北:中央研究院近代史研究所,2003)。

[49] 如鐘鳴旦(Nicolas Standaert)對楊廷筠的研究,參見其 *Yang Tingyun, Confucian and Christianity in Late Ming China: His Life and Thought* (Leiden, The Netherlands: E. J. Brill, 1988)。中譯本見《楊廷筠——明末天主教儒者》,聖神研究中心譯(北京:社會科學文獻,2002)。對於利瑪竇的研究則更是汗牛充棟。

興（約1570–1660）、劉智（約1655–1745）的思想，如今也開始在全球範圍內受到關注。[50]

所謂宗教內部的對話與宗教之間的對話這兩種區分並不是絕對的。尤其對於儒家傳統的發展來說，儒釋道三教之間的對話既可以說是宗教之間的，又可以說是宗教內部的。內在於中國歷史文化的發展，我們似乎可以說儒家傳統與佛教、道教的對話是宗教之間的。但是，在佛教和道教的許多方面被儒家充分消化吸收而成為自身內在有機組成部分從而產生了宋明時期的新儒學之後，當這種新儒學所代表的儒家傳統與中國之外的宗教傳統再進行對話時，相對於中國之外的那些宗教傳統，儒釋道之間的對話又無疑可以說是宗教內部的了。儒學傳統的第二期發展固然已經如此，如今就與西方各種宗教傳統的對話而言，中國傳統的儒釋道三教對話恐怕就更多地具有宗教內部對話的涵義了。

儒家傳統的這種似乎是與始俱來的對話性，並不需要我刻意的強調。西方學者對此其實早有意識。狄培理曾經認為，作為東亞文明主要組成部分的儒家傳統中體現著一種對話律令（dialogical imperative）。[51] 而馬丁森（Paul Martinson）更是指出：中國人迄今為止經歷了對所有世界性宗教譜系的接受。其中，除了儒釋道三教和中國的各種民間宗教之外，還包括諸如西方的猶太教、基督教以及伊斯蘭教。[52] 也正是由於這種對話性以及如今全球化時代的到來，

---

[50] 如村田幸子對王岱輿《清真大學》和劉智《真經昭微》的英文翻譯和研究。參見 Sachiko Murata, *Chinese Gleams of Sufi Light: Wang Tai-yu's Great Learning of the Pure and Real and Liu Chih's Displaying the Concealment of the Real Realm* (Albany, New York: State University of New York Press, 2000)。

[51] 參見 Wm. Theodore de Bary, *East Asian Civilizations: A Dialogue in Five Stages* (Cambridge, MA: Harvard University Press, 1988)。該書有中譯本《東亞文明——五個階段的對話》，何兆武、何冰譯（南京：江蘇人民，1996）。

[52] 參見 Paul Martinson, *A Theology of World Religions: Interpreting God, Self, and World in Semitic, Indian, and Chinese Thought* (Minneapolis, MN: Augsburg, 1987)。

恰如我在本文所要特別指出的，宗教對話的問題構成儒家傳統第三期發展或者說當代儒學發展的核心課題。事實上，當代儒學的發展從牟宗三到杜維明、劉述先，也鮮明地顯示了這一方向。譬如，牟宗三雖然歸宗儒學，但對佛教哲學、道家哲學都有極為深入和系統的研究，對於西方文明核心之一的基督教，在一些關鍵問題上也有透徹的把握。[53] 杜維明身在西方學術的中心，與世界主要宗教傳統的對話可以說是其一生的軌跡之一。劉述先很早就注意到宗教對話的問題，近年來更是作為儒家傳統的代表人物全程參與了聯合國舉辦的全球倫理與宗教對話。[54]

四、儒學傳統對於宗教對話的應有貢獻

如今，隨著全球化的浪潮，宗教對話的問題格外引人注目，成為全球意識的焦點之一。如果說全球化其實是世界上各種不同文化傳統之間「趨同」與「求異」的一體兩面，那麼，「求異」的根源在很大程度上在於不同宗教傳統之間的差別。而如何對待宗教傳統的差異，通過「對話」而非「對抗」來化解愈演愈烈的宗教衝突所導致的文明衝突，在九一一事件之後尤其成為全人類共同面對的一個尤為迫切的時代課題。亨廷頓所謂「文明的衝突」，固然包括政治與經濟利益的內容，但本質上可以歸結為不同宗教信仰的衝突。事實上，亨廷頓本人正是將宗教視為文化的最主要因素之一。[55] 孔

---

[53] 牟宗三對佛教哲學和道家哲學的研究參見其《佛性與般若》（臺北：臺灣學生書局，1977）和《才性與玄理》（臺北：臺灣學生書局，1989），對於基督教的一些判斷則散見於《中國哲學的特質》（臺北：臺灣學生書局，1987）、《中國哲學十九講》（臺北：臺灣學生書局，1989）等諸多著作。
[54] 參見劉述先，《全球倫理與宗教對話》。
[55] 塞繆爾・亨廷頓，《文明的衝突與世界秩序的重建》，47。

漢思所謂「沒有宗教之間的和平就沒有國家之間的和平」，[56] 也已經不斷得到事實層面的論證而成為廣大有識之士的普遍共識。我以為，對於構成文明對話核心的宗教對話問題，以對話性為其顯著特色的儒家傳統至少可以有三點值得借鑑的思想和實踐的資源。

其一，是「和而不同」的對話原則。宗教對話的理論和實踐發展到今天，參與者已經愈來愈明確意識到一點，那就是，對話的目的不能是為了轉化對方，使之放棄其自身原來的宗教立場而歸依我門。如果對話的每一方都是持這種立場的話，對話必將是自說自話、勞而無功甚至激發衝突。對話的最低目標是要加深彼此之間的理解。儘管理解未必意謂著欣賞，但至少可以降低由於宗教衝突所引發的大規模文明衝突的可能。在儒家傳統中，孔子提倡的「和而不同」，歷來被視為一種不同個體之間的相處之道。不論在個體的人與人之間還是群體性的各個國家、民族與社群之間，都應當「和而不同」。所謂「和而不同」，簡言之，就是指不同個體在彼此密切相關、連為一體的同時又不喪失自身的規定性。在全球化「趨同」與「求異」一體兩面的背景下，對於當今與將來全球範圍的宗教對話來說，「和而不同」顯然是一種最基本的原則，大概也是對話所能夠達至的現實可期的理想狀態。認為對話無濟於事，不同的宗教傳統只能「雞犬之聲相聞，老死不相往來」，彼此處於孤立的狀態，這是一種特殊主義（particularism）的立場，未免過於悲觀；認為對話可以消解不同宗教傳統之間的差異，最終出現一種全人類共同信奉的世界宗教或全球宗教，達到「天下大同」，則是一種普遍主義（universalism）的立場，又未免過於樂觀。作為一種對話原則和合

---

[56] 這句話是孔漢思 1989 年 2 月巴黎「世界宗教與人權」會議上宣讀論文的題目，代表了孔漢思的一個基本觀點，如今得到了全球倫理與宗教對話參與者們的普遍認同。

理期許,「和而不同」則可以超越普遍主義和特殊主義的極端立場,在兩者之間取得一條切實可行的中庸之道。

其二,是「理一分殊」的多元主義宗教觀。在宗教對話的問題上,從類型學的角度來看,一種宗教傳統對於其他宗教傳統的態度基本可以有三種,一種是排斥主義,即根本否認別的宗教傳統的合法性,認為只有自己的一套主張才具有唯一的真理性。[57] 另一種是包容主義。[58] 這種立場是承認別的宗教傳統的合法性,但認為別的宗教傳統的主張都可以在自己的教義中找到,並且,那些主張都並非是終極性的真理,終極的真理只存在於自己的教義之中。或者,即使別的宗教傳統中能夠發現終極真理的體現,那也是與自己的教義不謀而合,其實踐者也可以說是自己這一宗教傳統的匿名者而已。拉納(Karl Rahner, 1904-1984)所謂「匿名的基督徒」(anonymous Christians)一說,[59] 正是這一立場的體現。借用佛教的說法,這種立場認為別的宗教傳統不過是「權法」而非「究竟法」。因此,這種立場也恰似佛教中的「判教」。第三種是多元主義。[60] 這種立場既能夠肯定其他不同宗教傳統的合法性,同時還能夠意識到包括自身在內的每一種宗教傳統的特殊性,並不預設不同宗教傳統之間的高下。在此基礎上,多元主義的宗教觀認為不同的宗教傳統都可以為人類存在的終極性轉化提供一條道路,儘管超越的方式不同,但

---

[57] 代表人物有 Karl Barth(1886-1968)、George Lindbeck(1923-2018)、Hendrik Kraemer(1888-1965)、Wolfhart Pannenberg(1928-2014)、Harold A. Netland 等。
[58] 代表人物有 Karl Rahner、Gavin D'Costa 等。
[59] 參見 Karl Rahner, *Theological Investigations* (Baltimore, MD: Helicon, 1969), 6: 390。
[60] 代表人物有希克、尼特(Paul F. Knitter)和潘尼卡(Raimon Panikkar, 1918-2010)等。當然多元主義內部還可以再做進一步的細分,如前舉三人便並不完全相同,這裡的多元主義以希克為代表。事實上,宗教多元主義在全球最有影響的代表性正是希克。

都是對於超越者的一種回應。[61] 用希克著名的比喻來說，不同的宗教傳統恰如信仰的彩虹，是對同一種神性之光的不同折射。[62] 這三種宗教觀既是一種類型學的劃分，[63] 也大體反映了西方神學界宗教對話理論演變的歷史。[64] 當然，每一種宗教傳統都未必可以簡單、絕對地歸於三種中的某一種，每一種宗教傳統內部也可能或多或少地同時包含這三種成分，並且，在全球眾多的宗教傳統中也可能存在著這三種類型的某種變種。我們可以看到，多元主義是一種開放的立場，也似乎愈來愈為具有全球視野的宗教界人氏所接受。不過，一般意義上的多元主義卻存在著流於相對主義的問題。而流於相對主義的多元主義表面對各種宗教傳統都能肯定，其實否認宇宙間存在統一性的終極真理，不願且無法正視各個不同的宗教傳統在對終極真理的反映上可以存在側面的不同、側重的差異以及程度的深

---

[61] 在希克看來，在不同的宗教傳統中，超越者可以有不同的名稱，如在基督教中為上帝，在伊斯蘭教中為安拉，在印度教中為梵，在佛教中為法身，在道教中為道，在儒學中為天理、良知等等。

[62] 參見 John Hick, *A Christian Theology of Religions: The Rainbow of Faiths* (London, UK: SCM, 1995)。中譯本有《信仰的彩虹：與宗教多元主義批評者的對話》。

[63] 這種三分法最早見於 Alan Race, *Christians and Religious Pluralism: Patterns in the Christian Theology of Religions* (London, UK: SCM, 1983)。後來也有一些學者提出了不同的劃分類型。但就其實際而言，這些不同大體只是形式上的。如尼特曾經提出置換模式、成全模式、互益模式、接受模式這四種對話模式，參見其 *Introducing Theologies of Religions* (Maryknoll, New York: Orbis, 2002)，中譯本有《宗教對話模式》，王志成譯（北京：中國人民大學出版社，2004）。事實上，置換模式即相當於排斥主義，成全模式即相當於包容主義，互益模式和接受模式也並未超出多元主義。再如潘尼卡在排斥主義、包容主義和多元主義之外又提出所謂「平行主義」（parallelism）和「相互滲透」（interpenetration）。參見其 *The Intrareligious Dialogue* (New York: Paulist, 1999), 3–22。中譯本見《宗教內對話》，王志成、思竹譯（北京：宗教文化，2001），1–29。但其實多元主義即可包含平行主義，而相互滲透也不外是包容主義和多元主義的交集而已。

[64] 從 15 世紀一直到宗教改革期間，嚴格的排斥主義一直是被普遍接受的。16 世紀中天主教的天特會議（Council of Trent, 1545–1563）開始向包容主義轉變，但正式討論包容主義的主張，則要到 20 世紀初 John Farquahr 出版 *The Crown of Hinduism* 一書。而多元主義立場的出現，大概最早在 Ernst Troeltsch 1923 年發表的 "The Place of Christianity among the World Religions" 一文和 William Hocking 在 1932 年出版的 *Re-thinking Missions* 一書中。

淺，無形中消解了不同宗教之間比較與對話的必要性，反而不利於宗教之間的彼此溝通與相互取益，不利於宗教衝突的化解。由於本身即是一種對話性的傳統，儒學長期以來發展出一套「理一分殊」的多元主義宗教觀，並在中晚明的陽明學中達到高峰並趨於完善。[65] 這種「理一分殊」的多元主義既肯定「百慮」，又信守「一致」；既肯定「殊途」，又信守「同歸」。既肯定不同的宗教傳統都是「道」的體現，同時又指出各家所宣稱的絕對真理都不過是「相對的絕對」，[66] 根源性的統一的「道」才是「絕對的絕對」，無論我們是否能夠對於「道」有明確和一致的言說。顯然，對於正確對待全球不同的宗教傳統，化解彼此之間的衝突，這種「理一分殊」的多元主義是一個值得汲取的寶貴資源。

其三，是多元宗教參與和多元宗教認同的理論與實踐資源。所謂多元宗教參與和多元宗教認同（multiple religious identity），是指具有某一種宗教信仰的人士進入到別的宗教傳統之中，成為一個內在的參與者而非僅僅是一個外在於該宗教傳統的觀察者。借用文化人類學的說法，即是 "emic" 的參與方式而非 "etic" 的參與方式。[67] 而如果一位本來具有某種宗教信仰的人士由於深入另外一種甚或幾種宗教傳統，成為內在的參與者而非外在的旁觀者，最後竟然在不放棄自己原來信仰的同時在相當程度上接受了另外一種甚或幾種宗教傳統的核心價值和信仰，那麼這位信仰人士便可以說具有了多元宗

---

[65] 關於這一點，參見彭國翔，〈儒家「理一分殊」的多元主義宗教觀——以陽明學為中心的考察〉，刊於《新哲學》，王中江主編（鄭州：大象，2004），3：76-92。
[66] 關於「相對的絕對」這一觀念的說明，參見 John Hick, *An Interpretation of Religion: Human Responses to the Transcendent*; Leonard Swidler, *After the Absolute: The Dialogical Future of Religious Reflection* (Minneapolis, MN: Fortress, 1990)。
[67] "emic" 的參與方式是內在於某一文化傳統並用該傳統自身的觀念去理解這一文化傳統。而 "etic" 的參與方式則是用一種外在、客觀和實證性的標準去觀察該文化傳統。不過，需要指出的是，這兩個詞其實最早起源於美國語言學家 Kenneth L. Pike（1912-2000）對於 "phonetics" 和 "phonemics" 的區分。

教認同。多元宗教參與和多元宗教認同的問題,都是在當代全球宗教對話的背景下由當代具有神學和宗教背景的西方學者提出來的。[68] 對於西方的宗教傳統尤其亞伯拉罕信仰來說,如果說多元宗教參與是近乎不可能的話,多元宗教認同就更是難以想像的了。然而,全球化所導致的宗教對話,尤其是實際生活中發生的宗教對話,卻使得這一問題不得不構成西方宗教人士的焦點意識之一。有趣的是,如果說多元宗教參與和多元宗教認同是一個令西方人士倍感困惑的難題,中國甚至整個東亞卻早就具有多元宗教參與和多元宗教認同的漫長歷史了。無論在理論上還是在實踐上,正如前文提到,在儒學發展的對話性歷史中,已經為多元宗教參與和多元宗教認同的問題積累了豐富的經驗。換言之,多元宗教參與和多元宗教認同對於儒家傳統來說已經不是一個問題,而足以構成進一步思考的前提了。譬如,晚明時期出現了一大批往來於儒釋道三教之間的儒家學者,如王畿、周汝登、管志道、焦竑、陶望齡(1562–1609)等人,他們一方面與佛道人物密切交往,注解、刊刻佛道兩家的經典,修煉道教的內丹功法,深入佛道兩家的精神世界,甚至直接就以居士、道人自居,另一方面又並未放棄自己的儒家認同。[69] 而當時林兆恩創立並在南方民間盛行的三一教,就是將儒釋道三教融為一爐,同時尊奉三教的聖人。[70] 並且,這種三教融合並不只是南方的一種地

---

[68] 多元宗教參與是白詩朗提出的一個觀念,參見 John Berthrong, "Syncretism Revisited: Multiple Religious Participation," *Pacific Theological Review* 25–26 (1992–93), 57–59。 多元宗教認同也是白詩朗提出的一個觀念,參見其 *All Under Heaven: Transforming Paradigms in Confucian-Christian Dialogue* (Albany, New York: State University of New York Press, 1994), chapter 6。南樂山則對其問題性(problematic)和意義(significance)進行了進一步的發揮,參見其 *Boston Confucianism: A Protable Tradition* (New York: SUNY, 2000), 206–209。

[69] 參見彭國翔,《良知學的展開》(北京:三聯書店,2015),225–317(第 5 章「王龍溪與佛道二教」),440–51(第 2 章「中晚明的陽明學與三教融合」第 1 節「三教融合」)。

[70] 參見 Judith Berling, *The Syncretic Religion of Lin Chao-en* (New York: Columbia University Press, 1980);鄭志明:《明代三一教主研究》(臺北:學生書局,1988);林國平:《林兆恩與三一教》(福州:福建人民,1992)。

方現象,北方同樣如此。直至今日,山西高平縣的萬壽宮(元代)、山西大同的懸空寺(北魏)、河北張家口雞鳴山的永寧寺(遼代)等許多地方都有同時供奉著孔子、老子和釋迦牟尼的「三教殿」。懸空寺的三教殿甚至在其最高處。這些都是多元宗教參與和多元宗教認同在理論與實踐上的充分體現。西方學者同樣看到了這一點,柏林(Judith Berling)在研究林兆恩的三一教時便意識到了多元宗教參與的問題。[71] 馬丁森更是明確指出,貫穿其歷史經驗的各個主要時代,中國人的生活一直伴隨著宗教差異性,並且在某些情況下,甚至發展出了詮釋這種精神性差異的積極態度。[72] 華裔學者何炳棣也曾經有力地指出,正是民族的多樣性和文化的多重性構成了「漢化」和中華文明的精髓。[73] 我們完全可以說,由於儒家傳統中很早就發展出了那種「理一分殊」的多元主義宗教觀,具有極強的兼容性,現代由於宗教對話問題而在神學界、宗教學界提出和討論的多元宗教參與和多元宗教認同的問題,其實在相當程度上已經在儒家傳統中獲得了理論和實踐上的雙重回答。因此,我們能夠而且應當從儒家傳統中發掘出豐富的資源,在當今走向世界的第三期開展中為文明對話中核心的宗教對話做出貢獻。而波士頓儒家的出現,無疑是多元宗教參與和多元宗教認同擴展到儒家和基督教之間的一個最新的當代範例。這個例子本身也說明,儒學的走向世界首先是一個宗教之間對話與融合的問題。[74]

---

[71] 參見上註 Judith Berling 書。
[72] 參見 Paul Martinson, *A Theology of World Religions*。
[73] 參見 Ping-Ti Ho, "In defense of Sinicization: A Rebuttal of Evelyn Rawski's 'Reenvisioning the Qing,'" *Journal of Asian Studies* 57, no. 1 (February 1998): 123-55。
[74] 關於波士頓儒學的有關情況,參見彭國翔,《儒家傳統與中國哲學——新世紀的回顧與前瞻》(石家莊:河北人民,2009),第1部分「全球視域中當代儒學的定位」第4篇〈全球視域中當代儒學的建構〉。

第四部分
儒學與政治社會

§ 出處之際見儒家

§ 智者的現世關懷——牟宗三的政治與社會思想

§ 儒學——自由主義與社群主義之間

§ 化解「民族主義」、「愛國主義」與「世界主義」的糾結
　　——一個儒學的視角

§ 公議社會的建構：黃宗羲民主思想的真正精華
　　——從〈原君〉到〈學校〉的轉換

出處之際見儒家

在陶宗儀（1329–1412）的《南村輟耕錄》中，有這樣一個故事。面對忽必烈的屢次徵召，南方大儒劉因堅辭不出，北方大儒許衡（1209–1281）則慨然入朝，一度成為國師。在赴大都的途中，許衡特意前去拜訪劉因。劉因對許衡之舉不以為然，當面質問。許衡答曰：「非如此，則道不行。」隨後，許衡也反問劉因：不出仕，如何推行儒家之道？劉因則答曰：「非如此，則道不尊。」

當然，據歷史學家的考證，這一故事應該是虛構的。許衡和劉因不可能有如此的一番會面和對話。不過，故事雖是虛構，其中的寓意，卻涉及儒家傳統最為重要的價值觀念，值得思考。

這兩種價值取向，在儒家的話語中可以用「出」與「處」這兩個字來形容。孟子所謂「大丈夫達則兼濟天下，窮則獨善其身」，可以說已經從某種意義上揭示了這兩種不同的取向。儒家治國平天下的理想，當然要求以儒者自任的人出來做事。在古代，就是要在政府部門擔任職務。在今天，就是要拋頭露面，即便不直接在政府任職，不直接成為富商巨賈，也要與有權有勢的人保持密切的關係，以便對其發揮影響力。孔子一生棲棲遑遑，奔走各國，是為了推行其理想。孟子著書立說，也是在理想和抱負無法實現的情況下退而求其次，所謂「退而與弟子萬章之徒作《孟子》七篇」。孔子雖然曾有「欲居九夷」和「道不行，乘桴浮於海」的想法，但面對隱士之流，他還是講出了「鳥獸不可與同群，吾非斯人之徒與而誰與」

的悲壯之言。因此，許衡的講法並沒有錯，如果不「出」，儒家的價值理想是難以推行的。

但是，另一方面，真正的儒家投身政治、參與社會，從來都是為了建立一個合理的社會秩序，以便百姓不僅能夠安居樂業，同時也懂得禮義廉恥，過一種文明而有教養的生活。出仕的目的如果只是為了謀求個人功名富貴，哪怕再有學問，都會被認為是與自家身心性命了無關涉的「口耳之學」。滿口的仁義道德，也只能是掛羊頭賣狗肉的幌子。「偽君子」、「偽道學」之名，就是針對這一類口頭講得天花亂墜而其實俗不可耐的人。尤其在功名利祿的誘惑面前，最能夠鑑別出一個以儒家為名的人是不是能夠符合孟子所謂「富貴不能淫」的大丈夫標準。因此，面對最高權力的徵召，劉因的堅辭不就，安然自處，強調「非如此，則道不尊」，就完全體現了儒家傳統一貫的「道高於勢」、「從道不從君」的操守。

兩者相較，大概許衡的選擇更為艱難。因為在一個專制的權力系統和汙濁的官僚體系中，鮮有不被裹挾而去成為其中一分子的人，要做到「轉法華」而不為法華所轉，幾乎是「不可能完成的任務」（mission impossible）。所以，在現實世界中，像許衡那樣的儒家，基本上可以說是絕無僅有的。大部分人即便以「非如此，則道不行」為標榜，恐怕也只是徒有許衡之名，其實不過是「曲學阿世」的公孫弘而已。在這種情況下，劉因的不「出」而「處」，看似比許衡深入虎穴容易做到，其實卻是非常之不易。鑑於現實政治如朱子所謂「千五百年間，堯舜之道未嘗一日得行乎天地之間」，真正的大儒，古往今來都是處在權勢的邊緣，對榮華富貴保持冷眼旁觀，為民間疾苦常發不平之鳴。

20 世紀以來，中國的社會結構發生了根本的變化，儒家人物也不再像過去那樣持有士大夫的身分，而是更多地以學者的身分存在

了。任何人都不免享受眾人矚目、鎂光燈之下的滿足感，學者也不例外。但是，對於真正的學者來說，那種滿足感是在追求知識、思考真理確有建樹而獲得世人認可的情況下，附帶產生的。其原本所求，在於追求知識、思考真理本身帶來的樂趣，並非世人的矚目和擁躉。而追求知識、探索真理，往往需要孤獨和寂寞。這也算是一種「出」與「處」的差別。如果一個人享受世人矚目和擁躉的樂趣超過其求知思理所獲的樂趣，那麼，這個人天生其實不是學者的氣質。即便最初因偶有小成而獲得世人注目，也勢必沉溺於鎂光燈照射所帶給自己的滿足之中，對追求知識、思索真理終感乏味，再也不能悠遊其中而享受學術的樂趣。相較之下，一個真正的學者，永遠具有求知思理的內在衝動的追求。在這一過程中所獲得的樂趣和享受，也始終大於世俗眾星捧月所能給予的滿足。這兩種人，只有後者具備天然的學者氣質。無論其實際成就大小，都會對學術甘之如飴。前者不免終於「公知明星」（celebrity），後者積力久可成「博學鴻儒」（luminary）。孔子所謂「為人之學」與「為己之學」的差別，也正在於此。

當然，現代儒家的「出」與「處」，還不只是在於能否謹守「學者」的本分，不淪為那種嘩眾取寵的「公知明星」。在現代社會，儒家必定要發揮真正「知識人」的角色，這是儒家傳統一貫的精神氣質所決定的。不過，作為儒家的「學者」或「知識人」，既非那種「學無專長」而只會「從流東西」的「公知明星」，又與一般的「知識從業員」不同。真正的儒家學者或儒家知識人（Confucian intellectual），必定是「公共知識人」。正如余英時先生所說：「這種特殊涵義的『知識人』（按：即公共知識人）首先必須是以某種知識技能為專業的人：他可以是教師、新聞工作者、律師、藝術家、文學家、工程師、科學家或任何其他行業的腦力勞動者。但是如果

他的全部興趣始終限於職業範圍之內，那麼他仍然沒有具備『知識人』的充足條件。根據西方學術界的一般理解，所謂『知識人』，除了獻身於專業工作以外，同時還必須深切地關懷著國家、社會以至世界上一切有關公共利害之事，而且這種關懷又必須是超越於個人的私利之上的」。只不過，與古代不同的是，由於不再具有士大夫的身分，儒家知識人在現代社會更加遠離權勢，而作為一種獨立的批判力量發揮作用。孔子所謂「施於有政，是亦為政」，說的正是不直接參與政治，同時卻又以文化和教育的力量對政治發生影響。劉因當年雖高臥不出，但並不等於不關心政治、參與社會。事實上，他雖然退而自處，潛心著書立說。但文字流傳所及，反而發生了深遠的影響。

榮華富貴的誘惑，不僅是當年劉因所面對的。在當代的中國，更是儒家所面臨的一大考驗。尤其是改革開放迄今，在財富急遽積累而其獲取與分配卻缺乏規範的情形下，中國大陸成為「掘金」的熱地，以至於全世界各種人士紛紛匯聚於此。在這種情況之下，假許衡之名易，行劉因之實難。出處之際，能夠堅持儒家的文化與價值原則，拒絕「同乎流俗、合乎汙世」，才真正算得上體現了儒家的風骨。在當代儒家的學者中，有兩位堪稱翹楚。

一位是牟宗三先生（圖1）。牟先生1949年離開大陸，並不是因為認同國民黨的政權，而是他早已預見到了中國傳統文化在新中國成立後將會蒙受荼毒。完全可以想像，假如他沒有離開中國大陸，在「文革」期間幾乎是必死無疑的。那樣的話，《心體與性體》、《佛性與般若》、《才性與玄理》、《中國哲學十九講》、《現象與物自身》、《圓善論》等在中國哲學史上一系列里程碑式的傑作，就不會問世。改革開放之後，大陸各方多次邀請這位哲學碩儒回來，甚至以專門舉辦有關其思想的研討會為由，可牟先生全部拒絕。他

不只一次說：只要大陸放棄馬列主義的意識形態，他馬上回去。由此可見這位哲儒對於文化與價值原則的堅持。不過，為了幫助兩位孫女到臺北和香港，他不惜以八十高齡，往返羅湖橋，親自辦理孫女的入境手續。這裡體現的，卻又是一位老人對親人的滿腔慈愛之情。

圖 1　牟宗三先生

另一位是余英時先生（圖 2）。余先生 1950 年離開大陸到香港新亞書院求學於錢穆先生，1955 年負笈哈佛。而在 1978 年帶領美國漢代研究代表團訪問中國之後，余先生就再未回到過大陸。有人嘗以此為由來說余先生對大陸有成見，殊不知余先生在海外華人中其實最富中國情懷。多年以來，他對中國大陸的社會狀況、民間疾苦瞭如指掌，為了建設一個公平與正義的社會不懈陳詞。縱使在美國沒有那種可以在華人社會中享受的特權，余先生也毫不在意，甘之如飴，在他的小書齋中沉浸於古往今來的精神與思想世界中，既有

像《朱熹的歷史世界》那樣厚重的學術作品不斷問世，又時時有針對華人世界尤其中國大陸各種社會問題的切中時弊的肺腑之言。這裡我僅舉一例，2010年美東地區暴風雨，電力和天然氣系統阻斷。余先生和余師母曾經度過一個黑暗冰冷的夜晚，一度不得不住進普林斯頓的賓館，等到電力和燃氣恢復，警察依電話救援的先後順序幫助排清地下室的積水，兩老才得以返回住處。可以想像，余先生如果回到中國大陸，即便不唱贊歌，只要不唱反調，以其在世界範圍內的崇高德望與學術成就，所到之處，勢必眾星捧月，可以享受無數的特權。這種榮華富貴，正是如今很多海外回歸人士孜孜以求的。事實上，確有某位也是在知識界享有大名的海外回歸人士，曾經以種種他自己在中國大陸所享有的特權，勸說余先生回來。余先生的故鄉安徽，據說也曾派專門的代表團赴美邀請。但是，余先生絕不為了個人的榮華富貴迎合權勢。那種世俗的榮華富貴，在余先生價值系統中，根本處在很低的位置。較之那些改革開放之後紛紛投身中國大陸這塊「熱土」的人士，僅此一例，已足見余先生的這種自「處」之道的節操與風骨。所以，余先生不回中國大陸，非但不能說明他對中國沒有感情，反而恰恰證明了他是一位真正恪守文化與價值基本原則的儒家人物。

余先生和牟先生在學術思想上各有側重，所見也並不完全一致。但有趣的是，在權勢的面前，兩人的出處之道，卻又不謀而合，高度一致。南宋大儒陸象山曾說：「千聖同堂而坐，其議論不必盡合」。朱熹和陸象山之間，用清代史學大家章學誠的話來說，也是有著「千古不可合之同異」。然而，另一方面，真正的儒家人物，在出處大節的問題上，從孔子的「為己之學」，到孟子的「富貴不能淫、威武不能屈、貧賤不能移」，再到劉因的「非如此，則道不尊」，又是一脈相承，千古一心的。牟宗三和余英時先生，恰可以

說都是這一精神價值的現代體現。「狂者進取，狷者有所不為」。真正的狂者，必定是有所不為的狷者；而真正的狷者，也必定是擇善固執、直道而行的狂者。牟宗三先生已經辭世20年了，方今之世，海外華人中於出處之際最能夠充分體現儒家原則的典範人物，非余英時先生莫屬。儒學如今已然不再是批判的對象，反而成了大眾追捧的時尚。因此，在「亂花漸欲迷人眼」的當下，余先生所樹立的人格風範，尤其具有特別的意義。劉因當年「非如此，則道不尊」所彰顯的精神價值，在這一風範中得到了最強的共鳴。

圖2　余英時先生

智者的現世關懷
——牟宗三的政治與社會思想

　　余英時先生曾經深刻地指出，理學家致力於心性之學的「內聖」方面，並不是要放棄經世致用的「外王」方面，而恰恰是要為「外王」實踐建立一個正確和牢固的「內聖」基礎。宋代道學家群體對於王安石的批評，根本並不在於王安石「得君行道」的政治取向本身，而在於對道學群體來說，王安石的「外王」實踐建立在錯誤的「內聖」之學之上。也正是在這個意義上，將對理學家的理解局限於「內聖」一面是不夠全面的，只有從「內聖外王連續體」的意義上理解理學家，才能得其精神之全。[1] 我認為，余先生這一「內聖外王連續體」的觀察和判斷，不僅適用於宋明的理學家，也同樣適用於現當代的新儒家以及整個儒家傳統。作為現代新儒學的主要代表人物，牟宗三不僅有其心性之學的詮釋與建構，同時還有其政治與社會的關懷與思考。[2] 從 1930 到 1990 年代，60 年間，其政治與社會思想一直都有表達。從早年對唯物辯證法和唯物史觀的批判、對中

---

[1] 參見余英時，《朱熹的歷史世界——宋代士大夫政治文化的研究》（臺北：允晨，2003；北京：三聯書店，2005）。

[2] 認為當代新儒學只有「心性儒學」，沒有「政治儒學」，其實是非常荒謬的。要麼是閱書不廣，要麼是蓄意忽略。可惜的是，這種不實之詞在中文世界常常被道聽塗說者引以為據，輾轉相傳，竟有弄假成真之勢。反倒是個別西方學者在認真研讀了當代儒學的著作之後，對此不實之詞表示疑問。例如，Thomas Fröhlich, "Confucian Democracy and its Confucian Critics: Mou Zongsan and Tang Junyi on the Limits of Confucianism," *Oriens Extremus* 49 (2010): 167–200。事實上，以牟宗三、唐君毅和徐復觀等當代儒家學者而論，每一位都有明確的政治關懷和文字表達。在這個意義上，他們每一位都有其「政治儒學」的面相。在我看來，只要是真正的儒家，無論古今，都不可能沒有這一面。當然，這與實際參與政治活動無關。即便孔子，亦有「施於有政，是亦為政」之說。以實際的政治參與來衡量的話，孔、孟其實都是邊緣化的人物，宋明理學家也大都不在政治舞臺的中心。

國社會史和中國農村問題的探究,到晚年對兩岸關係與臺灣認同的申論,以及一生批判共產主義,在反省與檢討的基礎上提倡自由、民主,都是力圖要為現代中國政治社會的實踐提供一個正確的思想基礎。這和宋代理學家批判王安石新學是頗為類似的。只不過在宋代理學家的心目中,作為「邪說」危害政治社會的是王安石的新學;而在牟宗三的心目中,「邪說害道」的則是 20 世紀上半葉不僅占據大部分中國知識人心靈甚至一度風行全球的馬克思主義和共產主義。

對於這種「內聖外王連續體」,或者說本內聖之學而求解決外王問題的思路,在 1955 年臺北的人文友會第 19 次聚會時,牟宗三已經有所交代。他說:

> 我們費了好大力氣講中國過去的種種道理,其目的,即在想把中國的現代化接上去,現代化是由內聖之學向外開的問題。這方面看起來很容易、實則無論現實或瞭解皆極難。因為懂「理」易、懂「事」難。做書生、做翰林學士易,做政治家、做宰相難。現在要做一個哲學家、科學家容易,而要做一個建國的政治家或政治思想家就很難。[3]

而在人文友會的第 21 次聚會開始時,牟宗三講得更清楚:

> 我們現在講內聖是為了什麼,這一點必須知道。過去講內聖,即在通外王。事功,即外王的表現。所謂事功、事業、政治、經濟、典章、制度,通同是外王。現在的建國,即根據內聖之學向外開,亦即是外王。[4]

因此,對於自己 50 歲之後為什麼會集中心力於中國的內聖之

---

[3] 牟宗三,《牟宗三先生全集》(臺北:聯經,2003),28:109。
[4] 同上註,123。

學，牟宗三 1962 年元旦於香港在其《歷史哲學》的〈增訂版自序〉中有明確的說明。他說：

> 五十以前，自民國三十八年起，遭逢巨變，乃發憤寫成：
> 一、《道德的理想主義》
> 二、《政道與治道》
> 三、《歷史哲學》
> 三書。夫此三書既欲本中國內聖之學解決外王問題，則所本之內聖之學實不可不予以全部展露。[5]

由此可見，牟宗三 50 歲以後一系列似乎是純粹關乎「內聖之學」、「心性之學」的著作，包括《才性與玄理》（1963）、《心體與性體》（1968-1969）、《佛性與般若》（1977）以及《從陸象山到劉蕺山》（1979），[6] 其實都不是單純理智思辯的結果，而可以說是其現實政治與社會關懷的產物，所謂「欲本中國內聖之學解決外王問題」。換言之，至少在發生學的意義上，正是解決外王問題的現實促動，導致了其內聖之學的最終建立。用牟宗三自己的話來說，就是「我們今天重視哲學是因為共產黨的問題」。[7] 因此，要想對牟宗三有進一步的瞭解，我們就不能僅僅局限於其哲學思想，不能僅僅以「經虛涉曠」的哲學家視之。只有對其一生強烈的政治社會關懷有深刻的把握，才能真正瞭解其精神與思想世界的全貌。

以往對於牟宗三的研究，基本上限於他有關中西哲學的思想。即使為數不多的關於其政治思想的研究，也都是囿於哲學的取徑，而且幾乎都是圍繞其通過「良知坎陷」而「開出」民主政治這一個

---

[5] 牟宗三，《牟宗三先生全集》，9：16。
[6] 括弧內所注僅為初版時間，各書以後多有再版，時間在此不一一另註。
[7] 牟宗三，《牟宗三先生全集》，23：150。這是牟宗三 1983 年 1 月 31 日在東海大學演講「哲學的用處」時所說的話。

方面。對於其「良知坎陷」基於誤解的諸多無的放矢的所謂批判，自然不足與論。即便能夠對於「良知坎陷」能有相應瞭解的研究，也往往都是僅僅論及有關民主政治的問題。至於牟宗三政治思想的其他多個方面，包括他早年對於唯物辯證法和唯物史觀的批判、晚年對於兩岸關係與臺灣認同的觀察、對於自由和自由主義的看法，以及一生對於共產主義的批判，都是以往的牟宗三研究未嘗措意的。至於牟宗三的社會思想，包括他在 1930 年代對於中國社會發展史的獨特看法，以及對於中國農村問題全面與深入的探討，更是以往的研究絲毫未嘗觸及的。本書之作，就是希望對牟宗三的政治與社會思想做一全面與深入的梳理。

牟宗三 1927 年 18 歲（虛歲十九）時，由山東棲霞中學考入北京大學預科，1929 年升入北京大學哲學系本科。馬克思主義和共產主義思潮在當時的北京（時稱「北平」）恰好是「顯學」。因此，剛入大學並開始接觸新思想的牟宗三，首先面臨馬克思主義和共產主義的衝擊。正如他自己回憶時所說：「一個混沌的青年在當時是被爭取的對象」，他甚至一度成為當時沾染了共產主義意識的國民黨的「預備黨員」。不過，牟宗三並未像一般人那樣往往為潮流所裹挾而人云亦云。他在一度為當時的左傾思潮所聳動和吸引的同時，自始就覺得「不對勁」、「異樣」，於是迅速擺脫了那股迷思狂潮的吞噬。這一段經驗，在其《五十自述》中有清楚的交代：

> 一個混沌的青年在當時是被爭取的對象，黨人大肆活動。我感覺他們的意識、他們的觀念、他們的行動以及生活形態好像很異樣。其中有足以吸引我的地方，使我有從未有的開闊、解放、向上的感覺。但另一方面也總使我覺得有點不對勁。他們那時的意識大體是共產黨的意識；以唯物論為真理，什麼是唯物論他們也不懂，只是那現實的、實際的意識之唯物論。這是共產黨對政治經濟社會全革命的

唯物論。這意識沾染了那時的國民黨，而且沾染得很深。有一次，一位黨人同學和另一人討論什麼問題，我只聽他說你的觀點是唯心論的，所以你還是錯的。我當時，就有異樣的感覺，為什麼唯心論就是先天地錯誤呢？這使我有個不能像他們那樣斷然肯定的疑惑。[8]

我當時也沾染了那氾濫浪漫的精神，但我沒有仇恨的心理，我也沒有仇恨的對象。我前面已說，他們有足以吸引我的地方，使我有從未有的開闊、解放、向上的感覺。這是由我那在鄉村的自然生活所蘊蓄的混沌而開放。他們吸引了我，我也接近了他們那一點。他們把我列為預備黨員。我暑假回家，團聚農民，成立農民協會，每夜召集他們開會講習，訓練民權初步。在夜間也跑到十幾里外的別村去開會。夜深了，人都關門了。我隨便找個什麼地方也可以睡一夜。我本我那鄉村中所養成的潑皮精神去作這種活動。我發覺我很有鼓舞的力量，也有團聚人的能力。這原因很簡單，誠樸、潑皮、肝膽，沒有矜持的架子，還有，那是因為我讀了幾句書，畢竟是知識分子。知識分子從北京大學回鄉，鄉下人心中也是另眼相看的。但我迅速地感到在父老兄弟面前，在親友面前，於開會時，很嚴肅地擺起面孔稱同志，那意味總不對。那是太客觀了，太政治了，太形式化了。頓然覺得我自己的生命被吊在半空裡，抽離而乾枯了。我也覺得父老兄弟親友的生命也吊在半空裡，抽離而乾枯了，那太冷酷、太無情。事後，我有說不出的難過。直到如今，我一想起便有無限的慚愧，疚仄，好像是我生命中最大的汙點，好像是我做了極端罪惡的事情。我迅速地撤退。我讓那預備黨員永遠停留在預備中吧！我不要這黨員。再加上他們從上到下一起在迅速地轉向，我

---

[8] 同上註，23–24。

和他們的距離愈來愈遠。他們那氣味我受不了。那些不對勁的感覺一起發作。[9]

牟宗三這裡所謂的「黨人」,還是國民黨,尚非共產黨。但如他所說,當時的國民黨受到了共產黨很深的滲透,共產主義的意識非常普遍。他的這段經驗,應該是其1928至1929年剛剛升入北京大學不久的事情。而他從一開始就覺得「不對勁」、「異樣」而「迅速地撤退」,應該是非常短暫的一段經驗。因為在1931年時,他已經在當時的《北平晨報》上正式發表了批判唯物辯證法的文章〈辯證法是真理嗎?〉[10],這與他在這裡的自述恰好可以相互印證。由此可見,牟宗三獨立運思的開始,正是起於對馬克思主義和共產主義的反省。

同樣,上述文字已經可以約略透露,牟宗三之所以自始即對馬克思主義和共產主義有「異樣」和「不對勁」的感覺,是來自於他從小耳濡目染的儒家傳統,以及他追求真理的精神。對於所謂共產主義理想、共產黨人與儒家精神、聖賢人格之間的表面相似而根本不同,牟宗三有著極為清楚和明確的自覺。緊接著上引那段話,牟宗三指出:

> 丟開開會時在父老兄弟面前稱同志的那慚愧不論,那氾濫浪漫的精神也給我另一種感覺,這就是開放、解放、向上的感覺本身之意義。他們在同志間,以忠實坦白相號召,使人有「忘我」的感覺,獻身於黨的感覺,在一個客觀的現實的集團面前,在一個客觀的超越的理想面前,獻身、客觀化一個人的生命。這感覺給我印象很深,這是我從前

---

[9] 同上註,26–27。
[10] 蔡仁厚先生撰《牟宗三先生學思年譜》(臺北:學生書局,1996)中沒有列出1931年的條目,因此遺漏了1931年牟宗三首次正式發表〈辯證法是真理嗎?〉一事。

混沌的自然生活中所沒有的。我忽然在這一道風裡有了這感覺。這是神性的一面。我以前從聖賢書中所讀的那種聖賢教訓，所知的聖賢境界，聖賢人品，在以前認為是一個可望而不可即的遼遠的影子，甚至連可望也不敢夢想到，可是我現在得了一個現實的印證。我當時以為像他們所說的，那簡直就是聖人了，一個獻身於黨的革命鬥士是有點聖人的影子。從這一面說，那一陣風不純是外在的政治的，而實能打進人的生命上予以內在的錘煉。於個人的性情，個人的生命，實有一種強度的振拔，內在的翻騰。但這內在的忘我的志氣之錘煉，實在是有夾雜。我當時不甚能知其所以然，但是事後我很容易看出，這是神魔混雜的局面。那內在的忘我的志氣之錘煉，實在是氾濫浪漫的生活情調下進行的。在東倒西歪一切不在乎（不是一切都放下）的氣氛下進行。這是一種絕對的粗獷的放縱恣肆，唯物論所促成的放縱恣肆，一切矜持、面紅、拘謹、虛驕、後來共產黨所說的小資產階級的毛病，都摔掉了的放縱恣肆。普通小資產階級的矜持、面紅、拘謹、虛驕，其表現處之最現實的層面便是女人與財產。而在當時沾染了共黨理論的風氣下，這兩面在他們是極不在乎的。雖然事實上未必能，但在口頭上思想上確是如此。普通在這層面上，在自然的不自覺的習慣中，能維持著一般人的不自覺的道德意義本身的禮義廉恥心。但是現在把這兩面的拘謹都摔掉了，連帶連道德意義本身的禮義廉恥也摔掉了，這是絕對的粗獷的唯物論所促成的放縱恣肆。我名此為大浪漫的精神，那時代為大浪漫的時代。那內在的忘我的志氣之錘煉是在這樣一種大浪漫精神下進行的，那錘煉自始即不是個人的道德自覺的，而是由政治的理想與黨的行動所逼成的，所以也不是自道德意義本身的立場而來的內在覺悟，而是由外在的目的把生命套在集體行動中而逼出的，這是被攜帶出的貌似的道德，因此也是工具意義的道德，盜亦有道的道

德。當然一個人可以為其所信的客觀理想而獻身，但是這必需發自內在的不容已之心願，這就不能是唯物論的放縱恣肆，先須從個人自己內在生命處護住道德意義的本身，然後再說獻身忘我，那方是真正的道德，聖賢的心腸。但是那大浪漫時代的形態卻不是如此。所以那內在的忘我的志氣之錘煉根本就是非道德的。那是道德的影子，那忘我無私的貌似聖人而實非聖人，也只是聖人的影子。這就是神魔混雜的忘我。我因我當時的那開闊解放向上的感覺，我瞭解了這神魔混雜的貌似聖人的境界。[11]

正是由於這種極為清醒的自覺，牟宗三一開始就對馬克思主義和共產主義最為核心的理論——唯物辯證法和唯物史觀，提出了自己的批評。

由於牟宗三對馬克思主義真正下過鑽研之功，對於 1930 年代中國思想界因引入馬克思主義而來一系列論戰，包括唯物辯證法論戰、中國社會史論戰、中國農村性質論戰等等，牟宗三都參與其中，提出了自己獨到的看法。可惜那時他人微言輕，雖然在當時發表了一系列文章，也引起了一些學者的關注，但後來學界有關唯物辯證法論戰、中國社會史論戰以及中國農村性質論戰的研究，都沒有將牟宗三的這些文章納入考察的視野。當然，這或許是後來他以哲學家名世，研究其思想的學者都只有哲學的背景，他的政治與社會思想的這些方方面面，長期以來就不免被忽略而落入塵封了。

本書對牟宗三政治與社會思想的考察共分七章。

第一章是牟宗三對於唯物辯證法和唯物史觀的批判。在 1930 年代初，牟宗三已經對唯物辯證法和唯物史觀有了準確的瞭解，並在

---

[11] 牟宗三，《牟宗三先生全集》，32：27-29。

學理上對其內在的問題予以了揭示和批判。他在 1931 至 1934 年間發表的〈辯證法是真理嗎？〉（1931 年 9 月）、〈矛盾與類型說〉（1933 年 11 月）、〈社會根本原則之確立〉（1933 年 3 月）以及〈邏輯與辯證邏輯〉和〈辯證唯物論的制限〉（1934 年 8 月），就是對唯物辯證法和唯物史觀的集中批判。作為對馬克思主義的自覺地回應，牟宗三對唯物辯證法和唯物史觀的批判，既是其政治與社會思想的有機組成部分，對於研究現代新儒學與馬克思主義的關係，甚至就馬克思主義本身進行理論反省，都至今不失其意義而值得回顧和深思。

第二章是牟宗三關於中國社會史發展階段和形態的主張。馬克思主義尤其唯物史觀被當時不少知識人接受之後，首先被用來作為分析中國社會歷史發展的工具。1930 年代中國知識界爆發的中國社會史論戰，正是這一方面的反映。那時以「讀書雜誌社」為中心、以《讀書雜誌》為陣地的一些知識人，絕大部分是唯物史觀的信徒，都試圖用他們各自理解的唯物史觀去解釋中國的歷史與社會。而牟宗三在批判唯物辯證法和唯物史觀的同時，也對當時中國社會史論戰的諸家之言進行了回應。1934 年 1 月 1 日和 2 月 1 日印行的《再生》雜誌第 2 卷第 4、5 期，分兩次刊登了牟宗三〈從社會形態的發展方面改造現社會〉的長文。這篇文章，可以說是牟宗三對於中國社會史論戰的全面檢討。正是在分析批評《讀書雜誌》上論戰諸家觀點的基礎上，牟宗三提出了他自己對於中國歷史與社會的看法。

第三章是牟宗三關於中國農村問題的看法。1930 年代前期，中國的農村問題成為關係國計民生的核心和社會各階層普遍關注的對象，當時很多知識人也將馬克思主義作為觀察、分析和解決中國農村問題的「法寶」。而牟宗三則在 1934 年和 1935 年連續發表了一系列的文章，包括〈中國土地分配與人口分配之原則〉（1935 年 3

月)、〈中國農村生產方式〉(1935 年 5 月)以及〈中國農村經濟局面與社會形態〉(1935 年 7 月),提出了他對於中國農村問題的觀察、分析和解決之道,成為 1930 年代關注並探討中國農村問題的知識人群體中的一員。同樣可惜的是,1980 年代以來,無論在牟宗三研究的領域還是在有關 1930 年代中國農村問題研究的領域,這些文章也都從未進入研究者的視野。因此,考察牟宗三 1930 年代對於中國農村問題的研究,既可以使我們瞭解牟宗三思想歷程的一個重要環節,從而認識牟宗三在哲學之外其他方面的關懷和成就,還可以擴展我們對於 1930 年代中國農村研究及其相關問題的認識。這一章的考察包括兩個部分:首先是牟宗三對於中國農村經濟局面和社會形態的基本判斷;其次是他提出的解決農村問題的一整套方案。

第四章是牟宗三一生對於共產主義的批判。從 1931 年還是大學時代時發表的第一篇文章,到 1995 年臨終前的最後一篇講詞,牟宗三對於共產主義的批判六十餘年始終一貫。這一章的內容,以我新發現的牟宗三佚著《共產國際與中共批判》為中心,並結合其一生中不同階段的相關材料,探討牟宗三立足中國傳統文化尤其儒家思想對於共產主義的批判,揭示其立足中國傳統文化批判共產主義的基調在其一生思想中的歷程,以及由此而發的同樣貫穿其一生的種種現實關懷。總之,牟宗三從何時開始反對共產主義?他對共產主義的理解究竟是怎樣的?他為什麼要反對共產主義並一生始終堅持其批判共產主義的立場不變?這些問題,讀者都可以在本章找到充足的答案。

第五章是牟宗三關於「自由」和「自由主義」的看法。除了同樣彌補以往牟宗三研究的一項缺失之外,這一章的意義還在於,牟宗三關於「自由」和「自由主義」的相關看法,既可以視為研究儒家傳統與自由主義之間關係的極佳素材,而檢討牟宗三關於「自

由」和「自由主義」的一套論說,更可以發掘現代儒學中政治哲學(political philosophy)的深厚蘊涵與獨特視角,由之可見現代儒家政治哲學不僅不與自由主義抵觸,反而可以彌補自由主義的一些缺憾。如今討論自由主義多囿於現代西方的話語脈絡,僅在政治、經濟建制的意義上立說,往往無視道德、宗教意義上的自由,更不深究道德自由與政治自由之間的關係。牟宗三的「自由」和「自由主義」論述,恰恰是要指出二者之間的應有關係以及顧此失彼所導致的弊端。並且,在他看來,只有始終不放棄道德和精神上的自由,如陳寅恪所謂保持「獨立之人格,自由之思想」,才能稱得上一個真正的自由主義者。而這一點,如果放在整個 20 世紀迄今的思想脈絡中來看,其實未嘗不可以說是那些融貫中西而同時立足或植根於儒學價值立場的一流知識人的共識。

第六章是牟宗三對於民主政治的肯定和反省。相對而言,本書其他各章對於牟宗三政治與社會思想各個方面的探討在以往的研究中都是缺失的,而牟宗三關於民主政治的思想,以往的研究倒不乏涉及。不過,目前幾乎所有關於牟宗三民主政治的研究,大都集中於其所謂民主的「開出」一說,並大都採取所謂「政治哲學」的論述話語。其實,牟宗三對於民主政治的看法,不論是肯定民主政治作為中國徹底擺脫君主專制的必由之路,還是指出民主政治必須以文化教養作為價值的支撐方可避免其局限,都基於他對於中國傳統政治的觀察與判斷,並不只是抽象的觀念思辨。本章詳人所略而略人所詳,對於牟宗三為什麼肯定民主政治?他對民主政治的肯定與他對於中國傳統政治的觀察有無關係?他怎樣理解中國傳統政治的結構與性質?他對於西方民主政治的局限是否有相當的認識?等等,都力求較為充分的探討,以期呈現牟宗三關於民主政治思想的完整面貌。此外,牟宗三對於 1949 年之後中國大陸的民主運動一直

關注，更是每每在一些重要的歷史關頭發表言論。本章的附錄部分，也在全面占有文獻的基礎上，對其這一方面的思想進行了梳理。該部分的內容，也是以往的牟宗三研究從未觸及的。

第七章的是牟宗三關於中國大陸與臺灣兩岸關係的見解。牟宗三1949年來臺，1995年去世，在臺灣（包括香港）生活的時間超過大陸。因此，對於兩岸關係與臺灣認同問題的關注，也構成其政治關懷和思想的一部分。但這一面也從未有人探究。哲人的智慧結晶未必都是真理，但至少有因之以觸發進一步思考的意義。尤其對於兩岸關係與臺灣認同這一「此亦一是非，彼亦一是非」的「難題」，仔細檢討和品味牟宗三的看法，也許可以收到「溫故知新」和「舉一反三」的效果。

本書這樣的安排，既從結構上展現了牟宗三政治與社會思想的各個方面，也大體照顧了牟宗三政治與社會思想在時間發展上的順序。此外，如果第一章到第四章主要反映牟宗三政治與社會思想中「破」的方面，第五至第七章則主要反映他政治與社會思想中「立」的一面。當然，牟宗三的政治社會思想是破中有立和立中有破的，這裡所謂的「破」與「立」，都只是就其側重相對而言的，並非涇渭分明可以截然劃分。

總的來說，對於牟宗三政治與社會思想的研究，本書可以說有以下三個方面的自覺。

其一，顧及牟宗三一生政治與社會思想的各個方面，同時力求對每一個方面都予以徹底的把握和分析。比如，牟宗三對於唯物辯證法和唯物史觀的批判、對於中國農村問題的研究、對於共產主義系統與全面的批判，都是牟宗三政治與社會思想不可或缺的重要方面，但以往的研究卻從未觸及。本書則首次對這些方面進行了全

面與徹底的探討。而對於牟宗三民主政治的思想，儘管在以往的研究中不無討論，但是，牟宗三為什麼肯定民主政治？他對民主政治的肯定與他對於中國傳統政治的觀察有無關係？他怎樣理解中國傳統政治的結構與性質？他對於西方民主政治的局限是否有相當的認識？等等，卻都是以往的研究沒有充分探討的。對於這些問題，本書也進行了充分的補充。

其二，以儘可能全面掌握牟宗三的各種原始文獻作為研究的基礎。在處理牟宗三政治與社會思想的各方面與諸問題時，除了遍檢《牟宗三先生全集》的相關文獻之外，本書還特別充分利用了新發現的牟宗三的佚著，並輔之以《全集》未收的牟宗三與友人的通信。比如，本書第四章關於牟宗三對共產主義的批判，除了《全集》所收牟宗三一生不同歷史階段的相關文獻之外，尤其集中利用了 2004 年我在哈佛燕京圖書館發現的牟宗三 1952 年出版的《共產國際與中共批判》。這本著作的存在，以往的研究者，包括牟宗三的弟子們，都不知道，因而未嘗收入《全集》。但這部篇幅不長的著作，恰恰集中反映了牟宗三對於共產主義的全面與系統的批判。此外，在本書的一些討論與分析中，我也特別引用了牟宗三與友人尤其是唐君毅和徐復觀的一些書信。這些書信也都尚未公開發表，沒有收入《全集》，只有部分為有限的學者所知。顯然，對於研究牟宗三的政治與社會思想來說，這些都是彌足珍貴的第一手原始文獻。這裡，我要借便向友人廣州中山大學的黎漢基教授表示感謝。他大概是當世對當代新儒家尤其徐復觀先生的文獻資料掌握最完整的學者了。在我運用的這些第一手原始文獻中，牟宗三與唐君毅和徐復觀的未刊書信，正是黎漢基教授無私提供的。同時，我也要感謝中央研究院中國文哲研究所的李明輝教授。牟宗三的另外一些書信，包括與當時其他友人以及與其家人的書信，是由李明輝教授提供的。

其三，如果說上述本書第一個自覺在於處理了很多以往學界未嘗觸及的關於牟宗三政治與社會思想的具體方面和內容，第二點自覺在於利用了以往有關牟宗三研究未嘗引用的原始文獻，那麼，本書的第三個自覺，則在於對牟宗三政治與社會思想的處理方式。與以往絕大多數討論牟宗三思想的著作不同，本書對於牟宗三政治與社會思想的探討，儘管在概念的分析與澄清方面具有高度的自覺和運用，但絕不將討論和辨析局限於抽象的觀念推演，而是儘可能將其置於牟宗三所在的社會、歷史與思想的整體世界和脈絡之中來加以考察。在哲學的分析之外，同時注重思想史的觀察視角，這也是本書在研究方法上的一個自覺和應用。事實上，作為兩種研究的取徑，哲學與歷史，或者說「宋學」與「漢學」，歷來是我在學術研究中所並重的。這一點，我在以往的著作中不只一次有所說明，有興趣的讀者可以參看。[12]

當然，具備了某種學術研究的自覺，並力求將其貫徹到具體的研究之中，並不意味著一定就能夠將其充分實現。恰如任何一個實際的建築完成之後，是否能夠完全反映和實現當初設計者心目中的藍圖，不免總是難以保證的。至於在觀賞者看來二者之間的距離，可能就會大得更多。不過，無論如何，這是我運用自己的學術自覺和研究方法所從事的又一項研究。得失如何，除了寸心自知之外，學界的識者也自會有評論。

---

[12] 參見我的三篇論文：〈合法性、視域與主體性──當前中國哲學研究的反省與前瞻〉、〈中國哲學研究的三個自覺──以《有無之境》為例〉和〈中國哲學研究方法論的再反思：「援西入中」及其兩種模式〉，收入我的《儒家傳統與中國哲學──新世紀的回顧與前瞻》（石家莊：河北人民，2009），另可參見我的《近世儒學史的辨正與鉤沉》（臺北：允晨，2013；北京：中華書局，2015）一書的〈前言〉。

另外我想交代的是，這本關於牟宗三的著作雖然現在才正式出版，似乎比我有關宋明儒學的研究要後出。但是，我接觸和閱讀牟宗三以及當代儒學的著作，不但早在1980年代後期就已經開始，而且可以說迄今一直未斷。記得1990年代中後期我在北京大學哲學系讀研究生時，業師陳來先生就曾經向韓國同學戲稱我是「牟宗三專家」。的確，正如我在《近世儒學史的辨正與鉤沉》一書前言中已經說明的，除了我在北大六年碩士和博士研究生期間所繼承的從胡適、馮友蘭（1895-1990）、張岱年（1909-2004）到陳來先生這樣一條「中國哲學史」的「學統」之外，早在大學時代，我就已經接上了從錢穆到余英時先生這一史學譜系以及唐君毅、牟宗三先生所開闢的哲學傳統。而大學時最初的「不知不覺」，如今早已成為高度的自覺，並在我實際的學術生涯中留下了深刻的痕跡。因此，目前的這本《智者的現世關懷》，可以說是我長期且深入瞭解現代儒學從而為其「別開生面」的一個集中反映吧。

本書的大部分章節，之前都曾經以專題論文的形式發表於海內外的各種出版物。第一章曾以「牟宗三對唯物辯證法和唯物史觀的批判」為題，刊於2012年12月上海華東師範大學中國現代思想文化研究所編輯出版的《思想與文化》第12輯（頁239-75）。第三章曾以「牟宗三早年對中國農村問題的研究」為題，刊於2006年臺灣的《清華學報》第36卷第1期（頁135-95）。第四章最初以「牟宗三的共產主義批判——以《全集》未收之《共產國際與中共批判》為中心」的題目，刊於2006年10月香港《新亞學術集刊》第19期（頁451-94）。但出版時誤植之處甚多，後來2009年該文又連同我發現的牟宗三佚著《共產國際與中共批判》一道，專門發表於臺灣的《中國文哲研究通訊》第19卷第3期（頁27-64），作為對牟宗三先生百年誕辰的紀念。第六章曾以「牟宗三的『自由』與『自由

主義」觀」為題，發表於 2007 年 12 月上海華東師範大學中國現代思想文化研究所編輯出版的《思想與文化》第 7 輯（頁 176-97）。第七章則以「牟宗三論兩岸關係與臺灣認同」為題，發表於 2009 年 11 月臺灣聯經事業出版公司出版的《思想》第 13 期（頁 173-89）。當時刊於《思想》的這篇文字，其撰寫與發表既是為了紀念牟宗三先生的百年冥誕，也更是由臺灣近年來的現實局面所引發的一個思考。這些文字的單篇分別發表，大部分是應學界友人的約稿。但它們原本都是我整體構思研究牟宗三政治與社會思想的題中之義，因而可以說是早有成竹在胸。例如，當初錢永祥先生打電話為《思想》紀念牟宗三百年冥誕的專號約稿時，我當即向他表示會以牟宗三論兩岸關係與臺灣認同為題。

在此，我要借便向這些出版物以及當初約稿的諸位同仁表示感謝。當然，在本書相應的各個章節之中，所有以往曾經發表的文字，都得到了全面的修訂，無論材料還是論證，都有或多或少的補充。作為一部專書的組成部分，較之以往單獨發表的文字，各章之間也更加緊湊連貫而構成一個整體。這是需要向讀者說明的。

同時，我還要特別感謝德國洪堡基金會（Alexander von Humboldt Foundation）和新加坡國立大學的陳素芬（Sor-Hoon Tan）教授。自從我 2009 年榮獲洪堡基金會和德國教育部頒授的 Friedrich Wilhelm Bessel Research Award 以來，幾度來德國從事研究工作。本書得以在法蘭克福大學（Goethe-Universität Frankfurt am Main）最終完稿，正是得益於洪堡基金會「洪堡獎得主回訪計畫」（Awardee Revisit Program）的支持。而 2012 年初在陳素芬教授的提名之下，我獲任新加坡國立大學文理學院的「傑出訪問學人」（FASS Visiting Fellowship for Distinguished Scholars），提交的研究計畫就是「當代儒學的政治與社會思想——以牟宗三為例」。獅城訪問一個月，也

是我完成這部書稿不可或缺的一個環節。

最後，我想把此書獻給余英時先生。這不但是因為余先生多年來一直對我愛護有加，在我的學術生涯中和人生道路上不斷給予教誨和支持，更因為在我看來，余先生和牟宗三先生一樣，在根本的價值立場上始終堅持「仁」、「義」、「禮」、「智」、「信」以及「自由」、「民主」，反對任何形式的專制與獨裁，尤其反對共產主義，對共產主義在觀念和實踐上給整個人類文明、中國文化尤其儒家傳統造成的雙重災害有著洞燭機先和深刻的判斷。並且，這種價值的信守對他們而言絕不只是口頭的談說，更是終生見諸實際的身體力行。雖然余先生與牟先生在學術思想上各有異同，但在這一點上卻是高度一致，可以說是這個時代真正儒家人物的表率。改革開放之後，中國大陸的特權和財富，使得不少的海外華人紛紛趨之若鶩，甚至包括一些以儒學為標榜者。與之相較，牟宗三先生堅持，只有中共放棄馬列主義的國家意識形態，他才會返回大陸。在1949年離開大陸後，他只有兩次為了山東老家的孫女辦理赴港臺的手續，以85歲高齡不得不到深圳駐足。其餘所有各種邀請，包括召開關於他自己思想的研討會，都一概拒絕。余英時先生尤其一再拒絕來自中國大陸的特權與財富的不斷引誘。同時，在其深厚的「中國情懷」之下，余先生卻又時時刻刻對中國大陸社會與民間的疾苦滿懷關切、不懈陳詞，真正體現了儒家學者知行合一的節操，可謂當代儒家知識人的典範。[13] 當然，無論對於牟宗三先生還是余英時先生，「中國」都是一個文化的概念，非但可以超越地域，更與政權無關。正因為如此，余先生才會在香港電臺製作的「傑出華人系列之余英時」電視節目的最後，講出了「我在哪裡，哪裡就是中國」

---

[13] 參見彭國翔，〈當代儒家知識人的典範——余英時先生榮獲人文諾貝爾獎的啟示〉，現收入本書。

這句擲地有聲、振聾發聵的話。總之,正是在「出」與「處」這一儒家傳統格外重視的大節上,余英時與牟宗三兩位先生不約而同,代表了儒家傳統的清流。

儒學
——自由主義與社群主義之間

　　如果說儒學是中國傳統文化的主幹，自由主義則是近代以降西方文化中最具影響力的主流思潮。但奇怪的是，在近代以來中西文化衝突與融合的背景下，中國學界對儒學傳統與自由主義相關性的探討，較之該問題的重要性而言，卻幾乎是微不足道的。較之儒學與自由主義在當代東亞社會已經取得相當程度結合的現實形態，我們似乎更缺乏應有的理論反省。不過，儘管對這一極為重要的課題的研究目前仍遠遠滯後於其需要，但畢竟已經進入了當代學者的視域。北京三聯書店 2001 年 10 月出版的《儒家與自由主義》，便是探討這一歷史與理論課題的重要成果之一。

　　該書是一部文集，既包括像狄培理、白魯恂（Lucian Pye, 1921–2008）、孟旦（Donald J. Munro）、羅思文（Henry Rosemont Jr., 1934–2017）、杜維明等海外資深學者在儒學與自由主義這一論域之內的相關論說，也包括當今自由主義大師羅爾斯（John Rawls, 1921–2002）、德希達（Jacques Derrida, 1930–2004）對自由主義若干思想的闡發。當然，當代自由主義的代表羅爾斯本人並未直接撰文，但羅爾斯的親密友人、已故哈佛大學哲學系德雷本（Burton Dreben, 1927–1999）教授〈論羅爾斯〉的演講文，卻對羅爾斯先後在《正義論》和《政治自由主義》兩書中表達的自由主義的基本理念和原則進行了鉤玄提要的精闢解說，無異於羅爾斯的現身說法。

　　在這部文集中，以杜維明的論說所占篇幅最長，達全書的三分之一。杜維明的論說並非以論文的形式，而是通過與陳名的系列對

話來展開。由於這種對談的形式,杜維明的論說似乎無法就某個專門的問題進行嚴密深入的論證,但也正是這種非論文的對話形式,使其能夠馳騁其思想,在古今中西的宏大思想世界中穿梭遊弋,因而這篇題目就是〈儒家與自由主義〉的對談,便廣泛涉及到了儒學與自由主義這一寬闊論域中的方方面面,可以說為進一步的研究提示了許多線索和方向。將杜維明的這篇談話與德雷本論羅爾斯的演講文章加以串讀(tandem reading),顯然能夠對儒學與當代自由主義各自的綱領與彼此的交涉得其津要。該文集編輯者將此兩篇作為一欄置於首位,或許正是將其視為瞭解儒學與當代自由主義的入門導論。

該文集的第二欄包括白魯恂的〈儒學與民主〉、狄培理的〈《大學》作為自由傳統〉、孟旦的〈一種證明論理規則的現代方式:約翰・斯圖亞特・穆勒、孟子和當代生物學〉、羅思文的〈誰的民主?何種權利?——一個儒家對當代自由主義的批評〉、David B. Wong 的〈和諧、分離與民主之禮〉、德希達的〈一個世紀裡的饒恕〉、愛得加・莫寒的〈饒恕是對殘酷世界的抵抗〉以及一篇批評狄培理《亞洲價值與人權——從儒家社群主義的觀點看》的書評文字。顯然,這一組文章是在儒家與自由主義這一論域中探討某些相對具體的問題。民主與人權是該組文章討論的兩個核心觀念。

無疑,這兩欄文章構成《儒家與自由主義》一書的主體。但是,在比較與參照中無論是要深入瞭解儒家傳統還是自由主義,恐怕都還需要引入當今世界中另一個重要的話語系統,那就是社群主義。這不僅是當今學術界自由主義與社群主義兩大對立思潮相互激盪的語境所使然,更為重要的是,對於深究精察我們自己文化傳統的主幹——儒學——來說,僅以自由主義為參照系尚不足夠,還需要充分考慮社群主義所開闢的理論空間,只有在與自由主義和社群主義

雙方同時三邊互鏡的情況下，儒學才能繼往開來，既深化對自身的覺解（self-understanding），又為世界範圍的文明對話提供一筆豐厚的資源。事實上，由批評狄培理《亞洲價值與人權——從儒家社群主義的觀點看》的文章〈儒家的社群主義如何可能？〉來看，不論作者的觀點我們如何看待，至少已經說明：即使在「儒家與自由主義」的標題之下，有關社群主義的問題也已經構成無從閃避的題中之義了。

在這個意義上，除了向讀者推薦《儒家與自由主義》這部書之外，我不打算囿於儒學與自由主義的雙邊框架，而是希望在儒學、當代自由主義和社群主義的三方互動中略陳己見。更為準確地說，是要在自由主義與社群主義這兩大典範的參照之下，力求使儒學的某些基本特徵在現代的話語中獲得進一步較為明確的定位。當然，這是一個巨大的課題，可以而且應當分解成若干不同層次和不同視角的具體問題分別加以專門研究，絕非三言兩語所能道盡。因此，在這樣一個極為有限的篇幅內，我只能對一些基本的問題稍作提示。

即使在當代，自由主義也是一個內部異彩紛呈的陣營，不同流派甚至不同學者之間的差異不可勝數，但個人主義的自我觀、權利優先（primacy of right）的政治理論以及義務論（deontology）的倫理取向（ethical orientation），大概可以說是維繫自由主義統一性的三個基本特徵。其中又以個人主義的自我觀最為基本，它可以說是整個自由主義的哲學基礎（philosophical ground）。權利優先的政治理論和義務論的倫理取向都可以說是由個人主義的自我觀中派生而出。對此，當代自由主義的最大代表羅爾斯可以提供一個最佳的例證。社群主義儘管內部也是所同不勝其異，但在對自由主義的批評上，不同的社群主義學說與學者又表現出某種大體上的一致性。

與羅爾斯所代表的當代自由主義針鋒相對，社群主義也有三個基本特徵，即群體主義（collectivism）的自我觀、公益優先（primacy of common interest）的政治理論以及目的論（teleology）的倫理取向。在桑德爾（Michael J. Sandel）、麥金泰爾（Alasdair MacIntyre）等人對羅爾斯的批判中，這三方面得到了不同形式和程度的表現。

以當代自由主義和社群主義的對立為參照，在自我觀、政治理論和倫理取向這三個方面，儒家具有非常特殊的表現形態。在政治理論方面，儒家相對淡化行為主體的權利意識而比較重視責任與義務，這與社群主義較為一致。而在倫理取向方面，儒家的「義利之辨」強調「義」優先於「利」，且指出義之為義不在於其能否產生或促進利，則基本上接近自由主義「正確優先於善」（the priority of the right over the good）的義務論立場。至於作為政治理論和倫理取向哲學基礎的自我觀，情況較為複雜。約略而言，儒家的自我不是單子式的個體，而是一個由家庭到社會再到天下萬事萬物的公共關係網絡中的節點。只有在與他人、自然之間橫向的彼此感通中，以及在與天、地之間縱向的三參一體中，自我才能夠獲得其本真的規定性。社群主義對當代自由主義最根本的批判就是認為後者的自我是一種「先行個體化的主體」（antecedently individuated subject）或「無牽無掛的自我」（unencumbered self），而這種主體或自我不過是一種先驗的虛構。就此而言，儒家的自我觀顯然接近社群主義的思路，但是，儒家的自我也絕非淹沒於紜紜眾生之中而喪失個性的 Das man，不是那種犧牲個體的集體主義。強調人格獨立與主體自由是儒家從孔子、孟子到陳寅恪、徐復觀、唐君毅、牟宗三、余英時等人一以貫之的共識。儒家既肯定個體與社群的密不可分，同時又突顯獨立人格，在深入社群的同時成就鮮明的自我，自我對社會構成一種既內在又超越的關係。余英時與狄培理曾經不約而同地

以 "personalism" 而非 "individualism" 一詞來指稱儒家對於個體性的重視,[14] 就是看到了儒家這種獨特的自我觀與自由主義的自我觀相似而又有所不同。

由於儒學歷來被視為與自由主義勢同水火,在當今自由主義受到社群主義強烈挑戰的情況下,許多學者便試圖尋覓儒學與社群主義的公分母。而由我們以上簡略的說明可見,儒學固然與社群主義有諸多不謀而合之處,與自由主義卻也同樣有著可以互相支持的接榫點。在中國現代思想史上,新儒家與自由主義者的關係演變,以徐復觀和殷海光之間的論辯為例,也在經驗的層面上論證了儒學與自由主義其實是「合則兩美,離則兩傷」。在自由主義與社群主義的二元對立中將儒學做非此即彼的通約,只能是既不諳熟當代的自由主義與社群主義又不精通儒學傳統的結果。事實上,就像自由主義與社群主義參照之下的儒學一樣,在西方很多二元對立的範疇面前,包括儒學在內的中國傳統思想在許多方面都體現出某種非此非彼而亦此亦彼的「之間」或「居間」特徵。《儒家與自由主義》中〈儒家的社群主義如何可能?〉一文批評狄教授「儒家社群主義」的說法不能成立,殊不知西方學者中指出儒家有自由主義傳統的也恰恰是狄。而這只能說明,不論狄教授本人是否自覺如此,當我們無論有「儒家社群主義」之說還是有「儒家自由主義」之論時,只要是著眼於儒學與社群主義和自由主義的兩頭相通,而並非在 communitarianism 和 liberalism 彼此相斥情況下的單一求同,那麼,「儒家社群主義」和「儒家自由主義」這兩種表述,都未必沒有其合法性以及自身特殊的涵義。事實上,正如將儒家注重個體性的特徵稱為 "personalism" 而非 "individualism" 那樣,我相信

---

[14] 不過,狄培理最近乾脆就以 "Confucian individualism" 來指稱儒家傳統中對於個人尊嚴與自由的重視。見其研究與思想的結穴之作 *The Great Civilized Dialogue: Education for a World Community* (New York: Columbia University Press, 2013), 132–65。

狄教授所謂的「儒家社群主義」也並非將儒家傳統簡單地納入到 communitarianism 的架構之中。順帶一提的是，安樂哲教授近年來力倡的「儒家民主主義」，也同樣是在瞭解儒學與西方民主思想各有其歷史脈絡和理論內涵的前提下進行創造性理論建構的嘗試，而不是不明分際的單向格義。總之，在明同別異的前提下展開儒學、當代自由主義與社群主義三邊的深度互動，無論對於儒學還是當代自由主義、社群主義來說，恐怕都會收到相互滋養、彼此取益的效果。

全面檢討儒學與自由主義、社群主義之間的複雜關涉，既不為篇幅所許，也似乎不當是這篇簡短的介紹與評論文字的主旨。回到《儒學與自由主義》一書，最後我想說的是，如果我們留意到其中絕大部分文字都是西方學者所作，我們就不能不益發感到中國學者在面對儒學與自由主義（還有社群主義）這一研究課題時的緊迫。當然，仔細檢索晚近整個漢語文化圈中有關儒學與自由主義以及社群主義的研究成果，我們其實會發現，雖然嚴重短缺，但這個領域也並非不毛之地。事實上，至少已經有好幾篇中國學者撰寫的頗有分量和見地的關於儒學與自由主義或儒學與社群主義的論文。大概由於某些原因，《儒學與自由主義》一書未能將其收錄在內，這或許是美中不足而不免讓人稍覺遺憾的地方。

化解「民族主義」、「愛國主義」與「世界主義」的糾結
——一個儒學的視角

一、引言

1994年10月到11月之間,美國當今著名的女哲學家紐思濱(Martha C. Nussbaum)在《波士頓評論》(Boston Review)上發表了一篇題為〈愛國主義與世界主義〉(Patriotism and Cosmopolitanism)的文章,結果立刻引來了29篇讀者回覆。這在當時尚無網路可以輕易留言發表評論的情況下,尤其是對一個哲學家發表的看起來非常理論化和抽象的文章來說,可謂一石激起千層浪。時任《波士頓評論》主編同時也是麻省理工學院哲學系講座教授的科恩(Joshua Cohen)立刻意識到了這一議題的重要性。在編委會的認真組織和篩選之下,29篇讀者回覆中的11篇,有的經過了修訂和擴展,加上5篇專門組織的回應文章,連同紐思濱原先的文章及其閱讀16篇回應文章之後的一篇答覆文字,最終由科恩編輯,以《愛國之由:關於愛國主義局限的論辯》(For Love of Country: Debating the Limits of Patriotism)為題於1996年結集出版。

參與論辯的16篇文章的作者,包括科恩本人,和紐思濱一樣都是美國學術思想界尤其人文社會學科領域的翹楚。僅其中中文世界相對較為熟悉的名字,就包括今年剛剛過世的普特南(Hilary Putnam, 1926–2016)、曾與紐思濱極為親密的諾貝爾經濟學獎得主

阿馬蒂亞‧沈恩、去年和哈貝馬斯一道榮獲克魯格獎的查爾斯‧泰勒（Charles Taylor）、世界體系理論（world-systems theory）的傑出代表瓦勒斯丁（Immanuel Wallerstein）以及普林斯頓高等研究院的資深研究員瓦爾澤（Michael Walzer）等。正是由於聚集了美國人文社會領域的一時之選，關於愛國主義和世界主義的相關議題，在該書中得到了集中和深度的探討。毫無疑問，無論愛國主義還是世界主義，都不是只存在於美國以及西方世界的問題。因此，中文世界的知識人和思想者，同樣需要對此全球性的議題進行深入的反思。這也是該書頗為值得我們閱讀和借鑑的原因所在。

不過，在此我並不打算詳細介紹書中的各種論點，有興趣和條件的讀者完全可以按圖索驥，自行閱讀，無需我嚼飯與人。我這篇小文的主旨，是希望基於《愛國之由：關於愛國主義局限的論辯》這本論集的討論，從中國思想傳統特別是儒學的角度，對化解「民族主義」、「愛國主義」和「世界主義」的糾結，提出自己的觀察與看法。之所以如此，是因為這一問題目前在華人世界似乎格外突出，亟需檢討和反省。事實上，我之所以特別留意到該書，固然源於我自己蘊蓄已久的有關政治哲學的問題意識，而近年來的天下大勢尤其中國的現實，也不能不說是一個雖屬外緣但卻更為直接的觸動。至於中國思想傳統特別是儒學的視角，並不是我刻意的選擇，而是我自身專業訓練與長期浸潤所能提供的知識結構與觀念資源的一種自然結果。顯然，我的視角並不能基於我並未經過專業訓練的知識領域，否則就只能是外行的「對塔說相輪」了。

二、民族主義與愛國主義可以相互轉化

在《愛國之由：關於愛國主義局限的論辯》中，主要圍繞的是「愛國主義」和「世界主義」的問題，對於「民族主義」並沒有

多少討論。顯然，這是因為在西方的語境當中，「民族主義」基本上是一個負面的指涉，這在包括主流媒體在內的公共話語或至少學界的知識人群體之中，可以說是一個共識，似乎是無需討論的。不過，在中文的語境中，「民族主義」是否已經像西方語境或至少是英語世界中那樣已經成為幾乎眾口一詞的批判對象？也還是一個問題。尤其是，當西方往往指出（同時自然也是批評）中國20世紀以來非但未能避免反而似乎愈演愈烈的民族主義時，相當一部分中國人——且不論社會大眾，即便在知識思想界，總不免會質疑這樣一個問題，即：為什麼看似同樣的一種情感與行為，在西方就被視為正面的「愛國主義」，而在中國就成了負面的「民族主義」？因此，除了「愛國主義」和「世界主義」，在中文的語境中，還必須要考慮「民族主義」的問題。

　　無論「民族主義」和「愛國主義」，在西方的各種理論中都不是邊界清晰、內容一致的概念。在此，無法也不必對西方話語中有關這兩個概念的各種繁複界說一一介紹。我只想指出，「民族主義」並非天生就是個貶義詞。很多西方學者也都承認，在很多情況下，「民族主義」甚至和「愛國主義」難以區分。也正是由於這一點，「愛國主義」也並不天然就是一個褒義詞，它有時同樣會產生負面的「民族主義」所可能產生的所有後果。不然的話，紐思濱也就不會從「世界主義」的視角反省並檢討「愛國主義」的局限，從而引發那場討論了。

　　「民族主義」之所以常常和「愛國主義」難以區分，原因在於兩者都是基於對「民族國家」的認同。這是人類歷史發展到以「民族國家」而非「文明」為政治社會的基本組織單位之後自然產生的。無論「民族主義」還是「愛國主義」，都是一種認同自己所歸屬的民族國家的情感與行為。所不同者，被視為正面價值的「愛國

主義」，其情感與行為的表現，主要並不以排斥其他民族國家的人群為目的，而是以凝聚所屬民族國家內部人群的各種價值認同為首務；而被視為負面價值的「民族主義」，其情感與行為的主要表現，則以排斥甚至攻擊其他民族國家的人群為目標。在這個意義上，可以說二者的差別在於，「愛國主義」是一種內向凝聚的建構性力量，「民族主義」則是一種外向攻擊的破壞性力量。雖然「愛國主義」在向內凝聚以建構、強化各種價值認同的同時，不可避免會產生「自己人」和「他人」的內外之別，甚至會連帶產生排外的情感與行為。但排外的情感與行為只要還未達到「非我族類，其心必異」的程度，還未發展成為對於其他民族國家的公然敵視和攻擊，就還沒有轉化為「民族主義」。同樣，「民族主義」在外向敵視和攻擊其他民族國家的同時，也自然會帶來內部認同的強化。歷史上不少國家以發動對外戰爭來化解內部的各種危機，正是由於瞭解「民族主義」這種效果所運用的手段。但是，只要凝聚和強化內部價值認同並非根本目的，只是轉嫁內部危機的手段，且無論如何產生了對其他民族國家的實質性敵視與攻擊，這種情感與行為就不是正面的「愛國主義」，而仍然屬於負面的「民族主義」。簡言之，區別「愛國主義」和「民族主義」的關鍵，在於判斷其情感和行為是「完善自己」還是「攻擊他人」。顯然，在這個意義上，在中國境內數年前發生的抵制日貨運動中，那種打砸搶自己同胞財物並導致自己同胞身心傷殘的狂熱行為，顯然就絕不是「愛國主義」的義正辭嚴，只能是「民族主義」的愚蠢和野蠻了。當然，「民族主義」也並不總是負面的。當一個民族國家遭受外來侵略，其原有的政治與社會結構面臨解體，尤其是其歷史文化的傳統遭受摧毀的危險時，這個民族國家的人們與外來侵犯的對抗，就不屬於外向的敵視與攻擊，而完全是正義的自衛了。在這種情況之下，也可以說「民族主義」已然轉化為「愛國主義」了。

如果說民族主義與愛國主義可以相互轉化，民族主義並非毫無是處，同樣，愛國主義也會由一種向內凝聚價值與認同的情感和行為，一變而可能產生盲目排外（xenophobic）等一系列的問題。紐思濱上個世紀末從「世界主義」的視角對於愛國主義的反省和檢討，正是有見於此。的確，在我看來，由於血親關係、出生地和母語等因素的不可選擇，作為一種「根源性的紐帶」（primordial ties）或者「鄉情」，愛國主義可以說原本是人類一種天然的情感，通常情況下無需刻意提倡。例如，九一一事件之後，美國民眾自發大批量購買國旗懸掛於自家的房屋，以至於造成國旗一度脫銷，就是這種愛國主義的表現。至於當時美國政府反而呼籲廣大民眾冷靜，回歸日常生活，則是避免愛國主義一變而為民族主義的明智之舉。如果說民族主義的問題在於對其他民族基於「非我族類、其心必異」的非理性、無來由的敵視和攻擊，那麼，和平時期刻意提倡的愛國主義，尤其在混淆國家和政府這兩個不同概念的情況下，其問題或許不免於兩個相與表裡的方面：對內導致專制與極權，以政府的權力來壓迫個人的權利和自由；對外導致以追求霸權為目標的國際擴張甚至侵略。後者正是愛國主義轉變為民族主義的表現。而那種實質就是民族主義的極端愛國主義，最終必然導向以侵犯其他族群為特徵的「沙文主義」（jingoism）和帝國主義。

　　在這個意義上，紐思濱所警惕並加以反省和檢討的，嚴格而論或許不是「愛國主義」而是「民族主義」，儘管她所指出的愛國主義的種種局限和問題的確存在。如此來看的話，16 篇回應她的文章中幾乎絕大多數不約而同肯定愛國主義的正面意義，就不難理解了。不過，問題不在於對愛國主義的肯定，而在於對「世界主義」的理解，尤其在於如何處理「愛國主義」和「世界主義」的關係。這一問題，也正是我在此想要特別加以探討的。

三、世界主義：如何避免流於空洞與抽象

如果說「愛國主義」的核心在於熱愛並忠於自己所屬的民族國家，認同自己民族國家所提倡的核心價值，由此自然與世界上其他的民族國家之間產生一種「厚此薄彼」的區別對待，那麼，「世界主義」則是要超越那種對於各自民族國家的特殊認同，超越不同民族國家各自提倡的差異價值；以「世界公民」的自覺去認同包括仁愛、自由、平等、公正等人類的普遍價值，而不是以自己所屬國家意識形態的認同作為價值評判和行為取捨的標準。例如，當二戰期間身為納粹黨員的辛德勒（Oskar Schindler, 1908-1974）出於人性的「惻隱之心」，置納粹的國家政策於不顧而營救了眾多的猶太人時，他正是「世界主義」的體現。而耶路撒冷大屠殺紀念館前大道的一千多株樹木，每一株都分別是一個人或一家人的紀念。之所以如此，也正是因為這些人曾經冒著生命危險挽救了一個又一個猶太人的生命。這些挽救猶太人生命的人來自不同的國家，具有不同的宗教背景。他們之所以能夠超越各自的國家和宗教，不約而同地從事了「救人一命勝造七級浮屠」的事業，和辛德勒一樣，都是「不忍人之心」的結果。正是由於這一鮮明而強烈的象徵意義，贊同「世界主義」的紐思濱，在其對於各種回應文字的總答覆中，一開始就提到了耶路撒冷大屠殺紀念館前的那些紀念樹，作為進一步闡發其論點的生動事例。顯然，「世界主義」價值立場的核心，就是要指出存在著超越於「愛國主義」之上的更高且普遍的人類價值。對於一個「世界主義」者來說，當仁愛、自由、平等、公正等人類普遍的價值與「愛國主義」發生衝突的時候，其選擇應該是忠於前者而不是聽命於後者。

乍看起來，「世界主義」和「愛國主義」之間似乎存在著不可避免的緊張。並且，「世界主義」由於推崇包括仁愛、正義、自由、

人權等在內普遍的人類價值，強調「世界公民」所擁有的不受國家意識形態局限的理性與情感，似乎也更符合道德法則的普遍性從而占據著道德的高地。不過，「世界主義」也有其必須面對的問題，那就是：如何避免成為抽象的理念；如何避免只能成為部分社會精英脫離社會大眾實際生活的溫室標本。的確，真實的世界是一個極度不平等的世界，愛國主義、甚至特定情況下的民族主義，都不無相當的合理性。比方說，如果印度當初沒有愛國主義甚至民族主義的「抵制英貨運動」（swadeshi），印度恐怕至今仍然是英國的殖民地。中國抗日戰爭時期的民族主義和南非曼德拉（Nelson Mandela, 1918-2013）領導的以反抗種族歧視、爭取黑人尊嚴與自決的民族主義，也完全是正面意義上的愛國主義。這種愛國主義所體現和追求的，正是「世界主義」許為普遍和基本人類價值的人道、正義、自由、平等和公正。也正是由於這一點，儘管紐思濱對於「世界主義」所可能面對的問題有足夠的自覺，對於她有關愛國主義限制的批評文章，16位回應人中的絕大部分，仍然幾乎眾口一詞地指出了「世界主義」所同樣可能具有的限制——流於空洞與抽象，並肯定了「愛國主義」的正面意義。

那麼，進一步值得思考的是，在「愛國主義」（包括正面意義上的「民族主義」）所注重的「特殊」以及「世界主義」所強調的「普遍」之間，是否勢若水火而不可調和呢？是否應該而且可以覓取一條超越雙方對峙並融合二者各自合理性的「中道」呢？在我看來，儒家傳統中恰恰蘊含著化解「民族主義」、「愛國主義」和「世界主義」三者糾結的觀念資源。對此，我們可以從儒家對於仁愛、自我和天下這三個方面的理解來加以說明。

四、愛國主義與世界主義之間的「中道」

「仁」是儒學的核心觀念,作為一種「愛」的情感,所謂「仁者愛人」,儒家的「仁」往往被認為不如墨家的「兼愛」、耶教的「博愛」以及佛教的「慈悲」高遠博大。所謂不夠高遠博大,就是認為儒家的仁愛肯定「愛有差等」,普遍性不足,不如「兼愛」、「博愛」和「慈悲」更具一種「世界主義」的胸懷。其實,且不論「愛有差等」一說並無儒家經典的直接根據。關鍵在於,對儒家來說,「愛有差等」只是對於經驗世界人類感情遠近親疏自然差序的一種觀察和正視,並不是儒家的一種「主張」和「提倡」。如果從「主張」與「提倡」的角度來看,儒家的仁愛與兼愛、博愛和慈悲一樣,都是指向世間的所有存在。儒家強調「老吾老以及人之老、幼吾幼以及人之幼」、「以天地萬物為一體」,正是主張人類應該把「老吾老」和「幼吾幼」這種最為真實的情感推廣到他人乃至世間萬物。這就是儒家所謂「推愛」。這種不斷拓展的仁愛甚至不能只局限於人類之間,而是要普遍地涵蓋世間所有的存在。如果這種愛不能遍及萬物,儒家甚至認為不能稱得上是真正的「仁」。只是儒家看到,在仁愛實際落實的過程中,人類的感情由親而疏、由近及遠,存在著自然減弱的經驗事實。如果不能正視人類情感的自然差序,由此作為一個切實的出發點,起始就提倡「愛人如己」,恐怕難以真正實現,或許在未能做到「待鄰人如父母」之前,已經先「待父母如鄰人」了。如此一來,「兼愛」、「博愛」和「慈悲」這一類高尚而普遍的價值,就有可能流於空洞、抽象甚至自欺欺人的口號。顯然,儒家一方面立足於「愛有差等」的經驗事實,另一方面又堅信,只有將仁愛推己及人並且及於天地萬物,才能是「仁愛」自身充分而真實的實現;而一旦仁愛遍及天地萬物,自然也就與「兼愛」、「博愛」並無二致了。

對於儒家的自我觀，以往也存在一種流行和常見的誤解，即認為儒家是一種「集體主義」的立場，不重視自我，認為個體只有在某種集體和組織結構中才有意義和價值。誠然，儒家的確認為每一個人都不是祁克果（Soren A. Kierkegaard, 1813–1855）意義上的「孤獨個體」（isolated individual）、萊布尼茲（Gottfried Wilhelm Leibniz, 1646–1716）意義上「沒有窗戶的單子」（monad without window），每一個體「自我」的建構都是在一個各種關係彼此交織和相互影響的網狀過程中逐漸形成的。但是，儒家也並不認為每一個人的自我是「本來無一物」的「空空如也」。從孟子以及絕大多數儒家的角度來看，至少「惻隱」、「是非」、「羞惡」和「辭讓」這「四端之心」，作為人的「本心」和「良知」，同時也是天賦的道德理性，是無法被消解和化約的最終實在。從孔子「我欲仁，斯仁至矣」、「三軍可奪帥也，匹夫不可奪其志也」、孟子「富貴不能淫，貧賤不能移，威武不能屈」的「大丈夫」精神，一直到陳寅恪的「獨立之精神、自由之思想」，可以說強調的都是這種獨立不依的人格與自我。因此，從儒家的角度來看，對於每一個人來說，一方面要意識到自己在享有不可剝奪的權利的同時，還有廣泛的責任和義務，自我的實現與完成無法脫離各種關係的網絡，另一方面也要保持自己獨立的人格。自我與社會或者說個體與群體之間，應當是一種既內在又超越的關係，要在深入社群的同時成就鮮明的自我。這才是儒家的自我觀。這一點，也是我曾在別處早已指出的。

　　至於儒家的天下觀，與「愛國主義」和「世界主義」的關係更為直接。孔子周遊列國，是一個人盡皆知的事實。但也許大部分人並沒有意識到，孔子當時周遊列國，絕非像我們如今在國內各省之間往來一樣。秦統一中國之前的春秋戰國時期，各諸侯國無論文字、貨幣、度量衡還是語言、服裝等等，都各有不同。因此，孔子周遊

列國，是名副其實的「跨國」行為。由此可見，對於自己學說與理想的實現，孔子並不僅以他自己所生長的魯國為限。並且，孔子還說過「道不行，乘桴浮於海」（《論語・公冶長》）的話，並且曾經表示過「欲居九夷」（《論語・子罕》）的想法，這也表明，其視野與胸懷顯然已經超出了「中國」的界限。這些行為和言論都說明，孔子的天下觀可以說完全是一種「世界主義」的立場；視孔子為一個典型的「世界公民」，恐怕也毫不為過。而《禮記》中天下「大同」的理想，以及王陽明所謂「視天下為一家，中國猶一人」（《大學問》），更是儒家「世界主義」這一立場的鮮明反映。儒家「仁、義、禮、智、信」的核心價值，作為超越族群與國家的人類普遍價值，正是一種「世界主義」的取向。不過，儒家世界主義的天下觀也並沒有忽視不同民族與國家之間的特性與差異，一味提倡抽象、空洞與無差別的「大同」。無論是對於個體的人與人之間還是國與國之間，孔子認同與推崇的是「和而不同」（《論語・子路》）的原則。而「和而不同」的前提，恰恰是對於個體差異的肯定與尊重。至於孟子在群雄爭霸的戰國時期提倡「王道」與「仁政」，正是不以各國之間的彼此征伐為尚，反對恃強淩弱的霸權主義。在這個意義上，對於世界上各個不同民族國家之間的關係，儒家的「大同」理想並不是抹殺個性的鐵板一塊，要求以某一種意識形態和政治社會組織結構「一統天下」，而是「和而不同」、「各美其美，美美與共」的「大通」與「和諧」。

五、儒家的立場是一種「有根的世界主義」

儒家在「仁愛」、「自我」和「天下」三方面的看法與立場，決定了在「愛國主義」和「世界主義」關係這一問題上，儒家的視角必然是超越了彼此的對立而融合了雙方的合理性，是「特殊」與

「普遍」之間的中道與平衡。

　　就儒家而言，愛國主義和世界主義之間的中道，是一種動態的平衡。「中道」之「中」不是一個靜止的「點」。儒家的「時中」原則，強調的正是這種動態的平衡。人類歷史發展迄今，無論是民族主義、愛國主義還是世界主義，都有其極端發展而產生危害人類文明的理論與實踐。當世界主義被推向極端，典型如當年的共產國際和蘇聯，以建立一個全人類共有的「大同」世界這一理想和旗幟相號召，試圖抹殺不同民族、國家與文化的差異。這種情況下，就必須肯定愛國主義甚至民族主義的合理，以個體的尊嚴去抵禦虛幻與抽象的「大同」對個性的剝奪。而一旦民族主義、愛國主義被推向極端，典型如當年的納粹德國，在不同民族之間劃分優劣，以維護優等民族及其所傳承的人類文明為由，推行對其他民族和國家的侵犯甚至種族滅絕。這種情況下，就必須發揚世界主義的精神，以普遍的人類價值去制止和消解人類之間的「手足相殘」、「同根相煎」。歷史已經證明，極端的民族主義、愛國主義不免反噬自己的民族和國家。正如紐思濱所說，「將自己的國家奉若神明，其實正是給自己的國家帶來詛咒」。總之，極端的民族主義、愛國主義和極端的世界主義，都不是人性中「真善美」的反映，不是真正「天下為公」理念，只不過是一小部分人構成的組織或集團為了滿足私利而愚弄大眾的「迷魂幡」和「興奮劑」。而納粹德國的覆亡和共產國際與蘇聯的解體，正說明了謬誤的觀念無論怎樣一時蠱惑人心，無論給人類的價值與文明造成多大的災害，終究逃不過歷史的懲罰而註定「灰飛煙滅」。因此，在民族主義、愛國主義以及世界主義的關係問題上，我們在澄清觀念的同時，更應該審時度勢，明辨不同民族國家各自在不同歷史境況下所面對的主要問題，不要被任何的冠冕堂皇和義正辭嚴所蠱惑。胡適曾經引禪宗大師的話，告誡青年朋友

不要受到任何一種權威話語或時髦思潮的迷惑。這一提醒，對於世人尤其熱血青年，始終不無意義。

事實上，無論古今中西，任何思想深刻且富有良知的智者，在民族主義、愛國主義和世界主義的問題上，都不會偏於一端。例如，紐思濱固然檢討和反省愛國主義的局限，反對和批判那種認為自己民族和國家優於其他民族和國家的狹隘民族主義和愛國主義，主張將對普遍「人道」的忠誠置於對於某一特定民族和國家的忠誠之上，提倡古希臘哲人第歐根尼（Diogenes，前412-前323）那種「世界公民」的襟懷；但另一方面，她也指出，一個人成為「世界公民」，並不意味著需要放棄自己的各種本土認同（local identifications），後者足以成為自身豐富性的源泉；一個「世界公民」的形成，是一個從自我到家庭再到鄰里以及整個世界的同心圓的不斷擴展。如此一來，民族主義、愛國主義和世界主義之間看似不可調和的糾結與對立，似乎也就並非不能超越和消解。借用非裔哲學家阿皮亞（K. Anthony Appiah）的詞語，這可以說是一種「有根的世界主義」（rooted cosmopolitanism）。顯然，這與儒家從「身」、「家」到「國」、「天下」的看法是相當一致的：在愛國主義和世界主義之間，儒家的立場與看法也可以說是一種「有根的世界主義」。而一種健全的愛國主義，也必定是一種「具有世界主義胸懷的愛國主義」（cosmopolitan patriotism）。這種愛國主義不會「坐井觀天」和「夜郎自大」，而必定是將自己民族和國家置於全世界的整體脈絡和全人類的普遍價值之中予以理解。

當然，「有根的世界主義」或「具有世界主義胸懷的愛國主義」之所以可能和必須，關鍵在於必須認識到：世間的確存在著普遍的「人道」和「公道」，無論是個體的人與人之間還是不同的族群和國家之間，彼此的衝突往往正是各逐其「私」而不顧「人道」和「公

道」的結果。而古今中西哲人之所以能夠對此不謀而合,不過是「人道」與「公道」在人心中所產生的智慧。這一點,也再次印證了陸象山的洞見,所謂「東海有聖人出焉,此心同也,此理同也。西海有聖人出焉,此心同也,此理同也。……千百世之上有聖人出焉,此心同也,此理同也。千百年之下有聖人出焉,此心同也,此理同也」。我相信,如果紐思濱等人能夠瞭解儒家傳統,正如我們從他們的思考與論辯中得到啟發一樣,對於愛國主義和世界主義等諸多問題的反省,將會產生更為豐碩的成果。

公議社會的建構：
黃宗羲民主思想的真正精華
——從〈原君〉到〈學校〉的轉換

一、〈原君〉再分析：歷史脈絡與思想涵義

作為黃宗羲政治思想的代表性著作，《明夷待訪錄》自晚清以來一直受到中外學者的高度重視。梁啟超、譚嗣同的表彰是其得以成為思想焦點之一的重要原因。無論是將《明夷待訪錄》直接與西方的民主、民權思想相連，[15] 還是認為《明夷待訪錄》不能直接與西方的民主、民權思想相比附，只能說是中國傳統民本思想的體現和極致，[16] 在認為《明夷待訪錄》具有反對君主專制的思想這一點上，則幾乎是眾口一詞，沒有異議的。美國學者司徒琳（Lynn A. Struve）曾經指出不能過分強調《明夷待訪錄》的獨創性，而應當將其視為當時東林和復社一些儒家知識人所試圖推行的政治思想的總結。換言之，在司徒琳看來，《明夷待訪錄》的許多思想其實並非黃宗羲個人的獨唱，而是當時思想界的共識。[17] 但儘管如此，在認

---

[15] 譬如，錢穆的《中國近三百年學術史》，直接起於對梁啟超《中國近三百年學術史》的不滿，二書立論之不同，處處可見。但在認定《明夷待訪錄》為中國民主思想的體現這一點上，雙方則並無不同。

[16] 譬如，蕭公權（1897–1981）對西方政治思想瞭如指掌，他的《中國政治思想史》，歷來被認為持論公允的經典之作。其中即認為不能以民主來比附黃宗羲的《明夷待訪錄》。

[17] 參見司徒琳，〈《明夷待訪錄》與《明儒學案》的再評價〉，刊於《黃宗羲論》，吳光主編（杭州：浙江古籍，1987），287–93。

為《明夷待訪錄》具有反對君主專制思想這一點上,司徒琳也並未有所懷疑。

進一步來說,認為《明夷待訪錄》具有反對君主專制思想,主要根據的文獻在於其中的〈原君〉一篇。考察以往幾乎所有相關的研究文獻,我們可以確定無疑地指出這一點。但是,〈原君〉政治思想的宗旨是否可以概括為反對君主專制,其實是很值得深入檢討的。

《明夷待訪錄》特別其中〈原君〉一篇在晚清之所以受到格外表彰,其實與當時的環境有關。梁啟超、譚嗣同等人宣揚黃宗羲這一文獻的用意,在於希望藉表彰該文獻來營造一種反對當時清政府專制的思想氛圍。另外,自現代學術建立以來,學界基本上以啟蒙思潮來界定明清之際的思想轉型。[18] 而反專制、平民意識、思想解放等所謂「啟蒙意識」,便幾乎成為學者研究明清之際思想家的基本問題意識。在這種問題意識之下,發現並強調〈原君〉所代表的《明夷待訪錄》之中的反對君主專制的政治思想,便在所難免。這兩點,是〈原君〉被塑造為黃宗羲反對君主專制政治思想的基本原因。

其實,如果緊扣〈原君〉文本進行分析,我們會發現,得出所謂「反對君主專制」的結論,可以說是經過了「二度抽離」的結果。[19] 所謂「二度抽離」,首先,是指持論者歷來反覆徵引的用以支持「反對君主專制」的依據,不過〈原君〉中的一兩句話,其理解和判斷脫離了〈原君〉一文的整體脈絡;其次,是指以〈原君〉作為批判

---

[18] 這一點以侯外廬(1903–1987)開啟的思想史學派最為典型,參見侯外廬主編,《中國早期啟蒙思想史》(北京:人民,1956);《中國思想通史》(北京:人民,1956);侯外廬、邱漢生、張豈之主編,《宋明理學史》(北京:人民,1984)。

[19] 此「二度抽離」語,借自余英時,《朱熹的歷史世界》一書〈導論〉部分。

君主專制的文獻依據，脫離了黃宗羲個人所在的當時的歷史脈絡，未能將此篇與黃宗羲個人的生活經歷尤其晚明的政治現實結合起來考慮。

為便於分析和論證，儘管〈原君〉一篇似乎學者已經耳熟能詳，筆者在此仍然全文徵引。〈原君〉全文，一般分為如下四段。

（一）有生之初，人各自私也，人各自利也。天下有公利而莫或興之，有公害而莫或除之。有人者出，不以一己之利為利，而使天下受其利；不以一己之害為害，而使天下釋其害；此其人之勤勞，必千萬於天下之人。夫以千萬倍之勤勞，而己又不享其利，必非天下之人之情所欲居也。故古之人君，去之而不欲入者，許由、務光是也；入而又去之者，堯、舜是也；初不欲入而不得去者，禹是也。豈古之人有所異哉？好逸惡勞，亦猶夫人之情也。

（二）後之為人君者不然。以為天下利害之權皆出於我，我以天下之利盡歸於己，以天下之害盡歸於人，亦無不可。使天下之人不敢自私，不敢自利，以我之大私為天下之大公。始而慚焉，久而安焉，視天下為莫大之產業，傳之子孫，受享無窮。漢高帝所謂「某業所就，孰與仲多」者，其逐利之情，不覺溢之於辭矣。此無他，古者以天下為主，君為客，凡君之所畢世而經營者，為天下也。今也以君為主，天下為客，凡天下之無地而得安寧者，為君也。是以其未得之也，屠毒天下之肝腦，離散天下之子女，以博我一人之產業，曾不慘然，曰：「我固為子孫創業也。」其既得之也，敲剝天下之骨髓，離散天下之子女，以奉我一人之淫樂，視為當然，曰：「此我產業之花息也。」然則為天下之大害者，

君而已矣。向使無君，人各得自私也，人各得自利也。嗚呼！豈設君之道固如是乎？

（三）古者天下之人愛戴其君，比之如父，擬之如天，誠不為過也。今也天下之人怨惡其君，視之如寇讎，名之為獨夫，固其所也。而小儒規規焉以君臣之義無所逃於天地之間，至桀、紂之暴，猶謂湯、武不當誅之，而妄傳伯夷、叔齊無稽之事，使兆人萬姓崩潰之血肉，曾不異夫腐鼠。豈天地之大，於兆人萬姓之中，獨私其一人一姓乎？是故武王聖人也。孟子之言，聖人之言也。後世之君，欲以如父如天之空名禁人之窺伺者，皆不便於其言，至廢孟子而不立，非導源於小儒乎！

（四）雖然，使後之為君者，果能保此產業，傳之無窮，亦無怪乎其私之也。既以產業視之，人之欲得產業，誰不如我？攝緘縢，固扃鐍，一人之智力，不能勝天下欲得之者之眾。遠者數世，近者及身。其血肉之崩潰在其子孫矣。昔人願世世無生帝王家，而毅宗之語公主，亦曰「若何為生我家？」痛哉斯言！回思創業時，其欲得天下之心，有不廢然摧沮者乎？是故明乎為君之職分，則唐、虞之世，人人能讓，許由、務光非絕塵也；不明乎為君之職分，則市井之間，人人可欲，許由、務光所以曠後世而不聞也。然君之職分難明，以俄頃淫樂不易無窮之悲，雖愚者亦明之矣。

歷來引文獻論證所謂反對君主專制者，其實反覆徵引的，多僅為「然則為天下之大害者，君而已矣。向使無君，人各得自私也，人各得自利也」（第二段）兩句，甚至只引其中的前一句。不過，

如果我們仔細閱讀這兩句話的上下文，充分考慮其前後左右的文意，就會發現黃宗羲根本並無反對君主制或者說反對「設君」的意思。首先，所謂「向使無君，人各得自私也，人各得自利也」，表面上看似乎是希望「無君」。但「向使」二字，說明黃宗羲這裡不過是假設的虛擬語氣。並且，即便是要「無君」，還要看黃宗羲是在一般意義上主張「無君」，還是在特定的意義上主張「無君」。換言之，即使要「無君」，也要看是「無」什麼「君」。事實上，在〈原君〉整個文字中，黃宗羲通篇有一個對比，即「古之人君」和「後之為人君者」。前者是「不以一己之利為利，而使天下受其利；不以一己之害為害，而使天下釋其害」（第一段）。後者則是「以為天下利害之權皆出於我，我以天下之利盡歸於己，以天下之害盡歸於人」（第二段），並且「視天下為莫大之產業，傳之子孫，受享無窮」（同上引）。前者的例子是許由、務光、堯、舜、禹，後者的典型則是漢高帝。在「古」和「今」的這種對比之下，黃宗羲所要「無」的「君」，其實只是後者，所謂「今也天下之人怨惡其君，視之如寇讎，名之為獨夫，固其所也」（第三段），但並非「君」本身。否則的話，他就不會在第三段開頭說「古者天下之人愛戴其君，比之如父，擬之如天，誠不為過也」這樣的話了。總體來說，對黃宗羲而言，像桀、紂那樣作為「獨夫」的「君」是應當革去的。在那種情況下，不能講什麼「君臣之義無所逃於天地之間」（第三段），否則不過是「規規焉」的「小儒」。而「無」去那種「君」，卻恰恰是為了要得到像湯、武那樣受百姓愛戴而尊為「父」、「天」的「君」。黃宗羲「豈設君之道固如是乎」的反問，正是透顯了這一點。黃宗羲如果根本要「無君」，即在一般意義上反對君主制本身，他就根本不必做「古之人君」和「後之為人君者」的對比，更不必提出「設君之道」的問題了。

除了回到〈原君〉整個文本的脈絡之中，我們還應當回到黃宗羲當時所在的政治與社會現實，結合其自身的生活經驗，如此才能對〈原君〉的思想旨趣獲得恰當的理解。其父為閹黨所害，黃宗羲仇恨刻骨銘心。其年輕時為父報仇的傳奇經歷，充分顯示了這一點。需要指出的是，表面上看，迫害黃尊素（1584-1626）以及當時清流者為魏忠賢（1568-1627）及其手下的閹黨，其實，若非當朝皇帝的縱容，閹黨絕難有當時的權勢與氣焰。有明一代皇權絕對至上，太祖（1328-1398）借胡惟庸案廢除宰相制度之後尤其如此。魏忠賢及其黨羽氣焰薰天，但崇禎（1611-1644）即位後不久即將其一舉剿滅，可見生殺大權絕對繫於皇帝一手。因此，黃尊素之禍，根源實不在魏忠賢，而在熹宗朱由校（1605-1627）。熹宗雖然以沉於木工活、不理朝政聞名，但最終的權柄始終在握。沒有他的默認容許，生殺定奪大權是不會一任魏忠賢之輩的。[20] 對此，黃宗羲不可能不瞭然於胸。因此，在其父被逮、被殺一事上，黃宗羲內心深處最為痛恨的恐怕並不是魏忠賢，而是昏聵的熹宗。以「離散天下之子女」來譴責「後之為人君者」，不能不說是道出了黃宗羲心中的隱痛。而所謂「今也天下之人怨惡其君，視之如寇讎，名之為獨夫，固其所也」，作為黃宗羲的心聲，就其實際的遭遇來看，恐怕矛頭所指，正是熹宗。另外，〈原君〉一篇對於「君害」的痛陳，也更多的不是泛泛而言，而是與有明一代的政治現實密切相關。換言之，〈原君〉中的所謂「後之為人君者」，固然可以籠罩三代以下幾乎所有的君主，其中舉漢高祖「某業所就，孰與仲多」的話作為君主以天下為一己之私業的證據，即是一例，但更多的或者說直接的所指，應當是有明一代的君主。〈原君〉中提到的所謂「廢孟子而不立」，

---

[20] 典型的例子，即魏忠賢圖謀陷害張皇后由於熹宗衛護而未果一事。參見林金樹、高壽仙，《天啟皇帝大傳》（遼寧：遼寧教育，1993）。

指朱元璋的罷孟子陪享。而與黃宗羲別處所謂「有明無善治,自高皇帝罷丞相始」一句合觀,更可說明〈原君〉中所謂「後之為人君者」,主要當針對有明一代的君主而言。這同樣說明,黃宗羲所欲「無」之「君」,實乃如明代大多數君主一樣的「昏君」和「獨夫」,而非君主之位本身。

　　過去對於黃宗羲作《明夷待訪錄》的動機,歷來有不同的看法。一種如章太炎(1869–1936)、陳寅恪、趙儷生(1917–2007)等人,認為黃宗羲是自比箕子,以待清朝新君的來訪而「將以有為也」。另一種自全祖望(1705–1755)以降至邱漢生(1912–1992)等人,則持不同態度,認為並非如此。本文不涉入該問題的具體討論,所欲指出者,惟在一點。無論黃宗羲本人是否欲待新君來訪,至少就〈原君〉本文可見,黃宗羲並非一般地否認君主之位在異姓之間轉移或者說改朝換代的合法性。在上引〈原君〉第三段文字中,這一點顯而易見。如果說面對的是像桀、紂那樣民「視之如寇讎」的「暴君」、「獨夫」,還認為湯、武革命的改朝換代不合法而有悖於「無所逃於天地之間」的所謂「君臣之義」,置「兆人萬姓崩潰之血肉」於不顧,則不過是「規規焉」的「小儒」之見。直斥「伯夷、叔齊」之事為「妄傳」的「無稽之事」,並發出「豈天地之大,於兆人萬姓之中,獨私其一人一姓乎」(第三段)的質問,也正說明了黃宗羲的這一看法。至於最後一句話:「後世之君,欲以如父如天之空名禁人之窺伺者,皆不便於其言,至廢孟子而不立,非導源於小儒乎」,則可以說將君主之位在異姓之間的轉移以及改朝換代的合法性直接與明清鼎革相關。因為這裡「廢孟子而不立」的君主,說的即是明朝的建立者朱元璋。事實上,黃宗羲在明末清初的抗清義舉與其晚年對清朝太平盛世的肯定,以及他自己始終不肯入仕而後來又並不反對其後人和學生入朝為官,並不構成不可理解的矛盾。正

是基於對君位異姓之間轉移以及改朝換代合法性的肯定，反對「獨私其一人一姓」，黃宗羲被後人譏為「晚節」有虧的一系列肯定清朝政府的行為，作為並不「有虧」的自然結果，才是可以理解的。

二、〈學校〉新詮釋：公議思想的核心地位

　　以上，我們結合歷史脈絡與思想內涵兩個方面，澄清了對於〈原君〉的「過度詮釋」。本文的重點並不在於對那種過度詮釋的「破」，而在於對〈學校〉一篇中所蘊涵或者說可能發展出的「公議」的思想甚至制度設計的「立」。依筆者之見，後者才是黃宗羲政治思想的真正精華。在目前已經並不存在君主制的情況下，在民主作為一種普遍價值早已成為世界大多數國家和地區人們的日常生活經驗的情況下，後者如何從人類的傳統中發掘資源，反省目前民主在思想蘊涵和制度設計方面的問題，或許更為重要。〈學校〉中的思想甚至具體的舉措，恰恰與西方當今政治理論前沿的「公議」思想有頗多相合之處，可以提供一筆豐富的資源。並且，對黃宗羲來說，只有他心目中的「學校」的建立，可以「比之如父，擬之如天」的真正的「君」，才有可能出現。〈學校〉中所謂：「學校之法廢，民蚩蚩而失教，猶勢利以誘之。是亦不仁之甚，而以其空名躋之曰『君父，君父』，則吾誰欺！」由此可見，學校甚至是構成健康的君主制度的必要保證和前提。在這個意義上，即使我們回到黃宗羲《明夷待訪錄》的文本以及當時的歷史脈絡本身，也足見〈學校〉一篇的重要性。

　　和〈原君〉一樣，嚴格而論，〈學校〉的思想也並非黃宗羲個人「前不見古人、後不見來者」的絕唱。譬如，有學者就曾指出，〈學校〉一篇的思想與張溥（1602–1641）領導的復社的政治議程有相當

的一致之處。[21]但是,是否對復社的政治議程進行深入的理論反省,從而提煉出其中蘊涵的思想內容,是否將這種思想內容加以系統的論述,則又的確非黃宗羲的〈學校〉莫屬。進一步來說,即便復社的政治思想是黃宗羲〈學校〉的近源,其遠源實則一直可以上溯到儒家傳統初期「庶人議政」的精神。《左傳‧襄公三十一年》條載:

> 鄭人游於鄉校,以論執政。然明謂子產曰:毀鄉校如何?子產曰:何為?夫人朝夕而游焉,以議執政之善否。其所善者吾則行之;其所惡者吾則改之,是吾師也。若之何毀之?我聞忠善以損怨,不聞作威以防怨。豈不遽止,然猶防川。⋯⋯仲尼聞是語也,曰:人謂子產不仁,吾不信也。

孔子從不輕易以「仁」許人,但當他聽說子產不僅不毀鄉校、維護庶人議政的風氣並且能夠根據眾人所議政之「善」、「惡」來「行」、「改」時,竟以「仁」許之,可見孔子對於「庶人議政」精神的肯定。事實上,「天下有道,則庶人不議」(《論語‧季氏第十六》),正是孔子自己說過的話。鑑於春秋亂世的背景,這句話顯然可以理解為,在孔子看來,在天下無道的情況下,庶人議政就更是必需的。由此可見,黃宗羲〈學校〉的思想來源絕不只於晚明的東林和復社,從春秋時期的「庶人議政」,歷經漢代的太學清議、宋代的太學生運動,直到晚明的東林和復社,可以說一脈相承。黃宗羲〈學校〉的思想,正是對儒家這一思想和實踐傳統的高度理論概括。

以往在討論《明夷待訪錄》的政治思想時,研究者們也並沒有忽略〈學校〉這篇文字。不過,儘管也有不同的意見,但以往從胡適開始,大多數研究者往往將〈學校〉之中的思想和制度設計與西

---

[21] 參見司徒琳,〈《明夷待訪錄》與《明儒學案》的再評價〉,289。

方近代以來的議會制度相比照。[22] 前文已經提及，現代學術建立以來，將整個明清之際納入所謂「啟蒙」的視野，是一種迄今為止仍有相當影響力的詮釋視角。是否可以以西方近代以來的議會來比較黃宗羲〈學校〉中的構思？以及在何種程度上、什麼層面上我們可以進行這種工作，不是本文要討論的內容。換言之，本文以下對〈學校〉的分析，並不構成對以往詮釋模式的質疑甚至挑戰，而毋寧說只是筆者基於自己的觀察視角而提出的進一步的補充。

〈學校〉一篇文字頗長，本文將其分為如下 17 段：

（一）學校，所以養士也。然古之聖王，其意不僅此也，必使治天下之具皆出於學校，而後設學校之意始備。非謂班朝、布令、養老、恤孤、訊馘，大師旅則會將士，大獄訟則期吏民，大祭祀則享始祖，行之自辟雍也。蓋使朝廷之上，閭閻之細，漸摩濡染，莫不有詩書寬大之氣，天子之所是未必是，天子之所非未必非，天子亦遂不敢自為非是，而公其非是於學校。是故養士為學校之一事，而學校不僅為養士而設也。

（二）三代以下，天下之是非一出於朝廷。天子榮之，則群趨以為是；天子辱之，則群擿以為非。簿書、期會、錢穀、戎獄，一切委之俗吏。時風眾勢之外，稍有人焉，便以為學校中無當於緩急之習氣。而其所謂學校者，科舉囂爭，富貴熏心，亦遂以朝廷之勢利一變其本領。而士之有才能學術者，且往往自拔於草野之間，於學校初無與也。究竟養士一事亦失之矣。

---

[22] 參見胡適著，姜義華主編，《胡適學術論集》（北京：中華書局，1998）。後來如侯外廬《中國思想史》所代表的以「啟蒙」作為明清之際思想範式的解釋模式，更是持此一說。

（三）於是學校變而為書院,有所非也,則朝廷必以為是而榮之;有所是也,則朝廷必以為非而辱之。偽學之禁,書院之毀,必欲以朝廷之權與之爭勝。其不仕者有刑,曰:「此率天下士大夫而背朝廷者也。」其始也,學校與朝廷無與;其繼也,朝廷與學校相反。不特不能養士,且至於害士,猶然循其名而立之,何與?

（四）東漢太學三萬人,危言深論,不隱豪強,公卿避其貶議;宋諸生伏闕搥鼓,請起李綱。三代遺風,惟此猶為相近。使當日之在朝廷者,以其所非是為非是,將見盜賊奸邪懾心於正氣霜雪之下!君安而國可保也。乃論者目之為衰世之事,不知其所以亡者,收捕黨人,編管陳、歐,正坐破壞學校所致,而反咎學校之人乎!

（五）嗟乎!天之生斯民也,以教養托之於君。授田之法廢,民買田而自養,猶賦稅以擾之;學校之法廢,民蚩蚩而失教,猶勢利以誘之。是亦不仁之甚,而以其空名躋之曰「君父,君父」,則吾誰欺!

（六）郡縣學官,毋得出自選除。郡縣公議,請名儒主之。自布衣以至宰相之謝事者,皆可當其任,不拘已任未任也。其人稍有干於清議,則諸生得共起而易之,曰:「是不可以為吾師也。」其下有《五經》師,兵法、曆算、醫、射各有師,皆聽學官自擇。凡邑之生童皆裹糧從學,離城煙火聚落之處士人眾多者,亦置經師。民間童子十人以上,則以諸生之老而不仕者充為蒙師。故郡邑無無師之士。而士之學行成者,非主六曹之事,則主分教之務,亦無不用之人。

（七）學宮以外，凡在城在野寺觀庵堂，大者改為書院，經師領之，小者改為小學，蒙師領之，以分處諸生受業。其寺產即隸於學，以贍諸生之貧者。二氏之徒，分別其有學行者，歸之學宮，其餘則各還其業。

（八）太學祭酒，推擇當世大儒，其重與宰相等，或宰相退處為之。每朔日，天子臨幸太學，宰相、六卿、諫議皆從之。祭酒南面講學，天子亦就弟子之列。政有缺失，祭酒直言無諱。

（九）天子之子年至十五，則與大臣之子就學於太學，使知民之情偽，且使之稍習於勞苦。毋得閉置宮中，其所聞見不出宦官宮妾之外，妄自崇大也。

（十）郡縣朔望，大會一邑之縉紳士子。學官講學，郡縣官就弟子列，北面再拜，師弟子各以疑義相質難。其以簿書期會，不至者罰之。郡縣官政事缺失，小則糾繩，大則伐鼓號於眾。其或僻郡下縣，學官不得驟得名儒，而郡縣官之學行過之者，則朔望之會，郡縣官南面講學可也。若郡縣官少年無實學，妄自壓老儒而上之者，則士子譁而退之。

（十一）擇名儒以提督學政，然學官不隸屬於提學，以其學行名輩相師友也。每三年，學官送其俊秀於提學而考之，補博士弟子；送博士弟子於提學而考之，以解禮部，更不別遣考試官。發榜所遺之士，有平日優於學行者，學官咨於提學補入之。其弟子之罷黜，學官以生平定之，而提學不與焉。

（十二）學曆者能算氣朔，即補博士弟子，其精者同入解額，使禮部考之，官於欽天監。學醫者送提學考

之，補博士弟子，方許行術。歲終，稽其生死效否之數，書之於冊，分為三等：下等黜之；中等行術如故；上等解試禮部，入太醫院而官之。

(十三) 凡鄉飲酒，合一郡一縣之縉紳士子。士人年七十以上，生平無玷清議者，庶民年八十以上，無過犯者，皆以齒南面，學官、郡縣官皆北面，憲老乞言。

(十四) 凡鄉賢名宦祠，毋得以勢位及子弟為進退。功業氣節則考之國史，文章則稽之傳世，理學則定之言行。此外鄉曲之小譽，時文之聲名，講章之經學，依附之事功，已經入祠者皆罷之。

(十五) 凡郡邑書籍，不論行世藏家，博搜重購。每書鈔印三冊，一冊上祕府，一冊送太學，一冊存本學。時人文集，古文非有師法，語錄非有心得，奏議無裨時用，序事無補史學者，不許傳刻。其時文、小說、詞曲、應酬代筆，已刻者皆追板燒之。士子選場屋之文及私試義策，蠱惑坊市者，弟子員黜革，見任官落職，致仕官奪告身。

(十六) 民間吉凶，一依朱子《家禮》行事。庶民未必通諳，其喪服之制度，木主之尺寸，衣冠之式，宮室之制，在市肆工藝者，學官定而付之；離城聚落，蒙師相其禮以革習俗。

(十七) 凡一邑之名蹟及先賢陵墓祠宇，其修飾表章，皆學官之事。淫祠通行拆毀，但留土穀，設主祀之。故入其境，有違禮之祀，有非法之服，市懸無益之物，土留未掩之喪，優歌在耳，鄙語滿街，則學官之職不修也。

以下在具體分析時，將隨文根據需要再做相應的徵引。大體來

說，〈學校〉一篇分為兩個部分：一是明確學校的職責和功能；二是一些具體的設計。

關於具體的設計，黃宗羲考慮得十分細緻周密。首先，從學校在整個社會的涵蓋性來講，下起郡縣，上至太學，甚至遠離城市的「煙火聚落之處」以及「民間童子十人以上」（第六段），如何建立學校，黃宗羲都有說明。其次，在不同的學校形式中，如何選擇主教的學官，黃宗羲也有說明。譬如，對於郡縣學官，黃宗羲認為「毋得出自選除。郡縣公議，請名儒主之。自布衣以至宰相之謝事者，皆可當其任，不拘已仕未仕也」（同上引）。對於太學祭酒，則「推擇當世大儒，其重與宰相等，或宰相退處為之」（第八段）。對於少兒教師，則「以諸生之老而不仕者充為蒙師」（第六段）。第三，學校教化的對象幾乎涵蓋所有的人士。甚至天子本人，亦當定期於太學受教，所謂：「每朔日，天子臨幸太學，宰相、六卿、諫議皆從之。祭酒南面講學，天子亦就弟子之列。政有缺失，祭酒直言無諱」（第八段）。至於統治階層的子弟，更是學校教育的對象，所謂「天子之子年至十五，則與大臣之子就學於太學，使知民之情偽，且使之稍習於勞苦」（第九段）。為的是要避免這些紈子弟「閉置宮中，其所聞見不出宦官宮妾之外，妄自崇大也」（同上引）。第四，如第十一段所示，學校教師的選拔具有相當的獨立性，不在通常的官僚體系之內，其考核亦有一套獨立運作的機制。第五，雖然教師代表「道統」而具有在政權之外的獨立性，但是，正因為其如此重要，所以學校的教師並不具有絕對和單方面的權威，如不合格，學生有權將其更換。譬如郡縣學官，黃宗羲就指出，「其人稍有干於清議，則諸生得共起而易之，曰：『是不可以為吾師也』」（第六段）。至於那些「僻郡下縣」，如果無法請得「名儒」擔任「學官」，暫時由學行兼優的行政長官代行教師職責的，一旦代行者並

無真才實學，反而「妄自壓老儒而上之者」，則更當由「士子嘩而退之」（第十段），以正視聽。除此之外，還有一些更為細緻的設計，如第十三到十七段所顯示的，主要與當時的風俗有關，在普遍性的意義方面較為缺乏。有些主張，如廢除佛寺道觀，沒收其產業，一律改為學校，則無論在什麼時候也都並不合理。

關於學校的職責和功能以及喪失其應有的功能所帶來的危害，主要在於〈學校〉的前五段文字。在黃宗羲看來，學校的直接功能和目標是所謂「養士」，所謂「學校所以養士也」（第一段）。但「養士」並非最終目的，學校的設立和存在，更是為了培養一種正確的輿論監督和制約力量。所以黃宗羲緊接著又說：「然古之聖王，其意不僅此也，必使治天下之具皆出於學校，而後設學校之意始備」（同上引）。換言之，對黃宗羲而言，學校應當是一切價值判斷的最終來源和根據，而士人群體包括學校的「學官」以及受教的諸生，則是這種價值判斷的具體實施者。一旦「治天下之具皆出於學校」，自然「朝廷之上，閭閻之細，漸摩濡染，莫不有詩書寬大之氣」（同上引），而最終的結果，就是「天子之所是未必是，天子之所非未必非，天子亦遂不敢自為非是，而公其非是於學校」（同上引）。如此一來，也就自然不會出現〈原君〉中所述的「君害」了。正是在這個意義上，黃宗羲在第一段最後說「是故養士為學校之一事，而學校不僅為養士而設也」（同上引）。總之，正如牟宗三先生曾經指出的，在黃宗羲看來，學校應當是一個教化的系統，它有三方面的作用：一是司教；二是養士；三是議政。[23] 這三方面的作用合在一起，就是要使是非判斷的價值標準不在於天子一人，而在於學校的公論；不在於朝廷，而要公諸天下。當前者與後者發生衝突時，當以後者或者說天下士人的公論為準。儒家傳統中從來就有「道」

---

[23] 牟宗三，《牟宗三先生全集》，10：193。

高於「勢」的主張和信念，黃宗羲「公其是非於學校」的思想，就是給這一主張和信念提供了具體的制度安排。

不過，學校與議會不同者，在於學校並不是直接討論國家大事、進行立法和決策的地方。以往多認為黃宗羲學校的職能為「議政」，其實並不準確。如果說西方議會「議政」的功能主要是對於政策本身內部的問題進行具體討論的話，在黃宗羲的心目中，學校的功能則並不僅僅在於政策本身內部問題的討論。譬如，學校確有議政的職責，所以對於「政事缺失」，黃宗羲也說要「直言無諱」（第八段）、「小則糾繩，大則伐鼓號於眾」（第十段）。但是，除了既在於為政策的指定和實施提供廣泛和宏觀的價值指導，學校的功能更在於在整個社會營造一種獨立於權力系統之外的「公議」的世界。這個世界代表著社會上正義的價值判斷和輿論導向，亦即所謂「正氣」。黃宗羲所舉的歷史典故：「東漢太學三萬人，危言深論」和「宋諸生伏闕搥鼓，請起李綱」，正是通過「公議」而最終在政治和社會的重大問題上產生了的「正義」的例證。所謂「公卿避其貶議」，正是「正義」高於「權力」的結果。因此，對黃宗羲而言，這種公議社會，最接近儒家傳統理想的政治社會，所謂「三代遺風，惟此猶為相近」。

以往我們對民主的理解，主要是從一種選舉文化的角度。譬如，大都根據熊彼特（Joseph A. Schumpeter, 1883–1950）的理解，認為民主的實質就是選舉，就是政治上的輪流坐莊。這種理解當然沒有錯，但其實並不全面，甚至並不夠深入。事實上，晚近西方對於民主的理解開始更強調民主作為一種人的素質和生活方式。比如，安樂哲和郝大維（David L. Hall, 1937–2001）曾經結合杜威（John Dewey, 1859–1952）的思想與儒家傳統並從中汲取資源來闡釋這樣一

種民主觀。[24] 尤其是，同樣有代表性並且與黃宗羲〈學校〉一篇的思想可以參照的，最近則有1998年諾貝爾經濟學獎獲得者、經濟學家兼哲學家的阿馬蒂亞・沈恩從 "public reasoning" 的角度來界定的民主。[25] 在沈恩看來，從選舉文化以及由此而來的大多數人統治這一角度來理解民主，只是一種較為狹義的民主觀，而從他所謂 "public reasoning" 來理解的民主，才具有更為廣泛和深刻的涵義，也更接近民主本來所應有的意義。

具體來說，作為印度裔學者，沈恩對於印度的文化傳統具有相當的瞭解和認同。對於 "public reasoning" 這一觀念的闡發，沈恩就主要是從印度歷史文化中的所謂「論辯傳統」（argumentative tradition）來加以說明的。[26] 在沈恩看來，「論辯傳統」的一個核心就是 "public reasoning"。沈恩指出，"public reasoning" 主要涉及三個方面：一是對於不同觀點和生活方式的容忍；二是對於公眾關懷的各種問題需要進行公開的討論；三是鼓勵人們參與到轉化和改善社會的公共行為之中。而在這三個方面之中，貫穿其中的一個主要精神，則恰恰是如同黃宗羲在〈學校〉中所倡導的那種「公其非是」的原則。換言之，即將權力的運作置於一種公開、透明的輿論監督和控制的機制之下。所謂監督控制機制的輿論，是透過廣大知識人的普遍參與和反覆討論所形成的一種「風教」，並且，這種作為「風教」的輿論並不是在各種決策「之外」和「之後」才發生作用的，

---

[24] 參見 David L. Hall and Roger T. Ames, *The Democracy of the Dead: Confucius, Dewey, and the Hope for Democracy in China* (LaSalle, IL: Open Court, 1999)；中譯本《先賢的民主：杜威、孔子與中國民主之希望》，何剛強譯（江蘇：江蘇人民，2002）。

[25] "public reasoning" 一詞筆者最早聽聞於和杜維明教授的交談。但杜先生並未告訴筆者這一觀念的來源。後經筆者調研，雖目前不敢謂這一觀念最早源自沈恩，但當前幾乎所有關於 "public reasoning" 的討論都與沈恩有關，且對這一觀念的解釋和運用，以沈恩為最。

[26] 具體討論參見 Amartya Sen, *The Argumentative Indian: Writings on Indian History, Culture and Identity* (New York: Farrar, Straus and Giroux, 2005)。

各種決策行為的發生必須是要在這種「風教」「之中」或至少「之下」來形成的。由於〈學校〉第六段本有「公議」一詞，且在筆者看來，「公議」頗能反映沈恩所謂"public reasoning"的根本精神方向，在本文中，筆者即以「公議」來翻譯"public reasoning"。

一個社會是否能夠成為一種「公議社會」，對於一個社會的發展至關重要，更是一個社會是否能夠被稱為一個民主社會的關鍵。如果只具有一人一票的選舉形式，卻不具備一種「公其是非於天下」並由廣大知識人普遍參與、充分討論的「公議」的條件，那麼，具備了形式合理性的選舉卻很可能導致並不能真正體現民意的、不具備實質合理性的「惡果」。由於缺乏「公議」，在黑金、豪強的幕後操作之下，很多選舉產生了魚肉鄉里的領袖，便是明證。有趣的是，沈恩本人就曾經對比過最近幾十年來印度和中國在醫療保險方面各自的成敗。他指出，印度之所以能夠在醫療保險取得很大的進展，很重要一個原因就是一系列相關的決策和執行都是訴諸於「公議」的結果。而中國醫療保險制度的失敗，[27]很大一部分原因相反正是政治和社會整個缺乏一種「公議」的機制。他特別舉了2003年SARS（severe acute respiratory syndrome）在中國蔓延的例子，作為缺乏「公議」的惡果的一個例證。[28]因此，在沈恩看來，只有在一個「公議」社會中，一人一票的選舉才會真正體現並最終實現民主的精神。而在這個意義上，「公議」而非「選舉」，也更能夠體現民主的本質。

需要指出的是，沈恩並沒有說「公議」只屬於印度的文化傳統。相反，他指出，「公議」的精神和資源存在於每一個文明和文化傳統之中。譬如，他還特別指出了在伊斯蘭文明尤其其中的蘇菲

---

[27] 中國大陸醫療保險和義務教育系統改革的失敗，溫家寶任職總理期間在其政府工作報告中已經明確承認。

[28] 參見 Amartya Sen, "Democracy and Its Global Roots: Why Democratization is not the Same as Westernization," *The New Public*, October 6, 2003, 28–35。

（Sufis）傳統中，同樣具有培養「公議」的傳統。事實上，沈恩之所以強調要從「公議」而非「選舉」的角度來理解民主的精義，恰恰是要反駁那種民主為西方所獨有的陳見。這一點，目前在整個西方世界也並非是沈恩個人的獨唱，而其實可以說是許多優秀的西方知識人批判性的群體自我反思的結果之一。既然「民主」並非西方世界的特產，也就無所謂「輸出」的問題了。而既然民主的精義更在於「公議」，那麼，如果我們從「公議」而非單純「選舉」的角度來界定民主，認為〈學校〉之中蘊涵了豐富的民主思想，根據以上的文本分析，就並非「比附」，而不過是揭明其「題中應有之義」罷了。

當然，筆者絕無意說黃宗羲〈學校〉中的「公議」思想與沈恩的 "public reasoning" 彼此若合符節，無分軒輊。其間的差別所在，亦自不可掩。譬如 "public reasoning" 中所強調的以肯定多元為前提的容忍問題，至少就不是〈學校〉所涉及到的。但是，這並無傷其價值。原本所無，並不意味著目前和將來不可能有。一種思想和學說的價值，本不在於其包羅萬象，已經窮盡了所有的問題，而恰恰在其給後人提供一定思想資源的同時，又為進一步的詮釋提供了展開的空間。

三、結語：公議社會的建構

現代學術建立以來，對於黃宗羲政治思想的認識和評價，在中國大陸經歷了演變的過程。起先是稱頌《明夷待訪錄》尤其〈原君〉一篇所具有的民主思想，後來又強調不能與西方的民主思想簡單比附，因而基於「民主」和「民本」的區分，認為黃宗羲的政治觀還是民本思想的表現，頂多可以說是民本的極致。這裡面其實有兩個關鍵問題，一是以往的焦點多在〈原君〉，於〈學校〉一篇著力不

多:另一個則是對「民主」涵義的理解似是而非,至今不免霧裡看花。如果我們放寬並深入對於民主的瞭解,不以單純的選舉文化為限,並將注意的焦點從〈原君〉轉換到〈學校〉,或許就不必執著於所謂「民本」與「民主」在名相上的「虛妄分別」(借用佛教語),更無需在今天對於其有關君主制的問題多費口舌了。

不過,我們引入最近西方世界關於 "public reasoning" 的觀念,並指出與黃宗羲〈學校〉中的「公議」思想多有相通合拍之處,並不是要獲得一種「人有我亦不乏」的滿足。而是希望籍此說明,第一,在目前的情勢之下,要想從中國文化自身的傳統中發掘銜接現代民主的資源,至少就黃宗羲而言,我們的重點當從〈原君〉轉換到〈學校〉,後者所蘊涵的「公議」思想才是黃氏民主思想的真正精華。第二,在國家領導人發表公開信肯定黃宗羲民主思想的情況下,我們應當深入思考「公議」問題的重要性,以之作為民主建設的核心內容。選舉制度層面的民主建設固然重要,也是迄今我們所急需的。但如上所述,單純的制度建設只能保證「形式合理性」而無法使「實質合理性」成為必然。西方制度層面的民主已經很成熟,目前他們的自我反省和批判正在於單純制度層面民主的不足。如欲避免「步人後塵」,「公議」就不能局限於單純的制度層面。事實上,整個社會如果缺乏一種作為「風氣」的「公議」,制度層面的真正民主也是難以建立的。第三,結合西方現代的民主理論,發掘並發展〈學校〉中的「公議」思想,並不只能「坐而論道」。如何在建構「和諧社會」的訴求之外,同時致力於建構一種「公議社會」,恐怕更是執政者和廣大知識人所當再三致意的。缺乏「公議」的社會,恐怕很難臻於真正的「和諧」之境。

第五部分
當代儒學人物

§ 當代儒家知識人的典範
　　——余英時先生榮獲人文諾貝爾獎的啟示

§ 有為有守、承先啟後——懷念劉述先先生

§ 反一反傳統主義
　　——陳來先生的文化立場與價值關懷

§ 立足儒學、融通東西
　　——李明輝教授與比較哲學

當代儒家知識人的典範
——余英時先生榮獲人文諾貝爾獎的啟示

一、引言

　　或許由於本人是化學家的緣故，當初諾貝爾（1833-1896）臨終前決定以其遺產的一部分（920萬美元）設立諾貝爾獎時，在物理、化學、生理或醫學、和平之外，人文學科中僅有文學一科。其後迄今，也只增加了經濟獎（1968）和地球獎（1990）。前者授予在經濟學研究領域中做出重大貢獻的學者，後者則授予為環境保護做出重大貢獻的傑出人士。

　　由諾貝爾生活的 19 世紀直到今天，可以說是一個科學技術在人類生活中不斷趨於強勢而人文學科日益退處邊緣的過程。西方世界既然如此，在「尊西籍若神聖，視西人若帝天」的整個 20 世紀，東方以及中國自不免亦步亦趨。不過，作為人類自身經驗的反映，人文學科既然無論如何終究無法消失，其意義所在也就自然會有有識之士念茲在茲。非但直接從事人文學科領域的人士如此，其他行業如科技、工商、媒體以及娛樂領域亦不乏其人。由於科技、工商領域易於累積財富，其中有所成就而深明人文學科的價值和意義者，如果對人文領域提供資助，反而更加容易直接推動人文學領域的發展。美國電視巨頭約翰·克魯格（John Kluge, 1914-2010）先生可以說正是這樣一位身在人文學科之外卻又頗具人文關懷的明達之士。

有鑑於諾貝爾獎中人文學科只有文學一項,約翰・克魯格於 2000 年向美國國會圖書館捐款 7,300 萬美元,設立「克魯格獎」,也稱為「約翰・克魯格人文與社會科學終身成就獎」,明確表示該獎項的目的在於彌補諾貝爾獎在人文領域的不足。因此,該獎涵蓋的學科就是歷史、哲學、政治學、人類學、社會學、宗教、文藝批評和語言學。無論在獎勵對象還是在遴選程序上,該獎幾乎都一如諾貝爾獎。獎勵的對象是那些在上述人文學科中辛勤耕耘多年、做出重大貢獻並獲得舉世公認的傑出學者,其國籍和寫作的語種不限。遴選的範圍也是覆蓋全球,完全是「千里挑一」。2003 年第一屆克魯格獎授予了波蘭哲學家科拉柯夫斯基(Leszek Kołakowski, 1927–2009),2004 年授予了美國耶魯大學歷史學家帕利坎(Jaroslav Pelikan, 1923–2006)和法國哲學家利科(Paul Ricoeur, 1913–2005)。去年該獎空缺。就在上週三(2006 年 11 月 15 日),美國國會圖書館正式宣布,經過全球多所大學的校長、研究機構的負責人以及眾多傑出學者和知識人組成的不同層次的委員會對全球兩千多位獲得提名的候選人的層層篩選,2006 年該獎最終授予了普林斯頓大學榮休教授余英時先生和杜克大學的榮休教授富蘭克林(John H. Franklin, 1915–2009)。後者今年(2006)91 歲高齡,專治美國黑人史。余英時先生則今年壽屆 86 歲,在海內外研究中國思想文化的廣大學者群中一直享有盛譽。

在海內外的整個華人世界中,獲得諾貝爾獎歷來被視為最高榮譽。以往獲此殊榮的華人學者共有 8 位,依時間順序為楊振寧和李政道(1957 年兩人共同獲物理學獎)、丁肇中(1976 年獲物理學獎)、李遠哲(1986 年獲化學獎)、達賴喇嘛(1989 年獲和平獎)、朱棣文(1997 年獲物理學獎)、崔琦(1998 年獲物理學獎)、高行健(2000 年獲文學獎)。其中,除了達賴喇嘛的和平獎和高行健的文

學獎之外,全屬科學領域。因此,對於被公認為人文諾貝爾獎的克魯格獎來說,余英時先生作為第一位華人學者以精研中國思想文化史獲此大獎和殊榮,尤具深遠的意義。全球華人為之歡欣鼓舞,自在情理之中。而如今我們中國大陸的人文學者,則更應當深思這一盛事給予我們的啟示。當然,啟示云者,或許不免見仁見智。但以下主要相關於中國大陸境況的幾點看法,我以為未必全屬個人的私見,相信會是若干同道的共識。

二、全球語境中的中文寫作

　　首先我們應當思考的,是全球語境中的中文寫作問題。雖然隨著中國經濟的快速增長,中文目前在西方漸受青睞。國家「漢辦」在全球以「孔子學院」的方式推廣漢語,也是這一背景下的舉措。但是,這絕不意味著中文已經處於強勢。即便在整個中文世界,如果說受過高等教育者尤其知識階層對英文目前或至少十年之內仍然趨之若鶩,恐怕毫不為過。事實上,在中國大陸的人文學界甚至中國傳統文史哲的領域中,英文能力也成為各種評價機制和學者各方面勝出的一項非常重要的指標。從學術研究的角度來說,具備多種語文能力當然是成為世界範圍內一線學者的必要條件之一。即便是中國傳統文史哲的學問,也早已不再是專屬中國學者的領地,歐美與日本等中文世界以外的地區都不乏精通「漢學」和「中國學」的大師。如果不能對那些海外漢學大師以及更多研究者以其自身語言寫作的有關「中國」的研究成果消化吸收,勢必畫地為牢而難有大成。這一點,並不是什麼高深的道理,不過是從事學術研究必須具備的基本自覺而已。也因此,相信和我一樣,所有具備這一基本自覺的人文學者,都絕不會反對儘可能廣泛、深入地掌握外文以為研究工作之便。

然而，當前的問題是，不少人在「櫝」和「珠」之間，未免本末倒置，在幾乎構成近代以來國人文化心理結構的「一切為泰西是舉」這一心態下，無形中成了「語言形式決定論」者，以為凡以外文撰著者，皆當較中文著作更具價值。殊不知，至少就學術研究的水準而言，關鍵並不在於語言文字的「形式」，而實在於其「內容」，所謂「言之有物」。是否「有物」以及「物」的精良與否，較之以何種語言文字來「言之」，是遠為重要的。這一點，從余英時先生此次獲得人文諾貝爾獎來看，足以為證。余先生雖不乏英文作品，如〈東漢生死觀〉（Views of Life and Death in Later Han China）、《漢代貿易擴張》（Trade and Expansion in Han China）、〈魂兮歸來：佛教傳入中國之前靈魂與來生觀念的演變〉（"O Soul, Come Back!" A Study in the Changing Conceptions of the Soul and Afterlife in Pre-Buddhist China）等。[1] 但 1980 年代以來，余先生頗多自覺運用中文著述。因此，很多人尤其華人學者都認為，此次大獎頒給余先生，是對中文寫作的充分肯定。正如國會圖書館正式發布消息時所謂「在整個中文世界，包括中國大陸、香港、臺灣以及東亞的其他各個國家，其著作被廣泛閱讀和討論」。其中還特別提到余先生的中文近著《朱熹的歷史世界》。余先生自己也謙稱：「這個獎是對所有中國知識人的肯定，尤其肯定了以中文從事學術著述的地位與重要性。」

不過，如果我們再往深一層看的話，我想語言仍然尚在其次。

---

[1] 參見 Ying-Shih Yü, "Views of Life and Death in Later Han China" (PhD diss., Harvard University, 1962); *Trade and Expansion in Han China: A Study in the Structure of Sino-Barbarian Economic Relations* (Berkeley, CA: University of California Press, 1967); "'O Soul, Come Back!' A Study in the Changing Conceptions of the Soul and Afterlife in Pre-Buddhist China," *Harvard Journal of Asiatic Studies* 47, no. 2 (December 1987): 363–95。《東漢生死觀》和《漢代貿易擴張》兩書 2005 年都由上海古籍出版社出版了中譯本。〈魂兮歸來〉一文的中譯也收入了中譯本《東漢生死觀》一書中。余先生英文著作最近的結集，參見其 *Chinese History and Culture* (New York: Columbia University Press, 2016)。

以中文寫作者,全球而言可謂多矣,為何單單是余先生以中文寫作首次獲得克魯格大獎的桂冠?竊以為畢竟不是語言文字本身,而仍在於語言文字背後人文學術研究本身的「含金量」。對此,美國國會圖書館館長畢靈頓(James H. Billington, 1929–2018)在宣布余先生獲獎時對其學問的盛讚可為註腳,所謂「余博士的學術顯然極為深廣,他對中國歷史、思想和文化的研究已經跨越了許多學科、歷史階段和課題。並且,他也以深刻的方式對人性問題進行了檢討」。正是由於博大精深的學識,余英時先生早已望重海內外士林。這次獲獎,其實不過是實至名歸而已。

如此看來,為中文寫作在全球語境中地位提升而感到振奮的同時,我們又不可因民族自豪感的提高而過分留情眷注於語言文字本身。問題的重點在於,著書立說的關鍵畢竟在於能否提供真知灼見。否則的話,無論運用何種語言文字,都難以在諸如諾貝爾獎和克魯格獎這樣嚴格、公正的評選系統中勝出,從而獲得世界範圍內有識之士的真正認可。這一點,應當是余英時先生榮獲人文諾貝爾獎給我們的第一點啟示。

三、如何作一個真正的知識人

第二點值得我們思考的,是當今之世如何作為一個「公共知識人」(public intellectual)(亦譯「公共知識分子」)而發揮作用的問題。克魯格獎在正式發布消息介紹余英時先生得獎時,還有這樣一段描述:「通過深入原始文獻,他將儒學遺產從諷刺與忽略中挽救出來,並在『文革』之後一直激勵著更為年輕一代的學者去重新發現中國文化的豐富與多樣」。此外,其中也特別提到,余先生的影響遠遠超出了專業的學術領域而深入整個中文世界的人文領域,是「在中國和美國都最具影響力的華裔知識人」。即以整個中文世

界為例,1980 年代以來,所有人文與社會科學專業學術與業餘愛好者,幾無不受余先生著作啟蒙者。如果說「公共知識人」的主要特點即在於「關心政治、參與社會、投身文化」,那麼,余先生無疑是一位當代的「公共知識人」。並且,作為一位「公共知識人」,余先生還具有鮮明的價值立場,那就是「以天下為己任」的儒家精神氣質。事實上,「公共知識人」這一翻譯語中所反映的「公共性」的涵義,在中國古代傳統中正是「天下」一詞。所謂「天下為公」,「天下」一詞所代表的對個人、小群體私利的超越,也正是儒家的價值立場與終極關懷所在。用孟子的話來表達儒家公共知識人的這種立場和關懷,就是「思天下之民,匹夫匹婦有不被堯舜之澤者,若己推而內之溝中,其自任以天下之道如此」(《孟子‧萬章上》)。

對於「公共知識人」與一般專業知識人之間的不同,余先生曾在其《士與中國文化》一書的自序中講得很清楚:「這種特殊涵義的『知識人』(按:即公共知識人)首先必須是以某種知識技能為專業的人;他可以是教師、新聞工作者、律師、藝術家、文學家、工程師、科學家或任何其他行業的腦力勞動者。但是如果他的全部興趣始終限於職業範圍之內,那麼他仍然沒有具備『知識人』(指公共知識人)的充足條件。根據西方學術界的一般理解,所謂『知識人』,除了獻身於專業工作以外,同時還必須深切地關懷著國家、社會以至世界上一切有關公共利害之事,而且這種關懷又必須是超越於個人的私利之上的。」[2] 在余先生看來,如果不能「深切地關

---

[2] 余英時,《士與中國文化》(上海:上海人民,1987),2。按:此書 1987 年版仍用以往約定俗成之稱作「知識分子」,但余先生 2001 年以後不再使用「知識分子」,而改用「知識人」一詞,其意在突顯人之為人的尊嚴和主體性,不使之淪為「分子」。因此,2003 年新版《士與中國文化》中即將原來的「知識分子」一律改為「知識人」。

懷著國家、社會以至世界上一切有關公共利害之事,而且這種關懷又必須是超越於個人的私利之上的」,嚴格而論頂多是「知識從業員」,其實並不能稱之為「知識人」。換言之,對余先生而言,真正的「知識人」必須是「公共知識人」。

在當今媒體和網路的時代,「關懷國家、社會以至世界上一切有關公共利害之事」顯然較之以往更為容易了。但是,這裡所謂「容易」,僅僅指更為容易地使個人意見進入公共領域。至於是否能夠在「超越於個人的私利之上」這一「必須」的前提之下,似乎歷來都不那麼容易。如今,則問題更大了。「公共知識人」自然是要在「公共領域」產生影響,而報紙、電視、廣播等媒體以及足以讓人產生「天涯若比鄰」之感的網路,目前儼然構成公共領域的主要載體。但是,那些熱中於在媒體網路拋頭露面、動輒發表議論的人士是否就是「公共知識人」?或者說,我們需要思考的是,在如今眾口喧騰、意見多多的世界中,究竟如何做一個真正的公共知識人?

我以為,公共知識人首先必得是某一專業領域的深造自得者,否則,是沒有資格在相關問題上「指點江山、激揚文字」的。上引余先生《士與中國文化》自序中的文字重在強調「以天下為己任」的政治社會關懷,但其一開始亦表示公共知識人「首先必須是以某種知識技能為專業的人」。在如今「道術為天下裂」、專業分工日益細密的情況下,這一點尤為重要。如果一個知識人不顧自己的學術訓練,動輒在各種領域裡和問題上發表意見並訴諸公共空間,以「通人」自居,或面對專業人士的批評動輒以「個人心得」為遁詞,則即便其在某一領域有所建立,最終也不免會淪為布爾迪厄(Pierre Bourdieu, 1930–2002)所謂的「媒體知識人」。這種「媒體知識人」「既無批判意識,也無專業才能和道德信念,卻在現實的一切問題

上表態,因而幾乎總是與現存秩序合拍」。[3] 道理很簡單,無論怎樣的聰明才智之士,其時間、精力畢竟有限,若終日耳目、心神外馳,對各種問題都要回應,只能淺嘗輒止而難以鞭辟入裡,最後勢必連自己原本有所立足的領域都要喪失。至於那些無一專業領域足以依托卻喜談「打破學科界限」並善於媒體運作的人士,就更是典型的「媒體知識人」而與真正的「公共知識人」相去甚遠了。熱中於媒體「做秀」而刻意「推銷」自己者,既不能沉潛而真正有成,其追逐名利之心,不必「誅」而可知矣。與此相對照,余英時先生學問淹貫,不僅對從先秦到現代長達三千餘年的整個中國思想文化史各階段都有深入的研究,同時對西方的思想文化同樣也有深入的瞭解。就後者來說,如果我們讀過余英時先生 1950 年代中期已經出版的一系列著作,如《近代文明的新趨勢》(1953 年初版)、《民主制度的發展》(1954 年初版)、《民主革命論》(1954 年初版)以及《自由與平等之間》(1955 年初版)等,即可知我所言不虛。而余先生中年以後眾多著作中處處顯示的對於西方思想文化史的熟知以及自覺以之作為研究中國思想文化史的參照而非標準,則更是廣大讀者深有所感而無需我贅言的。余先生學問如此,卻仍然時常在行文中謙稱自己只是一個「學歷史的人」,「不能逾越歷史研究的學術紀律」,較之那些「株守一隅」卻「以為天下之美盡在己」者,境界與識見之高下,已不啻天淵,更遑論那些「媒體知識人」了。

事實上,只要是在學問上真正深造自得且有一貫的文化自覺與價值立場者,透過文字流傳,自然會對社會、政治發生深遠的影響力。余先生 1950 年初離開中國大陸,除 1978 年的短期來訪之外,其他時間未再涉足中國大陸。但是,余先生的文字自從 1980 年代在大陸流傳以來,其影響日益深遠。2004 年起三聯書店推出「余英時

---

[3] 布爾迪厄,《自由交流》,桂裕芳譯(北京:三聯書店,1996),51。

作品系列六種」,廣西師範大學同時出版《余英時文集》,今年已出齊十卷本,一時洛陽紙貴。國會圖書館發布克魯格獎得主消息時稱余英時先生為「在中國和美國都最具影響力的華裔知識人」,正是看到了余英時先生作為一位真正公共知識人所發揮的作用。余英時先生也確實具有強烈的現實關懷,正如他自己所謂:「一個知識人必須具有超越一己利害得失的精神,在自己所學所思的專門基礎上發展出一種對國家、社會、文化的時代關切感。」不過,余英時先生這種對「國家社會、文化的時代關懷」,始終自然地發之於其深厚的學養。也惟其如此,他對於現實種種問題的分析評判,才絕不同於那些媒體知識人的「隔靴搔癢」甚或「無病呻吟」,而精闢透徹之見迭出,常令識者為之擊節歎賞不已。余先生多年來一直潛心研究,從來與媒體保持一定距離,其寫作更不是為了趨時從眾。他曾戲言自己是「低調俱樂部之一員」,恰恰反映出一位真正知識人的操守。在當今這個喧囂的時代,能夠始終堅守學術崗位而不隨波逐流的人文學者,必定背後有其文化價值的立場,如此,其從事學術研究的動力方能源源不斷。其文化價值立場、又必然且自然地會發為相應的政治與社會關懷。至於那些善於「與世浮沉」、「拉幫結夥」且熱中於媒體拋頭露面者,既無「以天下為己任」之「心」,終無「審時度勢」之「力」。看似頗有公共知識人的形象,實則恰恰相反,不過逢場作戲、逐名求利而已。簡言之,來自於深造自得的真知灼見,必然深入人心,流傳廣泛而久遠。否則的話,無論怎樣「包裝」和「推銷」,充其量如「飄風」、「驟雨」(老子所謂「飄風不終朝,驟雨不終日」),博取外行一時的喝彩而已,難以贏得內行持久的肯定,最終更逃不過歷史的檢驗。所謂「終久大」與「竟浮沉」之別,正來自於公共知識人的「真」與「偽」之辨。學者何去何從,值得反省和深思。這一點,是余英時先生獲得人文諾貝爾獎給我們廣大人文學者尤其年輕一代的第二個啟示。

余英時先生此次榮獲人文諾貝爾大獎，無論從參與評獎的人士還是從瞭解余先生成就者的角度來看，都在情理之中。但對於余先生本人來說，卻屬意料之外。迄今為止，對於何人給他的提名以及他得獎過程中的有關環節，余先生都並不清楚。這固然反映了克魯格獎評選的客觀與公正，更說明該獎對余先生本人而言，實不過是一副產品。有固可喜，無亦欣然。余先生數十年來潛心學問、辛勤耕耘，完全以學術本身為其追求的目標。外在的榮譽和肯定，非其所慮。得獎之前，余先生正沉浸在顧頡剛日記的歷史世界中。獲獎的消息，絲毫沒有牽動其專注的心神。就在得獎之後的最近，余先生完成了顧頡剛的研究。[4] 世人往往只見人收穫，不問人耕耘，更以為耕耘者皆為求收穫。殊不知為學往往只有只問耕耘不問收穫，方才終能有所收穫。余先生此次獲獎，實可為儒家知識人的「為己之學」提供了極佳的佐證。真正投身學術並欲以之為終身志業的知識人，於此尤當三致意焉。

---

[4] 參見余英時，《未盡的才情：從日記看顧頡剛的內心世界》（臺北：聯經，2007）。該書是余先生為《顧頡剛日記》所寫的序言，包括五個部分。第一部分討論顧頡剛的事業心及其與傅斯年的關係，第二部分討論顧頡剛與胡適的關係，第三部分討論顧頡剛與國民黨的關係，第四部分顯示顧頡剛1949至1980年之間獨特的生活境遇，第五部分篇幅最長，討論了顧頡剛與譚慕愚之間綿延五十餘年的情緣。一般人甚至學者對顧頡剛的瞭解多半僅限於「古史辨」，於顧頡剛一生豐富的其他方面往往忽略。余先生此書可謂別開生面，使一個有血有肉、至情至性的顧頡剛躍然紙上。

有為有守、承先啟後
——懷念劉述先先生

　　6月6日中午,突然收到學生傳來劉述先先生去世的消息,極為震驚。我知道這些年劉先生因眼疾術後的影響,衰老得很快,又聽說他患了帕金森症。但三年前我們在臺北中研院文哲所見面,他雖然步履蹣跚,精神心態卻都不錯。我告辭時他還堅持要送我到電梯門口。因此,聽到他去世的消息,我實在難以相信,立刻電話詢問學生消息的來源。當得知來自文哲所的林月惠女士時,心中仍不願相信,又再次給李明輝教授去了信息,詢問情況。直到晚上得到回復,確實無疑,我才終於接受了這個事實。回想與劉先生多年來的交誼,不免悲從中來。由於次日一早我即需由上海趕赴歐洲,參加歐洲中國哲學學會的首屆年會,無法立即撰寫紀念文字,但十幾個小時的途中以及這幾天的會議期間,劉先生的音容笑貌,特別是與我的一些往來,不斷浮上我的心頭。感傷之念,迄今不能自已。

　　我和劉先生的聯繫,早在1980年代末即已開始。由於我大學時代便已廣泛閱讀了海外華人人文學者的著作,一度萌生了向這些前輩先生求學的想法。當時我的興趣並不在於出國,而只是希望能夠更為方便、大量地閱讀到海外尤其是包括劉先生在內的華人前輩學者的著作(當時閱讀海外出版的著作並不是一件容易的事),可以直接向他們請益,而香港又是最近大陸的地方,所以,我大四時曾經致函劉先生,詢問跟他學習的可能性。劉先生很快給我回了信。可惜當時香港似乎尚無招收大陸學生的先例,加之劉先生也退休在即。我只有一腔讀書的熱情,對於如何申請、辦理各種相關手續一無所知、更不耐煩,於是就打消了去跟劉先生學習的念頭。

2000 年 3 至 6 月，由於臺灣陸委會中華發展基金會的支持，我到臺北訪問四個月。那時劉先生已經由香港中文大學退休，到臺北的中央研究院文哲所擔任特聘研究員。我們的第一次見面，就是在文哲所三樓他的研究室裡。劉先生初次見面給我的感覺是比較冷峻，話語不多，「望之儼然」。但是，後來交往久了，我慢慢瞭解到他「即之也溫」的一面。有的人初次見面即會給人以「平易近人」之感。但相處再久，他也始終把自己包裹得很好，讓你無法瞭解他真實的內心世界。如此的「平易近人」，恐怕只是與人保持距離而並不以真面目示人的策略而已。另有一類人，剛開始接觸未必會讓人覺得平易近人，有些甚至會讓人感覺高傲。但這種人往往真誠而無機心，久而久之，志同道合的話，很可能會成為無話不談的好友。劉先生顯然是後一種人。

　　當然，那次赴臺之前，在我就讀北大研究生期間，我與劉先生一直保持書信往來。記得有一年余英時先生發表長文力辨「錢穆與新儒家」，劉先生即把他尚未發表的回應文字寄給我，文章前半部分還是他手寫文稿的影印件。我雖然到 2000 年才在臺北得遇余英時先生，但對余先生區分錢先生與「新儒家」這一名號的用意，心中是有所感知的。這一點，在 2004 年普林斯頓一次和余先生晚飯後步行的交談中，得到了印證。如果說在認同儒家傳統一貫的價值取向這個意義上，和熊十力、唐君毅、牟宗三這幾位先生一樣，錢先生可以而且應該被稱為「儒家」，我是非常同意劉先生的說法的。並且，在這個意義上，我認為，余先生本人也無疑是一位當代足以真正充分體現儒學基本價值的儒家人物的表率。不過，余先生辨錢先生與新儒家一文的用意，並不在此，而是另有針對。如今，事實愈來愈證明，余先生對於「新儒家」一詞的警惕，絕不是多慮和多餘的。

2003 年我的《良知學的展開——王龍溪與中晚明的陽明學》由臺灣學生書局初版時，劉先生為此書撰寫了一篇序文。其中，他不僅在開頭即許我為「忘年之交」，更說「當今之世對於宋明理學解人已經不多，很難得的，國翔和我卻可以連篇累牘討論相關的問題，見面時更是講個沒完沒了，十分投緣」。雖然我這本書的確可以說是中國大陸研究陽明後學的領先之作，但劉先生序文最後所謂「為將來的學術開出新的機運，實在是大可振奮之事」，我覺得除了是他對我的鼓勵之外，更加充分顯示的，是他作為一位前輩，看到後輩學者在學術研究上稍有進步即油然而生的喜悅之情。

　　《良知學的展開》在臺灣出版時，我正在夏威夷大學擔任客座教授，要講授兩門研究生的課程。由於劉先生有在美國長達十幾年的從教經驗，對於向美國學生講授中國哲學所遇到的一些問題，我自然向他請教。那時電子郵件雖然已經使用，但劉先生還是用寫信的方式與我相往還。他給我的信件，我至今都有保存。比如，當年（2004）是劉先生七十大壽，臺港的幾位朋友籌劃出版給劉先生的壽慶文集，由學生書局出版。我接到邀約後立刻寄去了我的祝壽文章。劉先生很高興，回信說「你離得最遠，但是文章最先到」。此時此刻翻出來十幾年前的信箋，看到他的筆跡，唏噓不已。

　　劉先生和我的通信，一直不斷。但後來我常有訪臺的機會，與他的交流，更有了當面暢談的方便。如今追憶我們見面的次數，竟然數不過來了。不過，2000 年以後與劉先生見面雖多，但大部分是在臺灣和香港。在大陸的見面，想來只有三次。其中我印象最深的一次，應該是 2010 年 10 到 11 月間劉先生應邀到清華參加朱子學會議以及到北大擔任蔡元培、湯用彤講座的那一次。那時劉先生看上去還硬朗，他也告訴我飯後堅持走路。在那期間，我請尚在清華讀研究生的李卓陪他到鳥巢和水立方遊覽了一下。記得當時我不免擔

心他走路多了會身體不適，詢問李卓得知沒有大礙時，我著實感到高興。

　　劉先生來大陸的次數並不多，而且凡來定是參加純粹的學術活動。這與 2000 年後那些熱衷於在大陸各種場合尤其社會活動中頻繁出現的海外人士頗為不同。在我看來，這一點正是劉先生在立身處世的原則性上毫不含糊的地方。2000 年以來，由於市場經濟的不規範，大陸成為淘金的熱土；另一方面，隨著國學熱的遍及社會大眾，大陸也成為那些喜歡在社會大眾的掌聲中獲得存在感與滿足感的人士樂於前來的地方。這一點，顯而易見。以劉先生的聲望，來自大陸的各種邀約一定不可勝數。但劉先生能夠不為所動，嚴格將其前來參加的活動限於純粹學術的領域，足以顯出其超卓不俗的操守。同時，在臺北，他即使在腿腳行動不便的情況下，仍然堅持幾乎每天乘公共汽車到研究室中讀書思考、筆耕不輟。記得有一次他曾對我說：「我現在是做一天和尚撞一天鐘。」這一表面看似戲言的背後，反映的卻正是劉先生對於學術崗位的堅守。這種甘於寂寞的學術信守，與那些終日在社會上熱鬧場中俯仰周旋的身影相較，高下清濁可以立見。

　　當然，劉先生來大陸的次數少，並不意味著他對大陸不關心。恰恰相反。2004 年陳來先生在北京大學成立儒學研究中心時，劉先生曾經專門發去賀信，指出北大不僅是新文化運動的發源地，同時也是開啟現代新儒學的所在，所謂「北大的教師不只有胡適、傅斯年，也有梁漱溟、熊十力」。另外，劉先生還以自己的收入在武漢大學建立了獎學金，激勵青年教師和研究生從事中國哲學的研究。諸如此類，都是他心繫大陸中國傳統文化發展的表現。

　　在臺北與劉先生的最後一次見面，仍然是在他文哲所的研究室裡。那一次我專程去看他，告訴他自己已經決定來浙江大學工作。

他知道我一直專心學術，不太措意現實物質上的事情，因而一直沒有妥善解決住房問題。當得知我終於能有自己的住宅，不用長期賃屋而居，可以使家人免受居無定所之苦時，他格外高興，臉上現出的笑容，我至今記憶猶新。並且，當我告辭而他執意要送我到電梯口時，他最後對我說的是：「房子的問題一定要解決，要照顧好家人。」這句話，我同樣言猶在耳。

　　電子郵件比較普及之後，我和劉先生通信就都改用電郵了。大概因為英文打字比較快，我和他的通信，也都是用英文進行。劉先生每次的回信都很及時，我想，這一定和他經常坐在電腦前工作有關。2014年劉先生壽屆八十，他在港臺的弟子們準備再邀海內外劉先生的門生故舊出一本祝壽文集，只不過這次事先不告訴他，打算屆時給他一個驚喜。當主持此事的鄭宗義教授告訴我這一打算時，我十分贊同。劉先生晚年關注的一個領域是全球倫理和宗教對話，恰好也是我一直感興趣的課題。2001年他在立緒出版的《全球倫理與宗教對話》，曾經給了我很大的啟發。因此，我就把與這一課題相關的一篇英文文章寄給了宗義兄。後來祝壽文集出版，劉先生果然十分高興。在2014年10月14日下午4點12分給我的郵件中，他這樣寫道：

Dear Guoxiang,

Recently I am all right. I am grateful so many scholars contributed to the volume that celebrates my eightieth birthday. It is appropriate that your article in English, the last one in the volume, shows that my effort to present insight and wisdom of Chinese, especially Confucian, philosophy is not ignored in the English circle.

With best regards,
Shu-hsien

認為我以英文探討相關的課題,恰當地顯示了他在英文世界弘揚中國哲學特別是儒家哲學的努力。

我最近一次和他的通信,是今年春節之後不久的 2 月 10 日。由於我寫牟宗三先生政治與社會思想的書當時確定在 3 月由聯經出版,我就特別在信中告訴他這一消息。我說可以請出版社寄他一本,或者等我 6 月赴會臺北去看他時,當面送他一本。而他在 2 月 15 日 11 點 55 分給我的回信是這樣的:

Dear Guoxiang,

I return to my office after the New Year holidays. Welcome the good news. You may bring the new book to me in June.

Best wishes for you in Year of the Monkey.
Shu-hsien

由於 6 月的會議是否能夠成行並不能保證,我的書出版之後,還是請出版社先寄了一本給他。我想這樣見面時或許更可以就其中的內容向他請教。可是,出版社在 3 月底 4 月初左右寄出之後,我一直沒有收到劉先生的消息。以我對他的認識,我想他收到後一定會給我來封郵件的。因此,沒有劉先生的消息,我心中不免擔心,猜想他多半是身體方面出了問題,以致無法坐在電腦前工作了。不過,我雖然猜到劉先生的健康出了狀況,但認為他經過治療和休養,過些時日定會康復,重新過他「做一天和尚撞一天鐘」的生活,絕未料到他這次的沒有音訊竟然是駕鶴西去、與世長辭了。

6 月 7 日的赴會歐洲,讓我無法及時對劉先生的辭世寫下我的感懷。但是,這幾日的時間,卻也使我得以較為仔細地回想我與劉先生二十年多年的交往。點點滴滴的細節雖然不能一一記憶,但種

種與劉先生促膝長談的情景，尤其是他的音容笑貌，卻一再清晰無比地浮上腦海。每當此時，心情都久久難以平靜。21世紀以來，華人世界中真正堪當「儒家」且學貫中西的人物原本已然無多。劉先生的逝世，可以說是璀璨而寂寥的群星中又一顆的隕落。思之怎能不感慨萬千？眼下，劉先生公祭之日在即，我匆匆寫下這篇文字，作為我對這位當之無愧的現代儒家人物以及我個人忘年之交的前輩的紀念。

反—反傳統主義
——陳來先生的文化立場與價值關懷

一、引言

1990 年代以來，以儒學為重點的國學漸熱，如今似乎已是如火如荼。在這種情況下提倡傳統、認同儒學的核心價值，雖然未必都是「趕潮流」，但畢竟是大勢所趨之下的「順勢而為」。而若是在反傳統思潮尚未退卻的時候就能夠旗幟鮮明地批評反傳統主義的偏頗，肯定中國傳統尤其儒家傳統中的核心價值，那種「逆勢而為」，就只能是來自於對自我文化立場與價值關懷的堅持了。

在 1988 到 1997 年之間，陳來先生撰寫了一系列的文章，其中的 16 篇文字，包括：〈中國近代思想的回顧與前瞻〉、〈化解「傳統」與「現代」的緊張——「五四」文化思潮的反思〉、〈「五四」思潮與現代性〉、〈二十世紀文化運動的激進主義〉、〈現代中國文化與儒學的困境〉、〈梁漱溟早期的東西文化觀〉、〈馮友蘭文化觀的建立與發展〉、〈新理學與現代性思維的反思〉、〈儒家思想與現代東亞世界〉、〈儒家倫理與中國現代化〉、〈現代化理論視野中的東亞傳統〉、〈困境意識與相互依賴〉、〈梁漱溟與馬克斯韋伯的中國文化觀〉、〈價值、權威、傳統與中國哲學〉、〈90 年代步履維艱的「國學」研究——「國學熱」與傳統文化研究的問題〉、〈中國文化傳統的價值與地位〉，連同一篇〈緒言：人文主義的視界〉和〈跋語：世紀之交話傳統〉，曾經早在 1997 年就被廣西教育出版社的「跨世紀學者叢書」作為第一本，以「人文主義的視界」為

題出版。2006 年北京大學出版社又再版了該書的修訂版，書名改為「傳統與現代——人文主義的視界」。這些文字大體可以分為論文、專論和述評三類。文章雖體裁各異、長短不一，但無一不是對於文化問題的深度思考，且宗旨宛然，鮮明而集中地反映了作者的文化立場與價值關懷。那種文化立場和價值關懷，正是所謂「反—反傳統主義」。

以下，我首先通過介紹和分析該書的主要內容和觀點，指出其「反—反傳統主義」的主旨和內涵，進而結合當前「儒學復興」的現象，對於文化立場、價值關懷與學術研究之間的關係提出一些個人的看法。

二、「反—反傳統主義」的主旨與內涵

該書的主要內容，是圍繞儒學價值在現代社會的意義，對近代以來的文化討論和社會科學研究進行的一種反思。在作者看來，從新文化運動的「東西古今之爭」到 1980 年代的「傳統現代」之爭，爭論的核心始終是：在不可避免且必須進行的現代化過程中，我們要不要「傳統」？如何對待「傳統」？圍繞這一問題，始終以兩種對立的觀點為主導線索，那就是對中國傳統文化尤其儒家傳統全面否定的激進觀點和主張肯定並繼承傳統文化中優秀遺產的溫和觀點。這兩種觀點，作者稱之為「反傳統主義」與「反—反傳統主義」。而該書的宗旨，簡言之，就是在揭示「反傳統主義」和「反—反傳統主義」的對立中，謀求化解近代以來傳統與現代的緊張，肯定中國文化特別是儒學傳統的核心價值在現代社會仍有其意義，批判全盤反傳統的文化觀。作者的文化立場與價值關懷，或者說作者的文化價值觀，全書一以貫之，始終是肯定儒家思想的價值並反對「反傳統主義」。用作者自己的術語來說，這種文化立場即是所謂「反—

反傳統主義」。在作者看來，這種立場有兩個基本涵義：一是指在近代社會變遷過程中，反對反傳統主義的文化觀和對傳統文化的全盤、粗暴地破壞，在吸收新文化的同時注重保持傳統的文化精神和價值。另一是指在商業化、市場化的現代社會裡，注重守護人文價值、審美品位、文化意義及傳統與權威，抗拒媚俗和文化庸俗化。而這兩點，也正是作者所理解並予以澄清的「文化保守主義」的基本特點。作者反覆指出，「反—反傳統主義」與「反傳統主義」的不同，絕不在於前者拒絕政治、經濟和社會的進步和變革，而僅在於前者重在文化改造，後者強調文化認同。事實上，近代以來被視為「文化保守主義」者的許多人物都曾經有力地推動過社會的進步和變革。在吸收西方文化，推進中國現代化的方面，雙方其實「所異不勝其同」。總體上看，雙方都是 20 世紀中國政治進步、經濟改革和文明延續的參與者與推動者，各自從不同方面在不同程度上對中華民族的偉大復興做出了貢獻。

正如書名所示以及〈緒言〉和〈跋語〉所明確交代的，該書根本的問題意識在於謀求化解傳統與現代之間的緊張。書中的各篇文字，可以說都是從不同角度、側面對於這一核心問題意識的具體分析和深入探討。隨著時間的推移尤其是社會的變遷，傳統與現代的緊張雖仍餘音嫋嫋，但似乎已漸成歷史的迴響。恰如作者 1999 年末已經敏銳看到的：「經歷了 90 年代的經濟起飛，今天很少再有人把現代化受挫的滿腔怨氣噴向中華民族先賢創造的古代文化。儘管對傳統仍然需要有理性的分析和對其中消極成分的批判，但那種把中國文化說得一無是處的論點，對人們已經沒有說服力了，人們更為關心的是如何發揮傳統的積極性和優秀精華。與 20 世紀『批判與啟蒙』的基調相比，我們迎來的是一個『創造與振興』的新的時代。在這個新的時代裡，『傳統與現代』的問題可能不再突出，甚至完

全消失,而讓位於其他適應中國社會新發展的討論,那正是我們理論發展和民族成熟的標誌」。[5]到了 2006 年的今天,作者的這一點前瞻似乎進一步得到了現實的論證。在一定意義上,中國文化尤其儒家傳統如今不僅似乎早已不再是批判的對象,反而成為整個社會從上到下的追捧對象。頗有「忽如一夜春風來,千樹萬樹梨花開」之勢。那麼,在這種勢易時移的情況下,作者這本從「化解傳統與現代之間緊張」的問題意識出發的著作,除了可以說作為「先見之明」而恰好與當今的「國學熱」合拍之外,是否還有其他的意義呢?

三、文化立場、價值關懷與學術研究

從「五四」的「打倒孔家店」到 1960、1970 年代的「批林批孔」、「破四舊」,再到 1980 年代晚期的《河殤》,整個 20 世紀思想文化界的主流無疑是反傳統主義。但是,無論真正瞭解和接受的程度怎樣,1990 年尤其 2000 年以來,以儒家傳統為代表的中國傳統文化的確從「五四」以來批判的焦點漸漸轉換成為官方肯定和社會大眾認同的對象。對儒家傳統而言,如果說整個 20 世紀的主流簡直是「山窮水盡疑無路」,2000 年迄今雖為時尚短,卻也不能不說是「柳暗花明又一村」了。在如今的形勢下談儒學復興,中外論者可謂多矣,但其中不無「風派」。「風派」云者,要麼識見淺陋,人云亦云而已;要麼其實「中無特操」,不過名利之所在,趨之若鶩,反之則避之惟恐不及罷了。不過,從 1980 年代起就能夠一直堅定不移地表明自己的文化立場,旗幟鮮明地主張並堅信儒學的復興,則非有真正信守的「移風易俗」或至少「不為風俗所轉」之士不可。如果我們充分意識到《傳統與現代》一書的文字恰恰是作者 1980 至

---

[5] 陳來,《傳統與現代——人文主義的視界》(北京:北京大學出版社,2006),289。

1990年代的作品,那麼,立足當下,回顧過去,細讀該書,我們不能不說,這部著作通篇所彰顯的,正是作者對於儒學價值與復興的真正信守。恰如作者自己所說:「本書作者所持的文化立場始終是肯定儒家思想和價值的『反—反傳統主義』的鮮明立場。」[6]這一點,在作者1991年冬撰寫而發表於《二十一世紀》1992年4月號的〈貞下起元〉一文中,有更為明確的說明,所謂「無論21世紀前半世紀的歷史如何進行,21世紀後半紀必將迎來整個儒家文化地區的強勁發展,儒家思想與中國文化必然隨之重新活躍」。[7]同時,作者進一步指出:「這種中衰傳統的復興,正如希爾斯(Edward Shils)所說,當然並不意味著對社會中心的重新征服,但毫無疑問,這有助於擺脫漂泊不定的搖擺,使中國文化在多元性發展中具有一種統一的氣質作為穩定的基礎。」由此可見,作者在信守儒學復興的同時,又並不是天真或狹隘地認為儒學將要或應該像歷史上那樣重新成為一種一元統治性的意識形態。這就將作者與那些膚淺的所謂儒學復興倡導者區別開來。事實上,古往今來,真正能夠於儒家傳統深造自得者,都是最具開放的心靈而能充分吸收其他文化之優秀成分者,都是「以天下自任」而能超越一己與小群體之私的。因此,《傳統與現代》一書再版的意義,首先在於向我們顯示了,在1980年代後期,中國大陸1949年之後成長起來的真正具有儒學信守的知識人即已指出了未來儒學復興的前景並表白了自己的文化立場與價值關懷。

如果1989年的《河殤》標誌著中國大陸反傳統主義的頂峰,那麼,《傳統與現代》的作者當時即以深沉的思考和清晰的論辯表達其儒家的文化立場和價值關懷,可以說是力抗流俗。如今來看,

---

[6] 陳來,《傳統與現代》,290。
[7] 同上註,292。

更可謂著了時代的先鞭。而作者之所以當時「不為勢轉」，對儒學價值深信不疑並立場鮮明，其實來自於作者對於儒家傳統的深造自得。換言之，作者在《傳統與現代》一書中所堅持的儒學的立場與關懷，與其《朱熹哲學研究》（北京：中國社會科學，1987；2000年該書由華東師範大學出修訂版時改為《朱子哲學研究》）、《朱子書信編年考證》（上海：上海人民，1989）、《有無之境——王陽明哲學的精神》（北京：人民，1991）、《宋明理學》（瀋陽：遼寧教育，1992）、《古代宗教與倫理》（北京：三聯書店，1996）等一系列純學術研究的著作其實具有密不可分的內在關係。事實上，文化立場、價值關懷與學術研究之間的密切關聯，也正是該書如今重版應當引起廣大人文學者思考與反省的一個重點所在。

在儒學復興「忽如一夜春風來」的當下，很多人士與機構紛紛奔赴儒學的旗下，也爭先恐後地表白自己的對於儒學傳統的價值認同。但是，假儒學名號而別有用心者固然不值與論，文化立場與價值關懷的表達如果不流於膚淺的口號和感性的喧囂，而是深造自得的真知灼見，則必須植根於儒家傳統的深厚學養。朱子所謂「問渠哪得清如許，為有源頭活水來」，儒家學術研究的深厚學養，正是儒家文化立場與價值關懷的「源頭活水」。如今頗有一種似是而非之見，認為儒學研究的知識化扼殺了儒學在廣大社會和民間的生命力。當然，儒學假如僅僅成為學院裡面知識人的「觀念的遊戲」，自然背離了儒學作為「生命的學問」的本旨。並且，儒學也的確應當深入社會和民間。但是，目前的問題是，我們必須充分意識到，儒家傳統與我們斷裂已經百年有餘。可以毫不誇張地說，我們目前仍然生活在一個「反傳統的傳統」之中。可以試想，「五四」以後出生的中國人，尤其是在中國大陸，無不生活在這樣一個反傳統的傳統裡面。1990年代時哪怕是七、八十歲的老人，出生之日已身處

反傳統、批儒學的氛圍之中，因而對儒家傳統、中國文化究竟能有多少認識，是很值得思考的。長者尚且如此，1949年以後所謂「生在紅旗下、長在新中國」者，就更不必論了。如果對這一歷史背景有充分的自覺，我們就應當看到，目前我們的問題或許並不是儒學的「知識化」。在一定意義上，我們如今對儒學的知識恰恰不是太多了，而是太少了。如果讓一些皮相或似是而非的對儒學的理解左右人們的認識，則重建儒學傳統，從儒家傳統中汲取身心受用的資源，將是無從實現的。佛教有「正見」與「正行」的說法。「見」是思想、觀念、意識，「行」是實踐。先要有「正見」，然後才能有「正行」。借用這個講法，我們可以說，要發揮儒家傳統的價值，從中汲取有益的資源而有所「受用」，首先在於確立「正見」。講儒學的學者對儒家傳統一定要有比較深入、全面的瞭解之後，才能夠真正站穩儒學的文化立場、實踐儒學的相關價值，把真正儒家的信息傳達到社會上去。有了「正見」，無論採用怎樣的形式來講儒學都無妨。但如果並無「正見」甚或根本是別有所圖，則各種表面上推波助瀾的力量弄不好會成為儒學的「死亡之吻」。儒學復興的「契機」也就會變成「危機」。在對中國文化、儒家傳統已經隔閡甚深的情況下，要獲得「正見」，除了激情之外，更需要清明和深沉的理性。沒有孟子「掘井及泉」和荀子「真積力久則入」的工夫，很難真正接上儒家傳統的慧命。因此，在當下這個眾口喧騰、網路和各種媒體足以讓人產生「天涯若比鄰」之感的多元與多變的世界中，真正的文化立場與價值關懷必然需要堅實的學術研究作為基礎。就儒學而言，尤其如此。是否具有真正的儒家的文化立場與價值關懷，並不在於是否終日在公共領域拋頭露面、搖旗吶喊。反倒那些看似沉潛於純學術研究而對各種問題不是動輒發表意見的人文學者，背後其實才真正具有堅定的文化立場與深切的價值關懷。也正由於此，其從事學術研究的動力方能源源不斷。基於堅實深厚學

養而表達的文化立場與價值關懷,也才不會成為「竟浮沉」的「飄風」和「驟雨」(老子所謂「飄風不終朝,驟雨不終日」),而自然「終久大」,深入人心,流傳廣泛而久遠。事實上,儒家知識人的典範,所謂「士」,正是立足學術而胸懷天下。正如余英時先生所說:「一個知識人必須具有超越一己利害得失的精神,在自己所學所思的專門基礎上發展出一種對國家、社會、文化的時代關切感。」

回到《傳統與現代》,我們可以看到,該書所表達的儒家的文化立場與價值關懷,正是在作者「所學所思的專門基礎上」發展出來的。除了前文所引作者那些關於儒家傳統的專門研究著作不論,即便就《傳統與現代》一書本身來說,作者文化立場與價值關懷的表達也不是空洞的口號和情感的宣洩,而同樣是基於具體堅實的學術研究。正是通過對近代以來一系列問題和人物的具體分析,作者對全盤反傳統的文化觀進行了較為全面的檢討和批判,從而明確了其「反─反傳統主義」的鮮明立場,充分肯定了儒學對現代和未來的價值。總之,如何使專業的學術研究與文化立場、價值關懷相互支援、有機結合,「如車之兩輪、鳥之兩翼」,既避免韋伯(Max Weber, 1864-1920)所謂的專業學者「沒有心肝」,又避免晚明王學末流學養未逮而誤以「情識」為「良知」的感性揮灑和氣魄承當,深入思考這一問題,至少在我看來,應當是陳來先生《傳統與現代》一書及其「反─反傳統主義」的意義與啟示所在。

立足儒學、融通東西
——李明輝教授與比較哲學

　　從事比較哲學的一個基本前提就是對於比較的雙方（或多方）都必須真正鞭辟入裡，否則難以真正有所成就。但如何真正落實這一點，其實並不容易。與其抽象地討論，不如以一些卓有建樹的學者為例來加以說明。在我看來，當代新儒學的一位代表人物李明輝教授，即是比較哲學領域的佼佼者之一。

一、深入西方哲學堂奧

　　和中文世界的「西方哲學」研究不同，自有「中國哲學」這一觀念和相應的學科建制以來，中國哲學研究就不是一個僅限於「中國哲學」的孤立行為，而是始終處在與西方哲學的關係之中。換言之，可以說「中國哲學」一開始就是某種比較哲學。迄今為止，無論就古典研究還是理論建構來說，在中國哲學領域取得巨大成就的前輩與時賢，幾乎無一不對西方哲學傳統有深入的瞭解與吸收。在一定意義上，對西方哲學造詣的深淺，直接影響「中國哲學」的詮釋與建構。而李明輝教授對於西方哲學，尤其康德哲學的瞭解，可謂深入堂奧。

　　首先，其博士論文〈康德倫理學發展中的道德情感問題〉（Das Problem des moralischen Gefühls in der Entwicklung der Kantischen Ethik；該論文 1994 年由中研院中國文哲研究所出版了德文本）即專門探討康德哲學中的道德情感問題。與一般僅在西方哲學或康德

哲學脈絡內部研究康德不同,該文一開始即帶著中國哲學的問題意識。這當然是受到牟宗三先生的影響,因為牟先生曾據孟子學的傳統指出道德情感不必只是經驗層面的東西。李教授的博士論文,正是在這一問題意識之下對康德道德情感問題進一步的深究精察。

其次,李教授還有其他對於康德哲學的專論。比如〈康德的《通靈者之夢》在其早期哲學發展中的意義與地位〉(收入其《通靈者之夢》中譯本,臺北:聯經,1989)、〈《道德底形上學之基礎》一書之成書過程及其初步影響〉(收入其《道德底形上學之基礎》中譯本,臺北:聯經,1990)、〈獨白的倫理學抑或對話的倫理學?論哈柏瑪斯對康德倫理學的重建〉(收入其《儒學與現代意義》,臺北:文津,1991)、〈康德的「歷史」概念及其歷史哲學〉(收入其《康德歷史哲學論文集》中譯本,臺北:聯經,2002)、〈康德的「道德情感」理論與席勒對康德倫理學的批判〉(收入其《四端與七情——關於道德情感的比較哲學探討》,臺北:國立臺灣大學出版中心,2005)、〈康德的「何謂在思考中定向」?〉(政治大學哲學系「2004年康德哲學會議」,臺北,2004 年 9 月 29-30 日)等論文。

第三,李教授還直接從事了許多康德學的翻譯工作,這種工作其實也正是深入康德的一個過程與途徑。康德本人的著作,李教授翻譯了《通靈者之夢》、《道德底形上學之基礎》及《康德歷史哲學論文集》。西方一些有影響的康德研究著作,李教授的翻譯則有 L. W. Beck 的〈我們從康德學到了什麼?〉(《鵝湖月刊》89 期,1982 年 11 月)、H. M. Baumgartner《康德〈純粹理性批判〉導讀》(臺北:聯經,1988)及 Günther Patzig 的〈當前倫理學討論中的定言令式〉(收入其《道德底形上學之基礎》中譯本)等。

上述三個方面,都堪稱西方哲學的專業研究。就西方哲學研究本身而言,均有其獨立的意義。不過,李明輝教授並不限於西方哲

學自身的視域。正是這些看似屬於西方哲學內部的專業研究，為其中西哲學的比較研究奠定了堅實的西方哲學方面的基礎。

二、緊扣中國哲學文獻

不論在兩種哲學傳統還是在多種哲學傳統之間從事比較的工作，必有賓主之分。也就是說，其中必有一種從事者最為熟悉的哲學傳統，構成其進行比較工作之「宗主」。這種「宗主」，可謂比較哲學工作的「道樞」和「環中」。而所謂「最熟悉」，兼指知識的掌握與價值的認同兩者而言，或至少具備前者。在現實的比較哲學領域中，從事者也大都有所「主」，不歸於此則歸於彼。對中西哲學比較來說，要麼以「中」為主，要麼以「西」為主。李明輝教授中西哲學比較中的「宗主」，至少就價值認同而言，則更多地在中國哲學，特別是儒家傳統。

就此而言，對西方哲學的深入瞭解，只是中國哲學研究或中西哲學比較的必要條件，如缺乏對中國哲學文獻的深度解讀，難免削足適履，將中國哲學的文獻塞入西方哲學的觀念架構，無法觸及中國哲學自身的義理系統。因此，具備良好西方哲學訓練的同時，還必須能夠深入中國哲學的文獻，緊扣文本，尋其固有的義理脈絡而行，所謂「批大郤，導大窾，因其固然」，方可在「援西入中」的「雙向詮釋」過程中不致流於單向「格義」的「以西解中」。[8]

牟宗三先生晚年曾反覆強調所謂「文獻的途徑」，即強調中國哲學研究必須基於文本的深入細緻解讀。作為牟先生的高足，李明輝教授對此必定早有充分的自覺。而其相關的研究，對此更是有充

---

[8] 關於第一點，參見彭國翔，〈中國哲學研究方法論的再反思──「援西入中」及其兩種模式〉，刊於《儒家傳統與中國哲學──新世紀的回顧與前瞻》（石家莊：河北人民，2009），105–25。

分的反映。譬如，《孟子》「知言養氣」一章自古迄今號稱難解，李明輝教授在其〈《孟子》知言養氣章的義理結構〉一文（收入其《孟子重探》，臺北：聯經，2001）中，則梳理古代各大注家的解釋，辨析現代相關學者的論證，結合文字訓詁與義理分析，對該章的思想蘊涵進行了細緻入微的解說。其分析與論證步步立足文獻，如抽絲剝繭，環環相扣，不能不令人信服。

限於篇幅，這裡只能聊舉一例。事實上，在其〈孟子王霸之辨重探〉、〈焦循對孟心性論的詮釋及其方法論問題〉（以上二篇收入其《孟子重探》）、〈劉蕺山對朱子理氣論的批判〉、〈朱子的「仁說」及其與湖湘學派的辯論〉、〈劉蕺山思想中的「情」〉（以上三篇收入其《四端與七情——關於道德情感的比較哲學探討》）、〈朱子論惡之根源〉（收入鍾彩鈞主編，《國際朱子學會議論文集》，臺北：中央研究院中國文哲研究所籌備處，1993）、〈劉蕺山論惡之根源〉（收入鍾彩鈞主編，《劉蕺山學術思想論集》，臺北：中央研究院中國文哲研究所籌備處，1998）、〈《論語》「宰我問三年之喪」章中的倫理學問題〉（收入鍾彩鈞主編，《傳承與創新：中央研究院中國文哲研究所十周年紀念論文集》，臺北：中央研究院中國文哲研究所籌備處，1999）等一系列論文中，這種對於中國哲學文獻及其義理的深度契入，所謂「牛毛繭絲，辨析毫芒」，均觸處可見。而這種對於中國哲學「直入塔中」而非「對塔說相輪」的學術態度和修為，尤其值得如今一些西方哲學出身的比較哲學研究者反省和借鑑。

三、游刃於中西哲學之間

在具備西方哲學深厚素養的同時，以中國哲學為「宗主」，緊扣文獻，從而充分把握中國哲學固有的問題意識，如此方可在西方

哲學與中國哲學的比較研究，尤其是運用西方哲學作為詮釋中國哲學的思想資源時如「庖丁解牛」。李明輝教授之所以能夠在比較哲學領域中顯示出少見的遊刃有餘，正源於此。從第一部比較哲學著作《儒家與康德》（臺北：聯經，1988）到《康德倫理學與孟子道德思考之重建》（臺北：中央研究院中國文哲研究所，1994）以及一些相關的論文，那種遊刃有餘都有鮮明的體現。

如何在中西哲學之間左右逢源而不單向地「以此觀彼」或「以彼觀此」，我們不妨以有關「超越」與「內在」的討論為例加以說明。認為中國哲學的一個根本特徵在於「內在超越」，是現代學術建立以來許多中國哲學家在中西哲學比較眼光下的一個洞見。對此，一些學者有所質疑。從西方哲學傳統主流的角度來看，「超越」與「內在」有其特定的涵義，對「內在超越」說的質疑並非毫無道理。而李明輝教授先後發表的兩篇專論〈儒家思想中的內在性與超越性〉（收入其《當代儒學之自我轉化》，臺北：中央研究院中國文哲研究所，1994）和〈再論儒家思想中的「內在超越性」問題〉（收入劉述先主編，《第三屆國際漢學會議論文集：中國思潮與外來文化》，臺北：中央研究院中國文哲研究所，2002），既有效地回應了質疑，消解了至少在中國哲學語境中「內在」與「超越」的矛盾，又使前賢的洞見獲得了具體充分的展開。在這兩篇論文中，李明輝教授兼顧中西而又不偏於一方的造詣，可以說得到了充分的顯示。

只有對中西哲學雙方都能「深造自得」，才能做到「左右逢其源」。而在中西比較哲學中達到「左右逢源」的境界，除了對中西哲學傳統雙方都要「入乎其內」之外，還需有充分自覺的方法意識。在〈中西比較哲學的方法論省思〉（臺大《東亞文明研究通訊》3期，2004年4月）一文中，李明輝教授就具體表達了他對於從事中西比較哲學的方法論思考。其中諸多看法，例如必須正視概念在不同語

言脈絡中的轉意，以及當在概念的「脈絡化」和「去脈絡化」之間的張力中謀求「超越客觀主義與相對主義」等等，對於比較哲學來說，都可謂真知灼見，足資玩味。

四、從中西到中韓

作為牟宗三先生的高足，李明輝教授自然深受牟宗三先生的影響。如果說圍繞康德哲學和儒家哲學進行的一系列比較哲學研究構成對牟宗三先生許多睿識洞見的進一步深細的展開，那麼，在儒學話語內部對於中國宋明理學和韓國儒學的比較研究，則意味著對牟宗三先生治學方法和精神的發揚。

原創性的哲學研究，常常來自於對以往乏人問津的重要文獻的詮釋。牟宗三先生對於胡宏、劉宗周等人的詮釋之所以為宋明理學研究開闢了新的方向和領域，即是如此。而將這種「文獻的途徑」擴展到韓國儒學的文獻，直接處理韓國儒學的第一手文獻，從而致力於中韓性理學的比較研究，則既可謂李明輝教授對牟先生治學方法的伸展和落實，更意味著他在中西比較哲學之外另闢了自己的一塊學術園地。

自 2004 年以來，李明輝教授已經發表了一系列有關中韓儒學比較及韓國儒學的專題論文。與其中西比較哲學的若干成果一道，這些中韓比較哲學的成果，有相當部分輯入其《四端與七情——關於道德情感的比較哲學探討》一書。僅就題目而言，該書似乎回到了作者博士論文時期的主題，但中韓比較哲學的豐富內容，卻使得道德情感的哲學問題在中、韓、西三方的深度互動中獲得了極大的拓展。

韓國儒學歷來以朱子學為重，《四端與七情》一書韓國儒學的

部分亦以朱學為主。但最近，李明輝教授又將研究擴展到了韓國陽明學的範圍，其〈鄭霞谷對四端七情的詮釋〉一文（韓國《陽明學》17期，2006年12月）對於韓國陽明學重鎮鄭霞谷的研究，正是這一動向的反映。

五、文化與價值關懷──比較哲學的動源

幾乎和純粹的比較哲學研究同步，自1990年以來，李明輝教授還不斷發表了其他一系列的著作，如《儒學與現代意識》（臺北：文津，1991）、《當代儒學之自我轉化》（臺北：中央研究院中國文哲研究所，1994）、《儒家視野下的政治思想》（臺北：國立臺灣大學出版中心，2005）及〈「內聖外王」問題重探〉（「理解、詮釋與儒家傳統」國際研討會，臺北，2006年1月12日）。在這些著作中，儘管也隨處可見其比較哲學的功力，但更多的卻是其文化與價值關懷的集中反映。

比較哲學的動力來源可以是單純哲學的興趣，但是，在比較哲學領域內能有更大成就的學者，其比較哲學工作的「源頭活水」，往往更在於文化與價值的關懷。換言之，只有具備文化和價值上的深切關懷和堅定信守，其理論工作方能獲得源源不斷的動力，不至於「其流不遠」。從上述這些著作可見，李明輝教授也正是這樣一位具有極強文化與價值關懷的學者。由此，我們可以相信，在比較哲學的領域，其深沉明晰的哲學思考，必將繼續凝結為不斷的累累碩果。

第六部分
儒學與當今世界的訪談

§ 重建斯文——如何面對儒學復興

§ 「真偽」與「冷熱」
　　——儒學熱與社會普及的觀察與思考

§ 「文化中國」與「重建斯文」
　　——談余英時的「中國情懷」和文化建設

§ 儒家也有一種「個人主義」
　　——如何理解儒家的自我觀及其意義

§ 世界文明與多元宗教中的中國思想與儒家傳統

重建斯文
——如何面對儒學復興

　　第一次見到彭國翔是在美國國會圖書館亞洲部的閱覽室。當時他剛開始在位於華盛頓的國會圖書館擔任 2016 年度「北半球國家與文化克魯格講席」，正在逐一翻閱一整個抽屜裡的卡片。亞洲部的中文藏書逾百萬冊，是海外最大的中文文獻典藏機構；而其中四萬多冊出版於 1958 年之前的書籍由於還沒有網上目錄，只能通過卡片查閱。成排靠牆而立的櫃子中的幾萬張卡片，記錄著很多其他地方不易看到的書籍信息，其中也包括國會圖書館珍藏的數千冊中文善本古籍。作為中國哲學、思想史及宗教專業的教授，彭國翔十分注重通過發現新文獻並結合西方學術來推進中國文化研究的發展。

　　「北半球國家與文化克魯格講席」設在國會圖書館的學術交流機構——克魯格中心，是由國會圖書館長任命的資深學者講席之一，獲任者都是研究北美、歐洲、俄國或東亞歷史與文化的著名學者。任期之內，學者有機會充分自由利用世界最大圖書館浩如煙海的文獻資料進行學術研究。作為學界一項受人尊敬的榮譽，講席設立 16 年來只有 9 位學者擔任，這是第一次授予中國學者，也是首次授予亞洲學者。彭國翔正是一位地道的「中國製造」學者——他在南京大學政治學系以法學學士畢業後，在北京大學獲得哲學碩士和博士學位，隨後相繼在清華大學、北京大學、浙江大學任教。

　　談及自己獲任克魯格講席學者，彭國翔表示他更願意理解為「這在某種程度上是對中國學術，特別是儒學這一最有中國性的學問的關注」。在彭國翔看來，儒學是從文化意義上界定「中國」之

所以為「中國」的最重要因素。雖然「儒學」與「中國」並不必然是「同構」的關係，中國文化中還包含著道教、佛教乃至耶教、伊斯蘭教的元素；儒學也並非中國人的專利，古代東亞文化圈的知識分子以及今日部分海外漢學家都以儒家身分自居，但是儒家的「原鄉」依然是中國。

儒學在今日中國社會同樣成為熱門話題。「儒學復興」觀點早已不局限於學術圈內部的討論，而進入到了中國社會各層面。講授儒學的電視節目、通俗書籍等大眾文化產品，自 1990 年代以來日漸增多，愈來愈影響到每一個人的生活。而由此引發的擔憂同樣也顯著。中國自清末民初即開始反思自身文化傳統，已形成了「反傳統的傳統」。如何面對自身的文化遺產，始終是中國人在矛盾心態中反覆思考的核心。

無論是「五四」還是 1980 年代，這兩個 20 世紀中國的重要文化發展時期，批判傳統、學習西方是知識界具主導性的聲音，並且持續影響到今天。彭國翔則期圖在大的「反傳統的傳統」的背景下，通過自己的學術研究發掘儒學於當今時代的特殊意義。「對話性」即是他關注的儒學一大特點，從《論語》的對話形式到宋明理學對道家道教和佛教的回應，再到 20 世紀新儒學對西方學術與文化的吸收，他認為都是儒學對話性的體現。「對話性」在他看來還意味著儒學與世界其他傳統的對話：早在 16、17 世紀，明代學者如徐光啟、楊廷筠已是著名的儒家基督徒。晚明時期來到中國的天主教傳教士利瑪竇也嘗試將儒家傳統與基督教相結合。在當代，儒學也不僅早已是東亞的，而且是世界的，波士頓大學兩位基督教神學家、分別擔任過神學院院長和副院長的南樂山和白詩朗就自稱「波士頓儒家」。彭國翔認為，儒家傳統的這種對話性、包容性對思考當今世界的宗教、民族衝突有著現實意義，「和而不同」指出了各種思

想融合的可能，又強調了各自的獨立；「理一分殊」則既肯定終極真理，又指出同一真理可有不同的表現形式。

無論對「儒學復興」持怎樣的態度，以及是否認為儒學有助於解決當今世界的衝突，彭國翔以他的研究，為我們思考這一問題提供了一種可能視角。

《三聯生活週刊》：

歷代「新儒家」們都將儒學視作一種活的思想加以發展，與儒學作為一種哲學史、思想史的對象在學院內被研究，這之間是什麼關係？

彭國翔：

單純把儒學當作一種客觀和歷史的知識來研究，與把儒學作為一種活生生的傳統並在儒學的立場上從事思想創新，二者之間確有不同。不過，這種差別在實際情況中很難等同於學科或研究方法的不同。

事實上，儒學以及整個中國思想傳統每一時期的「創造性轉化」和「推陳出新」，往往是通過對既有經典和文本的詮釋來實現的。每一位後來者都喜歡聲稱自己只是發掘了古聖先賢的原意，但都在古人的「舊瓶」中實際添入了自家的「新釀」。這一點，可以說是儒學和中國思想傳統發展的一個基本特徵。從孔子的「述而不作」到宋明理學家以不斷解釋「四書」等儒學經典來闡發思想，再到當代新儒家對古典文本的詮釋，幾乎都是如此。從現代學科分類的意義上看待整個儒家傳統，可以說歷代「新儒家」們對儒學的發展，幾乎都離不開思想史、哲學史的方式。

反之，不能深入從事思想史、哲學史卻以「新儒家」自我標榜，

聲稱自己是在發展儒學、創新理論，按諸實際，其「所說」往往都是空洞的口號，沒有深厚的實質內容；其「所行」也並不是真的要弘揚儒學，而是「醉翁之意不在酒」。前者與孔子「溫故知新」的主張有悖，後者更是過不了儒家歷來主張的「誠」這一關。其實，無論「宋明新儒家」還是「現代新儒家」，都從未以「新儒家」自居。他們的「新儒家」稱號，都是在其學術思想的卓越成就獲得認可及真實的自我價值認同得以證實之後，由後人來稱呼的。在「反傳統」、「批孔」思潮當令的情況下公開認同儒學，不論有否學術思想的創新，至少在品格上讓人敬佩。而在一個儒學成為時髦、可以帶來名利的時代，以「儒家」自我標榜，恐怕就是一個值得思考的現象了。

《三聯生活週刊》：

您同時擁有雙重的身分，儒學研究者與儒家價值體系的信仰者，這是否會影響到您的學術研究的客觀性？

彭國翔：

「價值認同」對「客觀研究」的作用是正面還是負面，這個並不一定，取決於主體對於二者之間的關係是否具備高度和深刻的自覺。錢穆先生曾說對於歷史文化的研究要有「同情與敬意」，但嚴格來說，對任何歷史文化的客觀瞭解並不取決於「同情與敬意」的有無。有了「同情與敬意」，不見得自然會有客觀與恰如其分的瞭解，有時反而會拔高研究對象。只要沒有「反感與惡意」，即使沒有「同情與敬意」，也可以對研究對象做出客觀與相應的瞭解。

在我看來，「價值認同」對於「客觀研究」所始終具有的正面意義，除了不會導致對研究對象產生先入為主的反感與排斥這種主觀的偏頗之外，更多地是作為一種研究事業背後的動力系統。換句

話說，只有認為自己從事的研究對象有價值、有意義，研究的動力才會源源不斷，才會始終能夠從中得到樂趣，不會半途而廢。至於在具體的研究過程中，則需要全面與深入地掌握研究對象的材料，遵循嚴格與精確的方法和程序，盡可能不以個人的喜好去進退取捨和做出判斷。

《三聯生活週刊》：

站在 21 世紀的今天，您認為儒學思想是否仍在鮮活地生長？

彭國翔：

如今儒學是否仍在鮮活生長，首先得回顧一下儒學在現代中國的命運。「五四」以降，儒學一直是批判和否定的對象。不過，「五四」那批學人對於儒學以及整個中國傳統的反省、檢討和批判，雖時有偏激，但很多地方切中要害。並且，儒學基本價值在這一代學人身上仍有充分的體現。正如傅斯年給胡適的信中所說：「我們思想新信仰新，……但在安身立命之處，我們仍舊是傳統的中國人。」也正因此，儒學核心價值並未因「五四」而被全然拋棄。在我看來，「五四」更多地是對儒學的一種「滌蕩」，揭露和剔除了其中很多負面的東西。新中國成立以後，尤其「文革」期間，儒學才受到了全方位摧毀性的打擊。改革開放之前，我們一直生活在「反傳統的傳統」之中。改革開放以後，儒學才從批判的靶子變為肯定的對象。眼下，肯定儒學幾乎成為一股潮流，可以說儒學迎來了「浩劫」之後的「枯木逢春」。令人有「復興」之感，也很自然。不過，作為一種價值系統的儒學是否「鮮活」，不能僅從現象上的「熱鬧」來判斷，不在於成為一種流行甚至時髦的話語，而是要看是否真正對人們的日常生活產生影響，被人們「身體力行」。就此而言，儒學的「復興」恐怕還有很多工作要做。

《三聯生活週刊》：

儒學「復興」確實是當下中國的一股潮流，尤其是在學術小圈子之外更大的社會空間中。政治、教育、文化，不同的人從不同的路徑進入，背後的考量也各有不同，您如何看待這諸種不同的儒學復興方式？

彭國翔：

就身體力行儒學的基本價值來說，學術小圈子從來不比普通大眾占據優勢。雖然真正儒家學者的價值實踐，所謂「篤行」，都是建立在「博學、審問、慎思、明辨」的基礎之上，這和普通大眾往往以「日用而不知」的不自覺方式實踐儒學價值確有不同。但是，飽讀儒家經典、滿口仁義道德，而其實只是將儒學作為功名利祿的工具的「偽君子」，歷來也所在多有。

復興儒學的方式不必只有一種。在我看來，無論從事什麼行業，都能夠成為儒學價值的實踐和體現者。比如，一個醫生只要「仁心仁術」，以救死扶傷為己任，就是在實踐和體現著儒學的價值；一個官員只要心繫治下的百姓，為官一任造福一方，也同樣是在實踐和體現儒學價值。王陽明所謂「四民異業而同道」，講得就是這個道理。只要都能從自我做起，在自己的生活和工作中落實儒家的價值，儒學就會在整個社會的各個層面得到復興。如此儒學的前景就是令人樂觀的。相反，不能真正從自己做起，知行割裂，無論表面上採取什麼方式，都不過是「別有用心」，也就成了王陽明所說的「扮戲子」。那樣的話，復興無法在演員自己身上實現，更不必指望落實到整個社會了。這種情況下，所有表面上「復興」儒學的方式，對於真正的儒學復興都只能是「死亡之吻」，既害了儒學，也

害了那些將演戲誤以為真實的廣大觀眾，最終斷送了復興的契機。所謂「隱含的危險」，無過於此。

《三聯生活週刊》：

今天的世界一定程度上處於亨廷頓所言「文明的衝突」之中，而這種衝突在深層次上是宗教和倫理系統間的衝突。基督教福音派和伊斯蘭教經歷著宗教復興，呈現出「去世俗化」（desecularization）的趨勢，而英國脫歐、特朗普當選則是政治經濟上的全球化的反例。這種形勢之下，如果儒學在中國復興，會使中國與世界之間的關係產生怎樣的變化？

彭國翔：

這要看儒學是以怎樣的面貌復興了。可以有兩種情況，一種是儒學以一種原教旨主義和極端民族主義的方式復興。另一種是以一種開放和包容的人文主義的方式復興。前一種情況並不是真正的儒學復興，只是儒學被極端的民族主義挾持。至於後一種情況，我在2010年即提出「重建斯文」的主張。在我看來，儒學只有在立足「仁義禮智信」核心價值的同時，吸收古今中外一切人類文化「合情合理」的優秀成分，才會迎來真正的復興，「富強」之外不可或缺的「斯文」，才能得以切實重建。

顯然，如果是前一種情況，中國與世界之間一定會呈現出緊張的關係。後一種情況的話，中國非但不會與世界其他國家產生緊張，反而會在當今的世界格局之下發揮更為重要甚至是領導性的作用。

「真僞」與「冷熱」
——儒學熱與社會普及的觀察與思考

採訪人：

1990 年代以來，國學熱、儒學熱興起，但好像目前已有人指出其中的庸俗化和商業化傾向。您對當下中國出現的「儒學熱」有一種冷靜的思考，在您看來，國學和儒學熱的庸俗化和商業化具體表現在哪些方面？爲什麼要對國學熱、儒學熱保持一定的警惕？

彭國翔：

我大概是最早指出國學熱、儒學熱中商業化和庸俗化問題的。例如，早在 2006 年，《21 世紀經濟報導》的編輯約我撰寫有關國學熱、儒學熱的文章時，我就明確告訴編輯，我是要潑冷水的。在〈儒學復興的省思——緣由、問題與前瞻〉（《21 世紀經濟報導》，2006 年 12 月 28 日，35 版），這篇文章中我已經表達了我對儒學熱中存在問題的看法，明確提出了「商業化」、「庸俗化」的判斷。這篇文章和其他一些相關文章與訪談一道收入我 2013 年在北京大學出版社初版的《重建斯文——儒學與當今世界》一書，這些文字可以說都是在一個全球的視域中聚焦和反省儒學的精神價值與時代課題。再比如，2008 年 1 月，年屆九旬的北美碩儒狄培理教授在哥倫比亞大學組織召開了一個題爲 "Classics for an Emerging World" 的國際學術研討會，當時正在哈佛訪問的我應邀參加，提交的論文就是反省當今儒家經典教育的問題。該文在 2009 年也曾經提交紀念德國漢堡大學漢學講座 100 週年的學術研討會，後來以 "Inside the Revival of

Confucianism in Mainland China: The Vicissitudes of Confucian Classics in Contemporary China as an Example"為題,發表在德國的 *Oriens Extremus*。在這篇文章中,我再次強調了商業化和庸俗化對於國學和儒學以及社會大眾的危害。我的看法,包括你問及的商業化和庸俗化的具體表現,以及為什麼要對國學熱、儒學熱的商業化和庸俗化保持警惕,在這兩篇文章以及相關的文字中,都有表達,讀者有興趣的話,可以參考。

採訪人:

最近,學界與民間結合或民間自發的儒學活動近年來也方興未艾,一大批以講授傳統蒙學和儒家經典、普及儒家文化為主的書院、私塾和讀經班在各地出現。您怎麼看當下的書院、私塾等國學教育機構?您可否在這裡談一談,在當前的儒學研究和儒學普及過程中,還應該警惕或注意哪些問題?

彭國翔:

我先從後一個更大的問題談談我的看法。研究與普及中應該警惕和注意的問題,需要分別說明。

儒學研究中要注意的問題,眼下令人擔憂的主要是狹隘的民族主義。當然,盲目崇洋,甚至在中國傳統的人文學科研究中也「一切惟泰西是舉」,隨著西方學者的研究範式起舞,目前仍然是不少學者,甚至是一些表面上以保守主義面目示人的學者所實際面臨的問題。這種「從人腳跟轉」的風氣晚清以來一直綿綿不絕,至今不衰。但另一方面,在晚近國學熱和儒學熱的風氣之下,一些無法進入國際學術社群或者在「西天取經」的過程中遭遇過種種挫折的人物,不免走入另一個極端,即在中西二元對立的思維模式下,一概拒斥西方學術思想。這實際上是畫地為牢,自小門戶,表面是

「亢」,內心其實仍是「卑」。東西學術思想早已交匯融合,雖時有衝突,但彼此取益,對雙方來說都是充實和發展自我的必由之道。片面強調自身文明和文化傳統的特殊性,自我封閉,不能向其他文明和文化傳統開放,對任何一種文明形態和文化傳統的發展來說,都是不健康的。在目前的儒學研究中,如果自覺或不自覺地陷入狹隘的民族主義心態,勢必使儒學研究走入「斷港絕河」,結果只能「其流不遠」。其實,真正的國學大師,從來都不是抱殘守缺之士。民國時期的王國維(1877–1927)、梁啟超、陳寅恪、胡適、馮友蘭、湯用彤(1893–1964)等一時之選,無不具有融匯中西的高度自覺。他們所開闢的典範,正是現代國學和儒學研究的康莊大道。可惜建國以後,只能「海外發新枝」,由像余英時先生這樣的人物發揚光大,在中國大陸則一度中斷了近半個世紀。如今的國學研究要想取得切實的成就,除了自覺繼承這一融匯中西的途徑之外別無他途。我曾經在為「海外儒學研究前沿叢書」撰寫的總序中指出:「如今中國大陸人文研究的再出發能否趨於正途、繼往開來,在一定意義上,其實就是看能否接得上1920至1940年代的『學統』」,「在『不知有漢,無論魏晉』的情況下,『天朝心態』雖然是無知的產物,但畢竟還是真實的自得其樂。而在全球化的時代,試圖在與西方絕緣的情況下建立中國人文學術的主體性,不過是狹隘的民族主義作祟。這種情況下的『天朝心態』,就只能是掩蓋自卑心理而故作高亢的惺惺作態了。」

至於儒學普及中的問題,在我看來,最大的是講授者的專業素養問題。一些人根本缺乏專業的訓練,只是看到如今國學和儒學有市場,於是搖身一變,「漢服」一穿,鬍子一蓄,儼然就成了道貌岸然、仙風道骨的國學家。由這樣的人來普及國學,後果是可想而知的。

你提到的「自發的儒學活動」、「一大批以講授傳統蒙學和儒家經典、普及儒家文化為主的書院、私塾和讀經班」，其實都可以說是儒學普及化的表現。這一現象，當然反映出社會大眾對於儒學的接受和肯定。沒有廣泛的社會基礎，這一類的活動很難開展。但各種書院、私塾和讀經班風起雲湧，難免良莠不齊。如果合格的師資難以保證，授課者自身還遠沒有達到對於儒學和國學的深造自得，就去開課收徒，這一類的國學教育機構就正是商業化、庸俗化的表現而已。當然，這並不意味著我在一般的意義上否定這一類的機構，據我所知，有些此類的教育機構，延聘真正學有專長的博學鴻儒傳道授業解惑，確實推動了儒學與國學的社會傳播。

採訪人：

在您看來，商業化和庸俗化給儒學和國學研究以及傳統文化的傳承帶來了哪些不利影響？應該如何避免？

彭國翔：

儒學商業化的不利影響，首先是使得一批高等院校的從業人員不再專心學術研究工作，將大量的時間精力投注在形形色色的「國學班」之中。鑑於如今中國知識分子的收入仍然偏低，一些從業人員通過這種方式改善個人和家庭生活，本也無可厚非。但如果沉溺其中不能自拔，以之作為發財致富的手段，無疑會影響其研究與教學工作。這樣的從業人員在學術領域的自我邊緣化可以說是自我的價值選擇，可是由這樣的從業人員來指導高等院校的學生，就不免誤人子弟了。

當前傳統文化傳承中的低俗化問題，在我看來主要有兩方面的原因。如何避免傳統文化傳承中的低俗化，首先要從解決這兩方面的問題入手。

其一,是部分從業人員只是為了賺錢,不能嚴格自律,在專業學術訓練不足的情況下,將過多的時間和精力投入到大大小小、形形色色的「國學班」之中。由於這些從業員自身的學術修養不能不斷補充深化,長期以來樂此不疲的這種「國學班」講學,最終只能是退化為像民間藝人說書那樣的傳承形式。這種形式雖然可以讓社會大眾一度喜聞樂見,但終究不是傳統文化傳承的根本和正途。打個比方,《三國演義》遠比《三國志》可讀性強,但三國的歷史真相,畢竟還是《三國志》更為接近。並且,那些高等院校和研究機構中沉溺於此類「國學班」的學者,慢慢脫離了學術界,無法進行真正的知識積累和學術創新,勢必會對高等院校和研究機構的學術聲譽造成損害。換言之,高等院校和研究機構的聲譽非但無法由這些從業員充實廣大,反而只是成為後者「炫外以惑愚瞽」的招牌,久而久之,其既有的聲名,勢必會大大降低。很簡單,著名的高等學府和研究機構之所以著名,恰恰是由於擁有了那些海內外學界認可的真正的學術大師。這就是梅貽琦(1889-1962)先生所謂「大學者,非有大樓之謂也,有大師之謂也」的涵義所在。一旦沒有了海內外學界認可的學術大家,只剩下一些終日在「國學班」頭出頭沒、自我陶醉在外行掌聲中的從業員,任何曾經輝煌的高等學府和研究機構,一定也會江河日下。當然,在目前的體制下,高校和研究機構也無法對這一類人員採取某種限制。但是,對於那些專心學術,在學術研究領域通過自己的不斷建樹來為所在高校和研究機構切實贏得榮譽的學者,應該予以大力的支持和鼓勵。那些真正的學有建樹的學者,在研究與教學工作之餘,也可以而且應當在國學的普及工作中發揮作用。

其二,是部分媒體缺乏判斷力,將上述那種從業員甚至是根本缺乏專業訓練的「江湖術士」當做傳承傳統文化的「大師」,誤導

社會大眾。因此，相關的媒體在從事儒學和國學普及工作時，應對講授者的資質進行基本的鑑定，防止假冒偽劣，如此才能儘可能地保證普及工作的質量。至於如何鑑定，最基本的一條就是要看那些講授者是否具有相關專業包括中國哲學、中國歷史和中國文學的博士學位。雖然擁有博士學位者未必都適合從事普及工作，但具有中國傳統文史哲專業的博士學位，是從事普及工作的必要條件。如果說獲得博士學位意味著對於專業學術訓練的認證，那麼，沒有傳統中國文史哲專業博士學位的人，顯然缺乏資質。僅此而言，對於那些儒學和國學從業人員資質的認定，就不是一件很困難的事。如果一個人學士學位、碩士學位和博士學位根本與儒學國學無關，甚至根本沒有相關專業的專業學位，這樣的人來從事普及工作，顯然只能是南郭先生的濫竽充數。有人說：「博士學位重要嗎？陳寅恪不是也沒有博士學位嗎？」我的回答是：「首先，你不是陳寅恪。其次，博士學位僅僅作為一個名頭，固然不重要；但是，如果它是一種資質認定，意味著你經過了嚴格的專業訓練而具備了相關的專業資質、達到了一定水準，就很重要。」

總之，傳統文化的傳承，要依靠那些在學問上真正深造自得的人士來實現。以國學為沽名漁利手段的人，不可能承擔「為往聖繼絕學」這一文化傳承的使命。

採訪人：

在儒學和國學大眾普及的過程中，如何看待學術研究的作用？應該加強哪方面的研究？

彭國翔：

學術研究和大眾普及之間自然有一定距離。前者需要在深厚和寬廣的積累之上，才有可能真正推陳出新。因此，真正的學術研究

工作是非常專業和艱苦的。相比之下，大眾普及就容易多了，只要具備了基本的專業訓練，比如說，在正規的高等院校經過了從大學到碩士再到博士的專業學習，獲得了相應的學位，大體就可以勝任普及工作。而在學術研究方面不斷有創新的成果，得到海內外同行專家學者的認可，專業的博士學位還只是一個起點。從事專業學術研究的學者，追求的目標是海內外同行專家學者的肯定，不是非專業的社會大眾的喝彩。從事大眾普及工作的人士，追求的不免就是社會大眾的喜聞樂見。換句話說，前者更希望自己的名字出現在同行專業學者論文與著作的註釋之中，後者更希望自己的名字出現在大眾傳媒的標題與鏡頭之中。

不過，學術研究和大眾普及之間又應該具有緊密的內在關聯。其實，真正的大眾普及，必須建立在學術研究的基礎之上。或者說，大眾普及必須要靠學術研究來提升其水準。就像那些真正禁得起檢驗的科普作品往往是真正的大科學家執筆的一樣，普及工作最好也是要由那些真正學有建樹的學者來從事，或者至少要經過那些真正學有建樹的學者的論證與評估。只有學術研究成為普及工作的準繩和指引，儒學和國學的普及才會儘可能避免南郭先生們的濫竽充數。這樣的話，學術研究和大眾普及工作，也就可以相輔相成地配合起來了。

我並不反對專業學者適當從事普及工作。但人的時間和精力有限，再聰明的人，一天也只有 24 小時。要想在學術研究領域不斷推陳出新，屢有建樹，不可能終日以普及工作為務。而且，要想真正在普及工作中不斷向聽眾傳達正確的知識和深刻的見解，自己必須首先不斷研究，在知識見解上不斷提高。否則，傳遞給聽眾的，就難免陳詞濫調甚至淺見謬論。一句話，學術積累始終是普及工作的根本。

採訪人：

　　按照余英時先生的說法，儒家已經成為了「遊魂」。這裡的遊魂說與華東師範大學的許紀霖教授所謂「儒家孤魂，肉身何在」是不是一個意思？有人否定了許紀霖教授的儒家三個肉身說，認為儒家的三個肉身是文廟、書院和宗祠，您怎麼看這三個肉身在當下中國的現狀？

彭國翔：

　　余先生的「遊魂」說常常被耳食之士誤解為對儒學的貶低，其實余先生這一說法包含兩層意思：其一，是指晚清科舉制解體以及傳統中國發生根本的制度和社會變化之後，儒學已經失去了以往賴以存在的結構性基礎。這是一個歷史和事實的判斷。此外，「遊魂」說還有一層含義，余先生自己也曾經明確指出過，那就是，將晚清以來的儒學稱為「遊魂」，恰恰是意在表明儒學作為一種精神價值，所謂「魂」，有其自身相對的獨立性，並不一定非得依附於某種特定的政治、社會和經濟制度才能生存。比如，離開了君主制、農業經濟等傳統的社會結構，作為一種精神價值的儒學傳統照樣可以存活。在現代社會中，這種精神價值完全可以得到體現和發揚，甚至得到更好的表現。而這一層涵義，恰恰顯示了儒學超越特定時空的普遍價值和意義。

　　你提到許紀霖教授的「儒家孤魂，肉身何在」，我沒有專門閱讀相關的文獻，並不能確定其準確與完整的內涵。但如果你是依據他在《南方週末》發表的那篇以〈儒家孤魂，肉身何在〉為題的短文，那我可以說，許教授的意思不出余先生「遊魂」說的範圍，且尚限於余先生之說的第一層涵義，屬於一種實然層面的觀察與判斷。至於許教授文中所提儒學目前面臨的問題，即所謂「儒家之魂，

將依附於何張皮上?是目光往上,得君行道;還是視野往下,覺民行道?」就更是從余先生那裡轉手而來的。甚至「得君行道」和「覺民行道」這兩個詞,原本就是余先生所用。

許教授所謂儒家三個肉身說指涉的整體範圍,或者說傳統儒學的基本載體,我大體可以接受。但所謂「作為心性之學的心靈宗教」和「作為倫理道德之學的秩序宗教」,其劃分並不恰當。對儒學而言,心性之學與倫理道德之學,根本是一而二、二而一的,很難一分為二。至於「心靈宗教」和「秩序宗教」的區分,如果說對於亞伯拉罕傳統一類的西亞一神教而言有其意義,對於儒學這種特殊的宗教傳統來說,就未免無用武之處了。為什麼說對儒學來說區分心性之學與倫理道德之學沒有必要、區分心靈宗教和秩序宗教無的放矢,關鍵在於如何理解作為一種宗教傳統的儒學。這一問題說來話長,無法在此詳說。我在我的《儒家傳統——宗教與人文主義之間》一書中,有所說明。讀者有興趣不妨參看。

至於那種認為儒家的三個肉身是文廟、書院和宗祠一說,即便是單純作為一種歷史觀察,也仍然不免過於狹隘了,更無論作為一種價值訴求了。在古代中國甚至11世紀以來的東亞社會,包括日本、韓國、越南等地,文廟、書院和宗祠自然是反映儒學價值的有形存在。但真正體現儒學價值的,還是那些能夠體現儒學價值的儒家學者,包括從孔孟、董仲舒(前179–前104)到程朱陸王以及像余英時先生這樣的當代儒家知識人。隨著歷史發展、社會變遷,種種有形的器物甚至建制,都會轉型甚至消失,但只要始終存在真正的儒者,能夠在博學多聞的基礎上身體力行儒學的價值而不只是口頭談論,儒學的所謂「肉身」就始終存在。在這個意義上,每一個人都可以是承載並體現儒學的「肉身」。並且,只有將每一個人作為存在的「肉身」,儒學才可以說獲得了真實的生命。如果儒學的肉身

只能是文廟、書院和宗祠，那麼，儒學的生命力也就極為有限了。況且，把古代書院一類的地方描繪為儒學價值煥發洋溢的場所，有時也不免是缺乏歷史知識的一廂情願的想像。當然，每一個人所能承載和體現的，不一定只是儒學的價值，世界上所有精神性的傳統，包括基督教、猶太教、伊斯蘭教、佛教、印度教、道教等等，都可以在個人具體的「肉身」上得以表現。這也就是儒家所謂的「肉身成道」。

採訪人：

傳統儒家好像有個「只聞來學，無有往教」的原則，您怎麼看當下有儒學進村的現象？

彭國翔：

儒學進村是當前儒學熱和社會普及的一個表現。由於傳統文化斷裂半個世紀以上，尤其經過「文革」的「洗禮」，即使以往傳統文化保存較好的鄉村，1960 年代以後，儒學價值也所剩無幾了。所以我說我們仍處在一個反傳統的傳統之中。在這個意義上，儒學價值的重建，在農村無疑有其必要。

不過，從孔子和孟子開始，最看重的是「為己之學」，而非「好為人師」。「學」與「修」首先是為了「自得」。當然，這並不意味著只做「自了漢」，儒家從來也都有濟世情懷。因此，在真正深造自得的基礎上去「覺民行道」，自然是儒者所當為。這裡，關鍵還是一點，即那些主動進村傳播儒學者，應該具有足夠的資質。如果自己對儒學的價值還是似懂非懂，如何教人呢？並且，弘揚儒學價值與汲汲於求人知，在深微的心理動機上有根本不同。孔子所謂「不患人之不己知，患不知人也」，值得三思。尤其那些仍在學習中的年輕人，其傳道的熱情值得肯定，但首先還是要從自我的學習與修養做起。

採訪人：

最後您能總結一下您對當今儒學熱的看法嗎？

彭國翔：

自從 1980 年代，隨著中國大陸實行改革開放政策，國內不同歷史階段出現過各種不同的「熱」，1980 年代末是西學熱，儒學熱、國學熱是要到 20 世紀以來才逐漸從學術界逐漸擴展到文化界和社會層面的。對於各種「熱」，或者說對於目前各種不同的思潮和傾向，我始終認為，中國大陸學術思想界如今最大和首要的問題，不在於派別之爭，如所謂保守派、自由派、新左派等等，而在於真偽之辯。無論是各種主張，在深入研究基礎之上的真誠服膺，都是值得尊重的。然而，各家諸派之下，都不乏投機分子。這些人托名雖殊，別有用心、欺世盜名則一。這類人其實並沒有真正的價值原則，只要是可以帶來名利的，就會一擁而上。由於多種原因，如今儒學、國學受到提倡，成為熱鬧圈和名利場。這種情況下投身儒學、國學旗下，終日在各種以儒學、國學為名的社會活動中打點周旋之輩，尤其是那些原本並未經過專業學術訓練者，其真偽就可想而知了。

此外，無論是國學還是西學，古今中外各種學問，真正的建立與推陳出新，都不可能在熱鬧的泡沫中產生，只能在清冷與沉潛的鑽研中達成。孔子所謂「為己之學」，孟子所謂「深造自得」，以及古希臘、羅馬哲人對於「獨處」(solitude) 和「靜思」(meditation) 的申論，都意在強調這一點。其實，不甘寂寞，運作一些淺薄的媒體、欺瞞幼稚的青年和無知的外行，靠粉絲來獲得自我滿足，在熱鬧中證明自身存在，不過是缺乏真正自信和充實內心的表現。這種人在任何學術思想上，都不可能有真正大的成就，因為他們真正的追求，原本不在學術思想。這些人如果具備專業的學術訓練，比如

具備中國文史哲的博士學位,甚至具備高等學府甚至名校教師的身分,當然可以從事一些社會普及的工作,總比那些沒有受過專業訓練的江湖術士去普及國學和儒學要好很多。但是,儒學和國學真正的推陳出新,是不能靠這些人的。要想把儒學、國學最為原創與可靠的智慧和知識傳遞到社會層面,終究還是有賴於那些真正信守儒學、國學的核心價值並在其專業領域中不斷深耕的一線學者。所以,我說如今學界甚至文化界最大的問題是「真偽」和「冷熱」。熊十力先生曾經說過:「知識之敗,慕浮名而不務潛修也;品節之敗,慕虛榮而不甘枯淡也。」我認為這是真正以學術思想為志業者深入反省與檢討的至理名言。

「文化中國」與「重建斯文」
——彭國翔談余英時的「中國情懷」和文化建設

「媒體在當今之世負有引導民眾觀念這一重大責任，像『文化中國』這樣的欄目，就更應當在『亂花漸欲迷人眼』和『眾聲喧嘩』的局面中，多向廣大民眾傳遞思想文化界的真知灼見。因此，辦好這個專欄的前提之一，我認為首先是要具備『法眼』和『慧眼』。『文化中國』專欄矚目余先生這樣真正深造自得的學術思想大家，介紹其睿識與洞見，正是具備高度判斷力的表現。」彭國翔教授在接受採訪時如是說。

一、余英時：「知行合一的儒家知識人」

《新華月報》：

余英時先生一直對您讚譽有加，能談談你們有哪些來往嗎？

彭國翔：

我跟余先生相識已有 12 年多。1980 年代末我在讀大學時，已經比較深入地接觸到了從錢穆到余先生以及從熊十力到唐君毅、牟宗三這兩條學術思想的譜系。余先生 1987 年在大陸出版的第一部著作《士與中國文化》，當時就讓我感到了學術思想的魅力，產生了文化價值的認同。但我和余先生見面，對余先生這個人有真切的瞭解，則始於 2000 年。那年 6 月，余先生到臺灣中央研究院參加第三屆國

際漢學會議以及中研院院士會議，我正好也在臺北。記得那天一早去聽余先生在漢學會議上的主題演講，雖然搭捷運趕到，但仍稍晚了些。還是王汎森先生替我占了個座位，我才得以在「座」「站」俱無虛席的大禮堂中坐下來，聽了余先生對於國際漢學的回顧與前瞻。之後我和陳來先生一道，碰巧在禮堂中遇到余先生。由於當時撰寫《朱熹的歷史世界》已近尾聲，余先生就和陳來先生聊起。大概注意到我一直在旁邊站立靜聽，卻不插話，余先生就特意也和我說話，說會送書給我。我很感動，第二天早上就給他去了個電話，表示一下問候。沒想到余先生電話中即約我一起吃午飯。那天是漢學會議結束之後的院士會議，中午休會時，我在會場門口等候余先生出來，他即帶我到中研院學術活動中心後面的西餐廳。那是我第一次和余先生面對面的交流。當時余先生的諄諄教誨，我迄今記憶猶新。而會議結束的晚宴上，我又剛好和余師母同坐一桌。我和余先生的關係，就是從那時起日益密切，一直持續到現在的。那次見面以後，我每次到美國訪問，都一定會去看望他和余師母。

余先生博大精深的學問和高風亮節的風骨令人無不敬重，但對我個人來說，在「敬重」之外，還多了一份「愛戴」。多年來，余先生和師母對我和家人一直非常關心和愛護，點點滴滴，都讓我銘感在心。這裡我僅舉一個例子。2008年8月的一天，突然接到余先生和師母的電話，說要寄奶粉給我們。原來是他們兩老獲悉國內剛剛發生的三鹿奶粉事件，立刻想到我女兒正在吃奶粉的時期。這件事既說明余先生一直關心國內社會的各種情況，尤其是民間疾苦；更表明余先生待人深情厚意，即使後生晚輩，也絲毫不加減損。對於人的尊重、關心、愛護，在余先生那裡絕不只是言說和文字，而是真實體現於大大小小的日常行為之中。如果說「知行合一」是儒家傳統最為注重的一種價值，那麼，余先生可謂當今之世一位真正

能夠體現儒家價值的人物。在我的心目中，他是一位真正的「儒家知識人」（Confucian scholar），而與一般的「儒學研究者」甚至「儒學從業員」（scholar of Confucianism）不同。正是由於這種切實的感受一直在我的心頭，「情寓於中」，必然要「發之於外」，2006年11月余先生榮獲具有「人文諾貝爾」之稱的「克魯格獎」時，我當即寫了一篇文章〈當代儒家知識人的典範——余英時先生榮獲人文諾貝爾獎的啟示〉，表達了我的感受。當然，我和余先生從相識到密切，關鍵在於共同的價值信守，所謂「志同道合」。正是由於這一點，於「情」於「理」，我都從余先生那裡獲益良多。

《新華月報》：

2006年，余英時先生榮獲「克魯格」獎，有不少朋友不瞭解這個獎的性質，您能談談嗎？

彭國翔：

這個獎是美國電視巨頭約翰·克魯格2000年向美國國會圖書館捐款7,300萬美元設立的，也稱為「約翰·克魯格人文與社會科學終身成就獎」。由於諾貝爾獎中人文學科只有文學一項，設立此獎時，克魯格先生明確表示，該獎項針對的學科包括歷史、哲學、政治學、人類學、社會學、宗教、文藝批評和語言學，目的在於彌補諾貝爾獎在人文社科領域的不足。因此，該獎也被稱為「人文諾貝爾獎」。

無論在獎勵對象還是在遴選程序上，該獎幾乎都一如諾貝爾獎。獎勵的對象是那些在上述人文社會學科中辛勤耕耘多年、做出重大貢獻並獲得舉世公認的傑出學者。其國籍和寫作的語種不限，遴選的範圍也是覆蓋全球，完全是「千里挑一」。2003年第一屆克魯格獎授予了波蘭哲學家科拉柯夫斯基，2004年授予了美國耶魯大

學歷史學家帕利坎和法國哲學家利科。2005年該獎空缺。2006年11月15日，美國國會圖書館正式宣布，經過全球多所大學的校長、研究機構的負責人以及眾多傑出學者和知識人組成的不同層次的委員會對全球兩千多位獲得提名的候選人的層層篩選，當年的克魯格最終授予了余先生和杜克大學的榮休教授富蘭克林。由此可見，正如諾貝爾獎的獲獎人一樣，克魯格的得主必須是全球人文社會學科領域中的最為頂尖的人物。余先生獲得此獎，完全是實至名歸。

《新華月報》：

余英時先生榮獲此獎有什麼意義？

彭國翔：

在剛才提到的〈當代儒家知識人的典範——余英時先生榮獲人文諾貝爾獎的啟示〉一文中，我特別談了我對余先生榮獲此獎意義的看法。該文最初以〈人文諾貝爾獎的啟示〉為題，發表在《讀書》2007年第1期。只是應編輯要求，文字有些刪節。完整的文字，收入我2009年出版的《儒家傳統與中國哲學——新世紀的回顧與前瞻》一書。

在我看來，余先生獲得該獎的意義或者說給我們的啟示大體有兩點：一是如何看待全球語境中的中文寫作；一是如何做一個真正的知識人或公共知識人。[1]

目前整個中文世界中，無分文理，英文能力早已成為各種評價機制和學者各方面勝出的一項非常重要的指標。在不少人的心目甚

---

[1] 以下關於余先生獲獎意義的答詞，取自我的〈當代儒家知識人的典範——余英時先生榮獲人文諾貝爾獎的啟示〉部分內容，該文已收入本書，特此說明。

至公開的學術評價機制中,外文撰著必定比中文著作更有價值。這當然是淺薄之見。學術研究的水準並不在於語言文字的「形式」,而在於其「內容」是否「言之有物」以及「物」的精良與否。余先生不乏英文作品,但1980年代以來,多自覺運用中文著述。此次大獎頒給余先生,可以說是對中文寫作的充分肯定。

但再往深一層看的話,語言文字仍然尚在其次。關鍵仍在語言文字背後的「含金量」。海外以中文寫作者不乏其人,為何單單是余先生以中文寫作首次獲得克魯格大獎的桂冠呢?對此,美國國會圖書館館長畢靈頓在宣布余先生獲獎時對其學問的盛讚可為註腳,所謂「余博士的學術顯然極為深廣,他對中國歷史、思想和文化的研究已經跨越了許多學科、歷史階段和課題。並且,他也以深刻的方式對人性問題進行了檢討」。

如此看來,為中文寫作在全球語境中地位提升而感到振奮的同時,我們又不可因民族自豪感的提高而過分留情眷注於語言文字自身。著書立說的關鍵在於能否提供真知灼見。否則的話,無論運用何種語言文字,都難以在諸如諾貝爾獎和克魯格獎這樣嚴格、公正的評選系統中勝出,從而獲得世界範圍內有識之士的真正認可。這一點,是余英時先生榮獲人文諾貝爾獎給我們的第一點啟示。

克魯格獎在正式發布消息介紹余先生得獎時,有這樣一段描述:「通過深入原始文獻,他將儒學遺產從諷刺與忽略中挽救出來,並在『文革』之後一直激勵著更為年輕一代的學者去重新發現中國文化的豐富與多樣。」此外,其中也特別提到,余先生的影響遠遠超出了專業的學術領域而深入整個中文世界的人文領域,是「在中國和美國都最具影響力的華裔知識人」。如果說「公共知識人」的主要特點即在於「關心政治、參與社會、投身文化」,那麼,余先生無疑是一位當代的「公共知識人」。並且,作為一位「公共知識人」,

余先生還具有鮮明的價值立場，那就是「以天下為己任」的儒家精神氣質。事實上，「公共知識人」這一翻譯語中所反映的「公共性」的涵義，在中國古代傳統中正是「天下」一詞。所謂「天下為公」，「天下」一詞所代表的對個人、小群體私利的超越，正是儒家的價值立場與終極關懷所在。用孟子的話來說，就是「思天下之民，匹夫匹婦有不被堯舜之澤者，若己推而內之溝中，其自任以天下之重如此」。

對於「公共知識人」，余先生曾在其《士與中國文化》一書的自序中指出：「這種特殊涵義的『知識人』（按：即公共知識人）首先必須是以某種知識技能為專業的人；他可以是教師、新聞工作者、律師、藝術家、文學家、工程師、科學家或任何其他行業的腦力勞動者。但是如果他的全部興趣始終限於職業範圍之內，那麼他仍然沒有具備『知識人』（指公共知識人）的充足條件。根據西方學術界的一般理解，所謂『知識人』，除了獻身於專業工作以外，同時還必須深切地關懷著國家、社會以至世界上一切有關公共利害之事，而且這種關懷又必須是超越於個人的私利之上的。」如果不能「深切地關懷著國家、社會以至世界上一切有關公共利害之事，而且這種關懷又必須是超越於個人的私利之上的」，頂多是「知識從業員」，並不能稱之為「知識人」。

在當今媒體和網絡的時代，「關懷國家、社會以至世界上一切有關公共利害之事」似乎更為容易。但所謂「容易」，僅指個人意見更容易進入公共領域。至於是否能夠在「超越於個人的私利之上」這一「必須」的前提之下，其實歷來都不那麼容易。如今問題更大。

在我看來，公共知識人首先必得是某一專業領域的深造自得者，否則是沒有資格在相關問題上「指點江山、激揚文字」的。在如今專業分工日益細密的情況下，如果一個知識人不顧自己的學術

訓練,動輒在各種問題上發表意見並訴諸公共空間,以「通人」自居,必定淪為布爾迪厄所謂的「媒體知識人」。這種「媒體知識人」「既無批判意識,也無專業才能和道德信念,卻在現實的一切問題上表態,因而幾乎總是與現存秩序合拍」。很簡單,無論怎樣的聰明才智之士,其時間、精力畢竟有限,若終日耳目、心神外弛,對各種問題都要回應,只能淺嘗輒止而難以鞭辟入裡。那些無一專業領域足以依托卻喜談「打破學科界限」並善於媒體運作的人士,就是典型的「媒體知識人」而與真正的「公共知識人」相去甚遠。熱中於媒體「做秀」而刻意「推銷」自己者,既不能沉潛而真正有成,其追逐名利之心,不必「誅」而可知矣。余先生學問淹貫,不僅對整個中國思想文化史各階段都有深入的研究,對西方的思想文化同樣也有深入的瞭解,卻仍然時常在行文中謙稱自己只是一個「學歷史的人」,「不能逾越歷史研究的學術紀律」,較之那些「株守一隅」卻「以為天下之美盡在己」者,境界與識見之高下已不啻天淵,更遑論那些「媒體知識人」了。

其實,只要在學問上真正深造自得、有一貫的文化自覺與價值立場,透過文字流傳,自然會對社會、政治發生深遠的影響力。余先生1950年初離開中國大陸,除1978年短期來訪之外,未再涉足中國大陸。但他的文字自從1980年代在大陸流傳以來,影響日益深遠。余先生也確實具有強烈的現實關懷,正如他自己所謂:「一個知識人必須具有超越一己利害得失的精神,在自己所學所思的專門基礎上發展出一種對國家、社會、文化的時代關切感。」但由於這種對「國家社會、文化的時代關懷」始終由其深厚的學養自然而發,余先生對於現實種種問題的分析評判,才絕不同於那些媒體知識人的「隔靴搔癢」甚或「無病呻吟」,而精闢透徹之見迭出。余先生多年來一直潛心研究,從來與媒體保持一定距離,其寫作更不是為

了趨時從眾，正反映出一位真正知識人的操守。在當今這個喧囂的時代，能夠始終堅守學術崗位而不隨波逐流的人文學者，必定背後有其文化價值的立場，如此，其從事學術研究的動力方能源源不斷。其文化價值立場又必然且自然地會發為相應的政治與社會關懷。來自於深造自得的真知灼見，必然深入人心，流傳廣泛而久遠。否則的話，無論怎樣「包裝」和「推銷」，充其量如「飄風」、「驟雨」（老子所謂「飄風不終朝，驟雨不終日」），博取外行一時的喝彩而已，難以贏得內行持久的肯定，更逃不過歷史的檢驗。所謂「終久大」與「竟浮沉」之別，正來自於公共知識人的「真」與「偽」之辨。學者何去何從，值得反省和深思。這一點，是余先生獲得人文諾貝爾獎的第二個啟示和意義。

二、文化中國是中國情懷的載體

《新華月報》：

余英時先生常用「鸚鵡救火」自喻，意指自己的「中國情懷」。您能具體談談嗎？

彭國翔：

「鸚鵡救火」原本是一個佛教的故事，明末清初周亮工（1612–1672）《因樹屋書影》中對這一故事有生動的記載，余先生曾經多次引用它來表達自己的「中國情懷」。這個故事是這樣的：

> 昔有鸚鵡飛集陀山，乃山中大火，鸚鵡遙見，入水濡羽，飛而灑之。天神言：「爾雖有志意，何足云也？」對曰：「常僑居是山，不忍見耳！」天神嘉感，即為滅火。（國翔按：「常僑居是山」句《太平廣記》、《佩文韻府》等古籍皆作「嘗」，周亮工文中作「常」。此鸚鵡滅火故事原出《舊

雜譬喻經》，惟文字記載與周亮工《因樹屋書影》頗有不同。）

迄今為止，余先生在美國生活已有 57 年，遠遠超過了他從出生到離開中國的 25 年（其中有 5 年在香港）。但中國畢竟是余先生的故國，中國文化更是余先生一生的心血所在。用他自己的話來說，在文化的意義上，他自覺自己始終是個中國人。這種對於中國的念茲在茲，正是其「中國情懷」的表現。

余先生一直關注國內的各種動態，近年來對於中國社會的種種問題更是關懷備至，為建設一個人文與理性的中國不懈陳詞、傾注心力。這一點，在我看來，正是出於他不願中國老百姓承受各種苦難的「不忍之心」。余先生的這一「不忍之心」，自然與儒家傳統中孟子、陸象山和王陽明的「惻隱之心」、「本心」和「良知」同樣千古不磨，而落實在具體的時空之中，即直接表現為其「溥博淵泉」而躍動不已的「中國情懷」。陶淵明的詩中篇篇有酒，余先生的文字中則篇篇都飽含「中國情懷」。余先生對於中國歷史上以及當今各種問題的關注，只有在這一「中國情懷」之下，才能獲得相應與深切的理解。

簡單地說，余先生的「中國情懷」，表達的是對「中國」的一種深厚情感。這種情感的指向，是期盼中國成為一個人文與理性的國度，在這樣一個人文與理性的社會中，人民安居樂業；無論貴賤貧富，每一個中國人的尊嚴都能夠得到尊重。余先生一再引用「鸚鵡救火」故事中「常僑居是山，不忍見耳」這句話，正反映和流露了這種深厚的情感與深切的期盼。

《新華月報》：

從文化的角度來看，如何解讀余英時先生的「中國情懷」？

彭國翔：

余先生的「中國情懷」，當然必須從文化的角度去理解。對余先生來說，「中國情懷」中的「中國」，正如歷史上「中國」一詞本身主要的涵義一樣，是一個超越了地域和政治的文化概念。如果我的理解不差，在余先生的心目中，「中國」代表的是一種承載了價值與文明的文化連續體。余先生之所以有這樣一種「情懷」，之所以情繫於此，正反映了他在情感上對於「中國文化」或者說「文化中國」的眷戀。這種情感之所以在余先生那裡格外沉重，原因不在別的，正在於他親歷了這個悠久的文化連續體被內憂外患特別是中國人自己淩遲的過程，在於他親眼目睹了這一文化連續體幾乎「隨風而逝」的命運。余先生的「中國情懷」和「情懷中國」，都是在這一特定歷史時期由內心所發。

附帶說一句，對於「文化中國」這個詞，現在學界流行的認知是已故臺灣學者傅偉勳（1933–1996）提出，經杜維明教授大力提倡而得以廣為流傳。但是，據我的瞭解，余先生在 1950 年代，已經開始使用「文化的中國」這一表述。這一點，大概很少有人知道。

《新華月報》：

其實早在幾年前，各類媒體就興起孔子熱、國學熱等傳統文化浪潮，您如何看待這種文化現象？

彭國翔：

2006 年 12 月 18 日，我曾應編輯之約，為《21 世紀經濟報導》撰寫了〈儒學復興的省思〉一文，後來也收入我的《儒家傳統與中國哲學——新世紀的回顧與前瞻》。在那篇文章中，我表達了對於「孔子熱」、「國學熱」及相關文化現象的看法。這裡，我只想提一點。

相對於從「五四」到「文革」再到《河殤》對於中國傳統偏頗和激進的批判，重新認識「儒學」和「國學」當然值得肯定。但對於「儒學」和「國學」，必須要有一個深入和全面再認識的過程。這一點格外重要，因為它是如今重建斯文不可或缺的一個前提條件。我曾反覆指出，我們目前仍然生活在一個反傳統的傳統之中。晚清以來不斷強化的「反傳統主義」，早已使我們對自己的傳統隔閡甚深。2000年以來，以儒學為主的中國傳統文化不僅重新受到官方的肯定，似乎更在社會各階層贏得了廣泛的聽眾。然而，在「亂花漸欲迷人眼」的潮流之下，大眾對於儒學和傳統文化的瞭解，不過「淺草才能沒馬蹄」而已。當然，對儒家傳統的知識瞭解，並不等於具備了儒家的教養。但缺乏全面與深入的認知和理解，要想認同並體現儒家的價值，也是根本無從談起的。「知識」不等於「智慧」，所以佛教有「轉識成智」的說法。可是，「智慧」必須從「知識」中提煉昇華而來。沒有足夠的知識，「巧婦難為無米之炊」，智慧也是無由而得的。作為一種「價值」的儒學，自然是一種「生命的學問」，不能異化為與自己生命氣質無涉的純粹對象化的知識。但這種「生命學問」的養成，又從來都離不開理性的陶冶。那種將「儒學研究」和「儒家信仰」一刀兩斷的看法，實在是淺薄的謬見。如果認為儒學研究者必定不能是儒學價值的信奉者，在這種兩分的思維模式之下，儒學信仰者也就自然不需要任何對儒學的深入瞭解。如此一來，正如西方基督教傳統中討論理性和信仰之間關係時提出的一個問題一樣，如果不是建立在理性的基礎之上，一個信徒如何確保自己聆聽到的聲音是來自上帝而非撒旦呢？孔子在《論語》中首舉「學而時習之」示人，又言「十室之邑，必有忠信如丘者，不如丘之好學也」，以「好學」而非一般的「忠信」來自我界定，可見「學」之重要。正如古代所有大儒在「躬行實踐」的同時都無不具備深厚的理論素養一樣，當今認同儒家核心價值者，也不

應當自外於知識界和學院體制。那種將傳統和現代、實踐和理論一刀兩斷，認為儒家只能和「傳統」、「實踐」相關而與「現代」、「理論」無緣，甚至認為現代的知識體系和學術建制與儒家必不兼容的看法，實在是對儒學發展的歷史缺乏瞭解以及思考力薄弱兩方面所致的皮相之見，不是別有用心，就是似是而非的淺見。在當下這個眾聲喧嘩、虛實真偽變幻莫測的多元與多變的世界中，真正儒家的文化立場與價值關懷反倒更需要堅實的學術研究作為基礎。從以往歷代大儒到當今儒家知識人的真正代表，無不是德性與理性交相滋養，價值與知識相得益彰。如今「中學」隔閡已久，過去的「常識」已成現在的「學問」。不斷湧入的各種「西學」，又不免使人「霧裡看花」。在這種情況下，對於儒學傳統「斯文」的內涵，我們首先得有恰當的瞭解，然後才能結合其他「文明」與「文化」的傳統，實現中國「斯文」傳統的綜合創新與創造性轉化。否則，在中西既有相通又有不同的價值系統之間，勢必兩頭落空，重建斯文，也就無從談起了。在目前有關「國學」和「儒學」的一片熱浪中，社會大眾既要慎思明辨，提高自身的判斷力，在「風起雲湧」的「大師」中辨別真偽；相關的知識人和從業人員，也當自我反省、自覺自律，不要自欺欺人。

總之，21世紀以來，對於傳統價值的需求已不再只是部分知識人的呼籲，而真正表現為社會大眾的心聲，這的確是「儒學熱」和「國學熱」的社會基礎。但目前狹隘的民族主義以及目前無所不在的商業化的侵蝕，是對重建斯文的巨大挑戰。如果不能加以警覺和克服，所謂「熱」，很可能成為「死亡之吻」。「契機」未嘗不會轉變為更大的「危機」。這一點，是我殷切提請廣大有識之士注意的。

《新華月報》：

就文化復興而言，您覺得余英時先生的思想中有哪些可以借鑑的地方？

彭國翔：

就我的理解，「復興」並不意味著昔日輝煌的重現。孔子當初面對「周文疲敝」要重建斯文，並不是要簡單地恢復「周禮」。同樣，如今我們要重建斯文，也不應該被簡單地理解為要重建一個「儒教中國」。文化的發展如江河之流，是不可能走回頭路的。所謂「文化復興」，一定是固有的文化傳統在主動迎接時代挑戰，成功回應歷史課題的過程中的自我更新、自我發展。世界上任何迄今仍然生機勃勃的傳統，莫不如此。所謂「舊邦新命」、「老樹新枝」。

我覺得余先生思想中最值得借鑑的，就是他一方面植根於中國文化的固有傳統，另一方面對西方文化保持開放，將中西方文化中彼此相通的優秀價值水乳交融地合為一體，在「古今中西」之間保持一種恰到好處的均衡。借用當年「學衡派」的表述，可以說是「昌明國故，融會新知」。既不會「拋卻自家無盡藏，沿門托缽效貧兒」，也不會固步自封，陷於狹隘的民族主義和保守主義。對於古今中西之間極端的激進和保守，無論是偏於哪一方，余先生從來都是雙向批判的。這種深刻與理性的文化自覺，其實是「五四」以來一直較為缺乏的。如今的「文化復興」作為對「五四」以來「反傳統」這一「傳統」的反動，固然在整體方向上與「五四」截然異趣，似乎是一種保守主義，但是在反西方的激進心態上，和「五四」以來的傳統未免又異曲同工。正是因此，余先生能夠洞察古今中西不同文化的「同中之異」和「異中之同」而做到「允執厥中」的思想與文化立場，才尤其值得重視和借鑑。

三、文化建設是大國崛起的題中之義

《新華月報》：

說起文化，中共 17 屆六中全會倡導文化大發展大繁榮，您是怎麼看待的？

彭國翔：

改革開放迄今，中國的經濟取得舉世矚目的成就，軍事發展在國際上也不容忽視。晚清以來中國人一直追求的「富強」，在一定意義和程度上可以說已經實現了。於是，近年來「大國崛起」一詞為國人津津樂道。但如果大國之「大」更多地應該被理解為「偉大」之「大」，而不僅僅是「強大」之「大」，那麼，在經濟之「富」以及軍事之「強」以外，還有極為重要的一點，就是文化與文明之「文」。歷史上，中國幾度為異族武力征服，最終卻是異族建立的政權被中國傳統文化「斯文」之「大」所「化」。這正是「文化」與「文明」的力量。

「偉大」之「大」，當然不能只講「文」而置「富強」於不顧。「落後就要挨打」這個簡單的道理，國人自晚清以來早已因切膚之痛而有了深刻的體知。但若只把「富強」作為大國之「大」的唯一內涵，忘掉了大國之「大」還應有「斯文」這個重要方面，就不能不說是「一葉障目，不見泰山」了。中國要想真正在世界上重新建立一個「偉大」之「大國」的地位，而不僅僅是作為財富和武力意義上的「超級大國」，眼下尤其要認真思考如何重建中國文化與文明的「斯文」這一問題。

所謂「重建」，自然意味著「斯文」已經不再。晚清以來，在日益強化的激進反傳統主義潮流衝擊之下，以「仁義禮智信」為核心價值和內涵的「斯文」，不斷「掃地」，到了 1950 至 1970 年代，

在神州大地幾乎被剷除殆盡。然而，「西天取經」的結果，並未實現國人尤其知識人所嚮往的「大同」世界。只有在「改革開放」之後，中國才重新步入正軌，逐步達到了「小康」之境。而在漸趨「富強」的同時，國人缺乏「斯文」所暴露出來的問題，日益嚴重。種種「無禮」的行為，在海內外稍有文明教養的人士看來，未免觸目驚心。回想歷史上以「禮儀之邦」著稱的中國，如今竟至於此，身為中國人，如何能不汗顏呢？

為什麼在「富強」之外還要強調「斯文」？道理很簡單，只有「富強」，可以讓人「畏懼」，但不能使人「敬重」，更遑論「愛戴」了。中國只有重新成為一個「禮儀之邦」，才能真正作為一個「崛起」了的「偉大」國家屹立於世界。所到之處，只有「富而有禮」、「威而不猛」，中國人才能讓人心悅誠服，由衷地欣賞。正是在這個意義上，在我看來，重建「斯文」是中國「大國崛起」的當務之急。

任何一個有遠見、負責任、行仁政的政府，都不能不對此有高度的自覺。如果政府倡導文化大發展大繁榮著眼於此，那我認為是值得額首相慶的。

《新華月報》：

《新華月報》為此特闢「文化中國」專欄。旨在回到文化原點上討論文化問題。您覺得文化中國應該回到怎樣的原點，才有利於當下的文化發展，對於文化建設問題您有哪些意見？

彭國翔：

《新華月報》特闢「文化中國」專欄，是一項極富遠見卓識的舉措。在我看來，文化建設不僅涉及各級政府，如你所說，更是歷代作為政治主體的儒家知識人「外王」事業的題中應有之義。在傳統中國社會，至少唐宋以降，由於科舉考試制度，主流的儒家知識

人基本上是直接參政的,即便是被認為側重「內聖」的宋明理學家,也概莫能外。余先生《朱熹的歷史世界》,就揭示了朱熹以及宋代道學群體「平治天下」的政治抱負與實踐這一以往研究忽略的重要面向。

不過,傳統社會的君主專制政體,儘管可以通過科舉制吸收儒家精英知識人進入管理階層,但其政權卻仍是「家天下」,與儒家「天下為公」的理想在本質上是「水火不容」的。正是由於這一根本癥結所在,傳統儒家知識人的代表,從孔子、孟子一直到二程、朱熹,包括王陽明,政治上一直是被邊緣化的。二程、朱熹和王陽明,甚至都有被打成「偽學」而遭受政治迫害的經驗。因此,不論「居廟堂之上」,還是「處山林之下」,儘管儒家君子的主體意識和批判精神在漫長的中國歷史上一再躍動,不絕如縷,如顧炎武所謂的「依仁蹈義,捨命不渝,風雨如晦,雞鳴不已」。但在極權與專制的政治結構中,儒家君子的政治主體身分無法獲得最終的保障,始終不能充分發揮其「政治主體」的作用。正如狄培理指出的,對於中國歷史上的儒家「君子」來說,一個引人注目的現象就是,「這些儒家經常不得不單槍匹馬面對大權在握的統治者,獨自應對帝國官僚體系的複雜、僵化、或派系內訌。他們越是有良知,就越容易成為烈士,或者更多的時候成為政治空想家」。一句話,在極權與專制的政治結構中,真正的儒家君子永無容身之處。

因此,人類政治歷史的發展終結了君主專制,進入現代民主政治,反而為儒家知識人充分發揮政治主體的作用提供了充分的保障。明末清初的儒家知識人已經對君主專制提出了尖銳的批評。如呂留良即指出,極權者及其體制的本質即是「謀私」而非「為公」。所謂「自秦漢以後,許多制度其間亦未嘗無愛民澤物之良法,然其經綸之本心,卻總是一個自私自利,惟恐失卻此家當」。晚清儒家

知識人如王韜、郭嵩燾、薛福成等在歐洲親眼見證民主制度的實際運作之後，立刻表示極大的欣賞，幾乎異口同聲將民主制度和中國上古理想的「三代之治」相提並論。之後中國的知識人直到「五四」以降，無論在其他方面如何的莫衷一是，在充分肯定民主（還有科學）這一點上，幾乎都是眾口一詞。這一現象，絕非偶然。

民主政治作為一種制度安排，自然需要結合各個國家和民族自身的文化背景，不能照搬某一種模式。但其「民有、民治、民享」的精神價值，則東海西海，心同理同。君主專制體制下難以解決的三大問題，在民主制度下均可迎刃而解。一是政權的轉移可以和平的方式、依照客觀的規則進行，不必經過暴力和流血；二是政治權威經由人民自己的同意和接受而樹立，不是強加於民；三是個人的自主和尊嚴可以得到有效的保障，不再為統治者的意志所決定。至於這三個方面所預設的一個共同前提，正是每一個體政治權利的不可隨意剝奪。換言之，個人政治主體身分的有無及其作用的發揮，不再繫於某一統治者或集團的「一念之間」而「朝不保夕」。對於儒家知識人來說，這是民主制最大的優點。顯然，在這樣一種制度的保障之下，儒家知識人政治主體的身分和作用，無疑會得到充分的保證與最大限度的發揮。[2]

《新華月報》：

「文化中國」專欄旨在為當下的文化發展尋求一種學理上的路徑和文化依據，為文化的復興拋磚引玉，余英時先生早年在新亞書院求學之際，也參與過《新亞校刊》的編輯。如何辦好這個專欄，您能提供一些寶貴的意見嗎？

---

[2] 以上兩段發表於《新華月報》時刪去，現在補上復其原貌。

彭國翔：

　　對於當前的文化復興來說，我覺得設立像「文化中國」這樣的專欄非常必要。由於媒體在當今之世負有引導民眾觀念這一重大責任，像「文化中國」這樣的欄目，就更應當在「亂花漸欲迷人眼」和「眾聲喧嘩」的局面中，多向廣大民眾傳遞思想文化界的真知灼見。因此，辦好這個專欄的前提之一，我認為首先是要具備「法眼」和「慧眼」。「文化中國」專欄矚目余先生這樣真正深造自得的學術思想大家，介紹其睿識與洞見，正是具備高度判斷力的表現。

儒家也有一種「個人主義」
——如何理解儒家的自我觀及其意義

《人民論壇》記者：

學界似乎歷來有一種觀點，即認爲中國哲學強調群體優先，自我依賴於群體而存在；西方哲學重視自我，自我的存在不以群體爲前提。最近美國的安樂哲教授出版了一本叫《角色倫理》的書，好像主要論點也是說儒家的自我是由各種社會角色構成。對於中西哲學傳統中的自我觀，您是怎麼看的呢？

彭國翔：

比較中西哲學傳統的自我觀，是一個太大的題目。即便就中國傳統來說，儒家、道家和佛教，對於自我的理解，都各有不同，很難一概而論。我想主要談談儒家對於自我的理解吧。事實上，你剛才提到的關於中西自我觀的對比，其中關於中國哲學對自我的認識，主要也是就儒家的自我觀來說的。

首先，認爲儒家重視群體，忽視自我，是一直以來一個較爲通常的看法。儒家的自我當然不是單子意義上的個體，不能「獨與天地精神相往來」，而是一個由家庭到社會再到天下萬事萬物的公共關係網絡中的結點。我是誰，離不開各種人際關係的界定。比如說，對我的父母來說，我是兒子；對我的子女來說，我是父親；對我的學生來說，我是老師；對我的老師來說，我是學生，等等。正是這些不同的角色及其相應承擔的責任和義務，構成了所謂「我」。離開了各種各樣的人際關係和社會角色，自我是不能充分實現和成就

的。安樂哲教授的《角色倫理》，我想也是要強調這一點。事實上，從一種社會倫理的角度理解儒家，很早以來就有。這種觀察，當然是有道理的，的確可以說看到了儒家的一個特點。

不過，如果僅僅從這個角度來理解儒家的自我觀，尤其是將儒家的自我觀和西方以強調個人為主的自我觀對立起來，認為二者是對立的兩極，我想無論對於西方的自我觀，還是對於儒家的自我觀，其理解都不能說是全面和深刻的。儒家重視群體，但並非像過去所謂「集體主義」強調的「螺絲釘」精神那樣，認為個體自身沒有意義，只有在一個群體的組織結構中才有自己的位置。事實上，儒家反對把個體淹沒在芸芸眾生之中。從孔子的「三軍可奪帥也，匹夫不可奪志也」、孟子「富貴不能淫，貧賤不能移，威武不能屈」的「大丈夫」精神，直到近代陳寅恪的「獨立之精神、自由之思想」，強調的都是獨立不依的自我。如今我們強調建構「和諧社會」，「和諧」正是儒家最為重要的價值之一。但「和諧」的真意是「和而不同」。所謂「和而不同」，「和」之所以與「同」不一樣，恰恰在於「和而不同」的前提是承認個體的差別，承認個性。這種「和而不同」的精神，包括兩個方面的含義：一是不能「屈己從人」，即委屈自己，無條件地屈服於他人；另一方面，也不能「強人從己」，即強迫別人服從自己，尤其是有權有勢的人，利用手裡的權勢來壓迫別人服從自己。這兩個方面都做到了，就是「和而不同」。

總之，一方面保持自己獨立的人格，即「獨立之精神、自由之思想」，另一方面意識到自我在享有權利的同時，還有廣泛的責任和義務，自我的充分和完整實現恰恰要在各種關係的網絡之中。既肯定個體與社群的密不可分，同時又突顯獨立人格，在深入社群的同時成就鮮明的自我，自我對社會構成一種既內在又超越的關係。這就是儒家對於自我的理解。

《人民論壇》記者：

改革開放之後，中國人好像個人主義越來越強，這是不是受到西方文化影響的結果？面對這一現象，儒家可以發揮怎樣的作用？

彭國翔：

改革開放之後，西方文化大量湧入。不過，之所以會覺得如今個人主義越來越強，其實很大程度上是由於建國以後、改革開放之前，中國人的個性受到太多的束縛和壓抑所致。1980年代以前，中國人幾乎都是必須要服從分配的「螺絲釘」，個人的自由意志和獨立思想基本上無法得到實現。但是，那其實是病態，並不合乎人文與理性之常，因此，一旦改革開放，人們的個性自然要求伸張舒展。相對於1980年代以前被迫服從的文化，當然顯得個人主義的色彩濃厚。其實，要求個性的發展，自我的實現，原本就是人性的一個重要方面，「人同此心，心同此理」，古今中外皆然，並不能完全歸於西方文化的影響。

當然，個人主義過度氾濫，無疑會引起很多問題。這一點，西方文化內部也早有自覺和反省。比如，個人主義往往與自由主義密切相關，而作為對自由主義的批評，所謂「社群主義」的主張，就可以視為西方文化的自我治療。就自我觀來說，社群主義對當代自由主義最根本的批判就是認為後者的自我是一種「先行個體化的主體」或「無牽無掛的自我」，而這種主體或自我不過是一種先驗的虛構，因為任何一個自我其實不可能脫離群體而獨立存在。就此而言，儒家的自我觀顯然接近社群主義的思路。近來一些學者從事於儒家和社群主義關係的研究，也是意識到了這一點。但是，儒學固然與社群主義有諸多不謀而合之處，與自由主義卻也同樣有著可以互相支持的接榫點。正如我前面已經說過的，儒家雖然注重群體，

但其實並不構成個人主義的對立面,並不意味著取消個性,抹殺自我。儒家完全可以說也有一種「個人主義」,只不過這種個人主義不是 "individualism" 和 "egoism",而是 "personalism"。因此,儒家從孔孟到宋明儒學再到現代儒家,無不強調個人之獨立、精神之自由,就是可以理解的了。

根據我對儒家自我觀的理解,儒家的價值和意義其實不僅在於讓我們看到個人主義過度氾濫所產生的問題,因而可以讓我們在權利意識的同時,還意識到責任和義務的重要。同時,真正的儒家,也不會因此矯枉過正,再度被塑造成為壓抑自我和個性的文化符號。五四以來對於儒學的批判,很大程度上就是源於將儒家文化理解為那樣一種以群體壓抑個體、以集體犧牲自我的傳統。因此,在提倡儒家文化,對治個人主義過度氾濫所產生的流弊的同時,我們也要充分警覺,不能忽略儒家傳統中一貫的「獨立之精神、自由之思想」和「富貴不能淫,貧賤不能移,威武不能屈」的「大丈夫」精神,特別是歷史上儒家「士人」一再躍動的批判精神。

總而言之,在我看來,只要能夠對儒家傳統的精神價值深造自得,不是流於外在形式,如所謂的提倡「漢服」;也不是隨波逐流甚至「別有用心」的搖旗吶喊,如個別只有「公共」而缺乏「知識」的所謂「公共知識分子」,就必定深明儒家自我觀的真意,在壓抑個性的集體主義和自私自利的個人主義這兩個極端之間,始終堅持雙向批判,而從容中道。這一點,我想是儒家的自我觀在當代中國最為重要和積極的價值與意義所在。

世界文明與多元宗教中的
中國思想與儒家傳統

　　土耳其的 A9 電視臺位於首都伊斯坦布爾，其《搭橋》節目致力於「探討當今世界全球範圍內對於人類而言至關重要的問題」，其目的在於「通過思想話語和對話來促進全球所有文明和不同文化之間的和平、統一、仁道、友愛」。該節目已經邀請了全球範圍內不同領域中卓有建樹的公共知識人和專家學者進行訪談。正如「搭橋」這個名字所示，這一節目是為了在分歧之間建立橋樑，崇尚的是不同文化傳統之間的人類共識。

主持人：

　　您的專長是具有漫長歷史的中國思想尤其儒家傳統，基於您的研究和成就，您獲得了許多研究機構的獎勵並在世界各地的多所大學進行過演講，可否請您描述一下是什麼使得您的工作如此吸引聽眾？在您的講座中，哪些題目是最受關注的？

彭國翔：

　　對於中國哲學、思想史和宗教，尤其是儒家傳統，就我自己而言，已經投入了很長的時間。事實上，在 1980 年代末，當我還是南京大學主修政治學的大學生時，我已經開始了對於中國傳統特別是儒學的學習。因此，我受到世界各地諸多學術機構的邀請，擔任訪問教授、訪問學者和客座研究員，並獲得了一些獎勵，這些經歷顯示的是中國傳統對於西方人士的吸引力。換言之，正是中國傳統尤其儒家傳統的智慧，使得我的工作吸引了世界上其他傳統的人士。

至於說我的演講中哪些論題最吸引人，就讓我以儒學這個我的演講中最為經常的主題為例，給你一個簡要的說明吧。在中國大陸，儒學通常是在哲學系教授的。但是，哲學只是作為一種累積性傳統的儒學的一個面向。除此之外，儒家傳統中還有其他一些不可化約的（irreducible）面向，歷史的、倫理的、宗教的、政治的，等等。在一個全球對話的時代，尤其是對於那些生活在其他文明之中的人士來說，如何理解儒學這一一直塑造著中國人世界觀和心態的活生生的傳統、這一包含方方面面的宗教或精神性的人文主義，我認為始終是引人入勝的。假如我是一個研究西方學術的學者，不是研究儒學的學者，比如說，我是研究莎士比亞或者康德的學者，我想西方人士或許就不會對我的演講那麼感興趣了。

此外，正如猶太教、耶教、伊斯蘭、佛教、印度教以及世界上其他種種宗教或精神性的傳統一樣，儒學常常被當作只是屬於過去的東西，好像是保存在博物館裡的古董。關於儒學，有著形形色色的誤解和成見。這些誤解和成見不只存在於西方人的心中，同樣也存在於中國人的腦海。因此，儒學與現代社會的相關性是什麼？儒學與西方社會的相關性是什麼？儒學對於極速變遷的世界能夠貢獻什麼？面對當今世界不斷湧現的眾多問題和各種危機，儒學能夠提供怎樣的應對智慧？與世界上其他的精神傳統相比較，儒學提出的對於人性的獨特理解是什麼？所有這些都是人們感興趣的問題。簡單地說，正是儒學作為一種活生生的智慧及其在全球社會中的現代意義，使得我的那些演講讓西方聽眾感興趣。

主持人：

您這樣年輕，已經如此努力地去不斷學習，增益新知，通過哲學史、思想史和宗教史來對這個世界獲得更深的理解，那麼，通過

諸如仁愛、同情、寬恕和慈悲，人們可以達到一種均衡的人格，這種人格可以讓人們自身以及整個社會處於一種平衡與幸福之中，對於這一事實，您的看法是什麼？

彭國翔：

我現在已經不能算是年輕的了。據我所知，不僅在中文世界，而且在西方世界，都有愈來愈多更年輕並且很有前途的學者投身於中國傳統的學習和研究。是的，我完全同意你的看法。只有通過對於像仁愛、慈悲、寬恕、仁慈等等價值的更深刻的理解、反省甚至有時是身體力行，人們才能獲得一種平衡的人格，這種平衡的人格將會使人們自身及其所在的整個社群得到幸福。只有通過不斷學習的過程，我們才能夠深化並拓寬自己對於這些價值的真正的知識，並且最終將其貫徹於我們的日常生活之中。

其實，「學習」在儒學的諸多價值之中，是最為重要的一個。而剛剛提到的那些價值是如此至關重要，以至於每一位儒家都一直在實踐和提倡這些價值。舉例來說，如果您曾經讀過《論語》這部孔子的言論和對話集的話，您一定會立刻想到這部書的第一句話：「學而時習之，不亦悅乎？」這句話正是要強調學習的重要和愉悅。並且，儒學傳統中最重要的觀念就是「仁」。在英語中，「仁」被翻譯成 "humanity"、"humaneness"、"benevolence" 和 "kindness" 等等。

另外，一個平衡的人格是如此重要，對於一個儒家來說，可以說終極的追求是成為一個聖人，而聖人恰恰就是這種圓滿人格的實現和體現。無論儒家傳統中有多少的分支和論辯，成為聖人無疑是每一位儒者所投身於其中的一個共同追求。並且，正是在這一點上，我相信，在儒學和伊斯蘭以及世界上其他偉大的精神和思想傳統之間，一定存在著強烈的共鳴。

主持人：

作為哲學和宗教學的教授，您一定認為人的本質超越物質的表象。從外在來看，人是物質的存在，但人的存在其實是由於他們的靈魂。靈魂使得人們能夠在一個三維的世界中以五種感知而生存，並賦予人們思考、理解和運用其意志的能力。基於您自己的傳統和研究，您可否從一個不同的視角給予我們更多有關靈魂的認知？

彭國翔：

這是一個很有趣的問題，不容易在非常有限的時間裡講清楚。在儒家傳統中，並不存在身體和靈魂之間的截然兩分（dichotomy），儒家也不認為我們的身體和物質世界是完全負面的東西。不過，正如你所說，我也認為，世界上每一個偉大的傳統都一致認為人之所以為人的定義性特徵，不能是我們身體和物質的面向。在我們之中，一定有著超越於我們身體和物質的方面，能夠引導我們的生活趨向於完善的方向，同時將我們負面的要素轉化為積極的方面。無論在不同的傳統中叫做什麼，「靈魂」、「仁性」、「佛性」，等等，正是這一方面，使得人類比地球上其他的物種擁有更多的能力與責任。

在我看來，你所謂的「靈魂」，在儒家傳統中的功能對等物是「心」。從儒家的角度來看，沒有「心」，一個人甚至不能被叫做一個真正的人。恰恰是作為我們內在「明德」的「心」，使得我們能夠實現天道與人性之間本體論的連續，並促使我們將這種連續性由潛能轉化為現實。如果儒家的修身只有一個目的，我願意說，那就是將作為我們內在「明德」的「心」充分實現出來。一旦這一目標最終獲得，就意味著「聖人」這一圓滿人格的實現以及我們的「仁性」得到了充分的體現。換句話說，只有通過不斷的甚至是永無止

境的對於我們「心」的修養，我們才能將我們整體存在的過程，包括身體的、心理的以及精神，以及我們與其他存在包括他人、動植物和整個宇宙之間的關係，轉化成為一種相互依賴、彼此互動的和諧網絡。公元 11 世紀的儒學大師張載曾經將這一相互依賴、彼此互動的和諧網絡稱之為「太和」。

另一方面，我們的「心」很容易腐化墮落。這一可能性在儒家傳統中從未受到忽略。在儒家看來，我們的「心」的力量如此巨大，每個人通過自我修養都能夠成為「與天地參」的聖人。而同樣是由於人心如此巨大的力量，一旦腐化墮落，每個人又都會變成惡魔。事實上，在現實的世界中，人心常常是腐化墮落的，並不是我們內在「明德」的表現。由於對於這種危險的自覺，對於成為一個儒家來說，終生的努力總是在任何時間、任何地方去修養我們的「心」，目的就是要使之避免腐化墮落，或者至少是不要過於腐化墮落。

總之，儒家對於人心人性的理解可以這樣來說：在本體論或者在潛能的意義上，每一個人通過不斷的修心，都可以成為聖人；而在實際存在或者現實人生的意義上，修養人心成為聖人，又是一個無窮無盡的過程。

主持人：

您一定對伊斯蘭有所瞭解吧。在《古蘭經》中，安拉告訴我們——我在安拉之中尋求庇護，擺脫被詛咒的撒旦——「眾人啊！我確已從一男一女創造了你們，我使你們成為許多民族和宗族，以便你們互相認識。在真主看來，你們中最尊貴者，是你們中最好履行其責任的人。真主確是全知的，確是徹知的。」（《古蘭經》49 章〈寢室〉13 節）您是中國人，我們是土耳其人，因此，我們根據宗教的道德來開始彼此瞭解。這也就是說，不同民族和群體之間的

文化差異在伊斯蘭中是受到鼓勵的，如此一來，我們可以互相學習，在行善的過程中相互激勵。就此而言，您覺得中國人和土耳其人如何能夠彼此建立進一步的文化關聯？中國社會能夠採取哪些努力，以更為透明的方式向外部世界敞開自身呢？

彭國翔：

我對伊斯蘭所知有限，因而我對伊斯蘭的理解也是膚淺的。不過，說到土耳其人和中國人之間更多的文化交流，讓我想到了16、17世紀伊斯蘭哲學和儒學之間創造性的交流。這種創造性的交流在幾位傑出的中國伊斯蘭哲學家那裡得到了體現，比如王岱輿和劉智。他們的著作都是用優美的中文撰寫，並且熟地運用了宋明理學的詞彙。或者，我可以這樣說，他們所表達的伊斯蘭哲學，事實上是伊斯蘭和儒學的一種創造性結合。而這毫無疑問是伊斯蘭和儒學這兩大傳統交流的結果。

您剛才說，「不同民族和群體之間的文化差異在伊斯蘭中是受到鼓勵的，如此一來，我們可以互相學習，在行善的過程中相互激勵」。這真是一個極好的洞見，完全可以在儒家傳統中獲得強烈的共鳴。正如我之前提到的，學習其他的傳統對於儒學來說極為重要，《論語》中的第一句話就是肯定學習的樂趣。而儒學的歷史也可以被看作是一個向其他文化傳統學習的不斷的過程。事實上，不僅在伊斯蘭和儒學之間有許多創造性的交流和成果，在佛教與儒學之間、耶教與儒學之間，都有很多創造性的交流和成果，更不必說在道家、道教和儒學之間了。既然作為一種核心價值，相互之間的學習無論在伊斯蘭還是在儒學之中都始終受到鼓勵，那麼，伊斯蘭和儒學之間的文化關聯和彼此豐富，就自然是會得到強化的。

因此，對於土耳其和中國人之間的文化關係，我是非常樂觀的。

目前，如果儒學的價值能夠重新為中國人所擁有，不是作為一種國家意識形態，更不是作為商業化之下沽名漁利的幌子，而是作為一種整合了古今中外其他所有傳統之精華的精神和價值的信守，那麼，我確信土耳其人和中國人之間的交流，將來會更加的繁榮昌盛。

主持人：

在所有的宗教傳統中，男性與女性幾乎都負有同樣的責任。所以，和男性一樣，在培養社會上的道德、正義、和平共處、文化以及信仰之間的關聯等方面，女性同樣扮演非常重要的角色。因此，在伊斯蘭之中，任何將女性視為次要的運動都是不能接受的。然而，由於附加到真正宗教之上的極端和偏執由來已久，由於這種無知和偏執的錯誤，女性在整個世界都受到壓迫。為了消除社會上的偏執和極端的傳統，我們能夠做些什麼？作為一位儒家學者，您又如何評價這種偏執和錯誤施加於人的負面影響？

彭國翔：

和生態意識、全球倫理以及多元主義等一樣，女性主義是20世紀以來一股重要的思潮。對於男女平等的訴求，恰恰反映出女性在前現代人類歷史中所不得不扮演的次要角色，西方如此，中國也是同樣。

男性中心總是儒學的一個標籤。但是，這完全是一個誤解。讓我告訴您孔子和孟子的故事吧。這兩位是儒學歷史上舉足輕重的人物，孔子被奉為儒家的創立者和聖人，孟子則被封為「亞聖」。這兩位儒家的代表人物幼年時父親即亡故，他們都是由母親撫養成人的。由於他們過於年幼，以至於對父親幾乎沒有記憶。有一個著名的關於孟子母親的故事至今流傳，即所謂「孟母三遷」的故事。是說孟母曾經三次搬家，為的是避開不良的鄰居並為孟子創造一個良

好的教育環境。如此看來，我們怎麼能夠想像孔子和孟子會輕視女性呢？

其實，理解儒學與男性中心主義之間關係的關鍵在於：是儒學誕生於一個男性中心的社會之中，而不是由於儒家主張男性中心才導致了男性中心社會的產生。在儒家學說中，女性和男性作為「陰」和「陽」，就像是電池的兩極，是同等重要的。我相信這一點適用於世界上許多偉大的傳統。正如您所說的，不能將女性視為次要的。

然而另一方面，我們也不得不承認，在實際生活中，女性在世界範圍內仍然受到一定程度的壓迫。比如，我聽說有的地方女性竟然還要為了駕駛汽車的權利而奮鬥。為什麼女性仍然受到壓迫呢？這正是由於您剛才提到的無知和偏執。即使在提倡女性同等重要的傳統中，或多或少，總有排斥異己的人和極端分子。排斥主義、極端主義甚至恐怖主義，都是無知、傲慢、狂妄以及偏執的產物。在我看來，附加於世界各個宗教之上的極端和偏執，導致了對於人類社會的負面影響，這種負面影響是對於那些偉大宗教的最為嚴重的毀壞之一。要去消除那些無知、傲慢、狂妄和偏執，我們應該做些什麼？能夠做些什麼呢？在此，正如你所建議的，就讓我作為一名認同儒家的學者而不僅僅是研究儒家的學者來談談自己的看法。

首先，對於世界上每一個偉大的傳統，以及這些偉大的傳統之間，一直都有許多的誤解。因此，相互的理解極為迫切。這就意味著，那些真正浸潤並且投身於其傳統的人士，有責任將其所歸屬的傳統介紹給屬於其他傳統的人士。當然，我不認為世界上需要那麼多的傳教士，但是，世界上每一個傳統的知識和智慧，一旦需要，就應當適當地由這些真正浸潤和投身其中的人士在公共領域加以傳達和表述。換句話說，為了更好地理解這些世界上的偉大傳統，我們在公共領域特別是大眾傳媒中所需要的，就是那些真正深造自得

的飽學之士，而不是那些嘩眾取寵的「公知明星」。我認為，只有通過相互的學習和理解，導致種種歧視（不僅是性別歧視，還有種族歧視、同性戀歧視和外國人歧視等等）的無知、偏見和偏執，才能最終消除，或者是降低到最小程度。

正如我已經提到的，儒學是一個極為重視學習和對話的傳統。從歷史來看，儒家傳統的發展就是一個不斷向其他傳統學習並不斷與其對話的過程。儒家歷史有三個大的階段：古典儒學、宋明理學和現代新儒學。從古典儒學到宋明理學，儒學通過向佛教學習並與佛教對話從而豐富了自身。從宋明理學到現代新儒學，儒學通過向包括猶太教、伊斯蘭、和耶教在內的西方各大傳統學習並與之對話從而再次豐富了自身。大體來說，我們如今仍然處在向西方學習並與西方對話的過程之中。

在我有關儒學的研究中，我已經指出，儒家傳統的一個顯著特徵或者說定義性特徵就是其內在的對話性。最近這幾年，我也曾應邀在不同的地方做過名為「對話性的儒學：全球脈絡中作為一種宗教性的傳統及其意義」（Dialogical Confucianism as a Religious Tradition and Its Significance in a Global Context）的講座。在我看來，對話性是儒家傳統一項突出的特徵，對於當今全球範圍的宗教對話而言，無論在觀念還是實踐上，一種對話性的儒學至少能夠提供三方面的貢獻：一是「和而不同」的對話原則；二是避免絕對主義和相對主義的「理一分殊」的多元主義；三是多元宗教參與和多元宗教認同的理論與實踐資源。我無法在此詳細闡述我在講座中討論的內容，但我的演講稿已經分別用中英文發表，有興趣的聽眾可以找來看看。

總而言之，從根本上消除導致各種歧視的無知、偏見和偏執，不是輕而易舉的事。或許，這些負面價值起源於人性，是我們需要

永遠與之搏鬥的東西。但是,正是由於消除這些東西是如此的艱難,世界上所有的傳統,猶太教、耶教、伊斯蘭、印度教、佛教、道教和儒家,以及其他種種精神性的傳統,才更應該精誠合作,找尋出路。「對話或死亡」,這一訴求一再顯示出相互學習和理解的重要與緊迫。對於人類的這一努力來說,每一個傳統都應該扮演一個積極的角色並做出自己的貢獻。

初版後記

　　正如我在前言中提到的，本書可以說是我文化關懷與價值立場的一個反映。記得在某次會議結束聚餐時，有人問我是什麼主義。我自己還未回答，一位朋友應聲說：「他是保守主義。」另一位則說：「他是自由主義。」他們的回答令我莞爾，答曰：「我現在提倡『多研究些問題，少談些主義』。」當時身旁的人一時無語，他們恐怕未必明白我的意思。其實，我不是反對宣示價值立場。在價值的問題上，隱顯可以有別，何去何從也因人而異，但任何人都無從閃避。沒有人可以做到沒有任何的價值立場。

　　我那樣回答，有兩層涵義：其一，作為價值的確立，「主義」的選擇是一個非常嚴肅的人生課題，必須是認真讀書思考並不斷反省生活經驗的結果，絕非輕而易舉。如果不能深入全面地瞭解某個「主義」，即便真誠地接受和信奉，也很可能流於郢書燕說而不自知。至於淺嘗輒止而別有用心，以之為「幌子」，就更加與那種主義本身無關了。前鑑不遠，「主義」的災害至今仍未消除。如今再動輒輕言「主義」，要麼流於空洞的口號，要麼不過是戲子的外衣。其二，作為不同價值的各種「主義」，彼此之間並非水火不容。對於人生與社會的不同方面，可以甚至應該採取不同的價值，如此才能使人生與社會更為合情合理，日益完善。對於我們身在其中的人生與社會的整體，如果可將其大致劃分為政治、經濟和文化三個方面，我願意借鑑已故美國社會思想家貝爾的話並略加增益，來這樣表達我的看法：

在政治上，我是一個自由主義者，注重人的尊嚴和自由；在經濟上，我是一個社會主義者，注重分配和平等，也注重市場經濟；在文化上，我是一個保守主義者，認同中國儒釋道傳統的核心價值，也完全欣賞和接受西方等其他文化傳統歷久彌新的優秀成分。

不過，這樣差強人意的表述，仍然難免引起誤解。譬如，「社會主義」一詞，在不同的語境中會有差別很大的理解。記得一位北歐的朋友曾經對我說：「你們中國現在實行的經濟政策不是社會主義，我們的才是。」當然，除了「分配和平等」以及「市場經濟」之外，我無法也無需在這篇後記中具體地解釋我在經濟方面認同什麼樣的社會主義。我舉這個例子意在說明，既然觀念充滿歧義，要真誠地在各種「主義」之間選擇，作為我們信奉的價值而「篤行」，首先需要「博學、審問、慎思、明辨」的功夫。當然，對於那些本來不是為了「篤行」，而不過以「沽名漁利」為真實目標的「偽君子」，無論什麼「主義」都可以成為其「善假於物」的一個「物」，一切也就無從談起了。

最後，我要借此機會向李卓、李文彬和本書的責任編輯吳敏表示感謝。李卓和李文彬兩位為了本書的封面設計，費心找來了朱彝尊（1629–1709）臨《曹全碑》中的「重建斯文」四字以及陽明先生手書的《周子太極圖說》。吳敏編輯則自始至終為本書的出版做了很多細緻的工作。

彭國翔

2013 年 9 月 1 日記於藍旗營「租界」

國家圖書館出版品預行編目（CIP）資料

重建斯文：儒學與當今世界 / 彭國翔著. -- 新北市：華藝學術出版：華藝數位發行，2019.02
面； 公分
ISBN 978-986-437-159-4（平裝）

1. 儒學 2. 文集

121.207　　　　　　　　　　　　108002069

重建斯文——儒學與當今世界

作　　者／彭國翔
責任編輯／許昊仁
封面設計／林淇琛
版面編排／許沁寧

發 行 人／常效宇
總 編 輯／張慧銖
業　　務／周以婷
出　　版／華藝數位股份有限公司　學術出版部（Ainosco Press）
　　　　　地　　址：234 新北市永和區成功路一段 80 號 18 樓
　　　　　電　　話：(02)2926-6006　傳真：(02)2923-5151
　　　　　服務信箱：press@airiti.com
發　　行／華藝數位股份有限公司
　　　　　戶名（郵政／銀行）：華藝數位股份有限公司
　　　　　郵政劃撥帳號：50027465
　　　　　銀行匯款帳號：0174440019696（玉山商業銀行 埔墘分行）
法律顧問／立暘法律事務所　歐宇倫律師
　　ISBN／978-986-437-159-4
　　　DOI／10.978.986437/1594
出版日期／2019 年 2 月
定　　價／新台幣 700 元

版權所有・翻印必究　　Printed in Taiwan
（如有缺頁或破損，請寄回本社更換，謝謝）